周蓓 主編

『民國專題史』叢書

鮑茄德斯 著 徐卓英 顧潤卿 譯

河南人民出版社

社會思想史(下)

詳述從原始社會到近代以來各種社會思想的興起與發展，包含有原始社會思想、古代文化之社會思想、中世紀社會思想、個人主義社會思想、馬克思與社會主義的社會思想等

第十八章　人類學派的社會學

對於社會學思想之性質，人類學家也尙有相當的闡發，特別是研究社會起源的學者更有貢獻。上面剛剛說過的這一派學者對於社會學思想之所以獲得有價値的貢獻，即因爲他們應用了心理學研究法。

人類學家努力搜求材料以及發揮關於人類起源，衝突趨勢和合作趨勢的起源以及人類最初的觀念和制度之起源等學說，迄今已百餘年之久了。他們得着地質學家以及特別是古生物學家的研究之幫助，人種特質論者和人種學家也發見了一些重要的材料。所有這些研究家的成績，其與本書主要論旨有關係者，即將在這裏討論而視爲合一的貢獻。這裏爲篇幅所限，未能一一討論那些人類學家的著作，比如泰勒(Tylor)、毛根(Morgan)、畢脫利維(Pitt-Rivers)、海當(Haddon)、佛萊更(Frazer)、季恩(Keane)，以及其他重要作家。

人類學的社會思想這裏只會在幾個標題之下來陳述。至於人類學上爭論學說和專門學說，行將盡力撇開不談。有些觀念是爲森納爾(Sumner)、韋斯特馬克(Westermarck)、霍伯號斯(Hobhouse)、溫德(Wundt)、波阿斯(Boas)、羅威(Lowie)、克羅伯(Kroeber)、魏斯勒(Wissler)、哥當惠叟(Goldenweiser)和湯麥斯(Thomas)所曾經發揮過的，將予以特殊注意，因爲那些觀念對於本章中的主要論旨是非常適當的。

社會起源

在人類學者中有一個大家同意之點即是：人類是一支高級動物之後裔，並且人類之創生是由漸次進化的過程而達到的。然而這種漸次進化的過程也並不就完全滅去了人類創生的神祕性奇異性。人類之起源，比以前曾經假定過的時期尚早一點——大概是在二〇〇、〇〇〇年至五〇〇、〇〇〇年以前人類是從動物遺傳下來的，但是這種說法也並不否認：人類是具有精神的性質而為最高發展的動物所不共同享有的。（註一）

人類的心理稟賦，比如個人行為的特質和社會行為的特質，其起源都可上溯到靈長類動物（primates），人類行為的本能基礎已有數十萬年之久了。這些本能基礎是盤根錯節地成為人性之一部分，現代社會問題之研究對於人類古代本能遺傳的努力，是不能忽視的。

人類有一共同的起源，在人類學上，這是有很廣博的證據。然而有許多學者是主張人類起源多元論。因為好像是最初人類的遺骸，可於由爪哇經過印度而至於英格蘭這些地方中找到。戈壁沙漠到東北方面以及尼羅河流域到西南，被認為是人種起源的中心地。從最初的發祥中心地，人類似乎即向各方面移動，最後且移殖到西半球。不同氣候和環境影響於移殖人羣而有各種不同的表現。移住到熱帶的人們即停滯鮮進步，這是因為氣候要素易使人懶惰的原故。遷移到寒帶的人們也是停滯鮮進步，這是由於生活境過艱難，以及環境阻力太大的原故。北溫帶具有肥沃的土地和適宜的氣候，供給了種族發展的適當媒介。

關於各民族的潛在能力是否彼此相平等，這一點是有一重要問題的。如果我們承認人類是同一起源，這個問題也還存在的，例如非洲民族所賦有的先天心力是否和高加索人種所賦有的相同。這種討論在環境論者和優生學者之間是爭得很激烈的。兩造的每一邊，都搜集得許多證據。實際上，問題的焦點很顯然的是在這裏：在易使人類唐的熱帶境遇之下，長期的生活，是否即已深刻的影響了非洲民族，而致於使他們縱然在很適宜的文化環境之下也不能發達比較高度的心理能力了？往昔對於這個問題的答案是很堅決肯定的。而近年來所搜集的許多證據則表明這個肯定的答案是不正確的。

很明顯的，各個民族都是幾個民族所組合的。人種學上的材料指示人種的三大分畫，(註二)又可再分爲一些族系以及再分爲許多小族(racial stocks)一直可以細別到六百餘族；再者，這六百餘族中的每一族，都代表有別些民族的混合作用。很明白的，我們並不能把種族的界限分畫得清楚，所謂種族的純粹性，也許是一個想像的名詞。

種族通婚

照人種學家的意見，相類似的民族彼此通婚，似乎是很可以施行的。純粹的血統已經是沒有了。現在最強健的民族(例如英格蘭人或蘇格蘭人)在近一二千年內也已和別族相混雜了。

現在世界重要的值得討論的問題，即是關於選擇一些大不相同之種族的分子互相通婚，比如白種人與黃種人通婚或白種人與黑種人通婚。但是此刻尙未有某種民族，是由此結合發展出來的。種族的偏見和社會的晝分產生了一些衝突而至於妨礙這樣的民族之形式。關於種族通婚這件事，現在很少科學的材料可以適用的。

很顯然的，白人和黑人的雜交通婚，最後將使黑人的種族特質歸於消滅，以及使白人完全佔優勢。有些作家認爲這種過程將至於出現比較低級的民族而喪失比較高級的民族，然而最後所提及的這點，則尙未得證明。在那種變態的和惡劣的社會境遇之下，白人與黑人相通婚，其種族的特徵是不易看見的。

然而，說到這裏，可以提及「不和諧」形式的問題，克洛麥格南人(Cro-Magnon Type)的形式，對於這方面，可用以表明長腦蓋與寬頰骨相結合的情形。(註三)心理的特質也可以有這種類似的不和諧形式之溝通。大不相同的種族之通婚，不僅可以產生不和諧的體質，而且也產生不和諧的心理——而後者特別可以認爲是種族卑劣的現象。無論如何，這個還是需要加以研究的。

種族間的衝突，是發生很早的；現在種族間的衝突，表現於國際間的戰爭和種族相危害的情形中。弱小民族往往聯合以反抗強暴的民族；從這些經驗中，即認識了合作的價值。具有高尙道德觀念的國家，即互相聯合以抵抗那種強暴的鄰國。經過了這些暫時的合作，於是又感覺到需要有國家合作的永久形式，這種共同的需要，無疑地是最後將產生永久的國際聯合。

人類諸大種族間的衝突，大概在未來仍將繼續一個很長的時期，有時候其衝突或將集中於白種人和黃種人之間；再者在西方主義(occidentalism)和東方主義(orientalism)之間，也表現更基本的衝突。

原始動作途徑之起源和發展，供給了一種適於研究的好領域，人類學家對於語言、宗教、職業、性別等等的起源，發表了無數的材料。然而這種材料其中有一部分之搜集者並未很正確地了解心理原則，所以這一部分的材料應當要小心地整理，或者完全把牠棄置。

民俗

森納爾贊成個人主義和放任政策的言論，在上面第十一章中已經說過了。他著述了一部民俗論（Folk-ways）詳細而廣博地敍述原始的制度，在他的學說發展過程中，他是開始於說及初民的需要以及求滿足其需要的嘗試。這些動作經過了許多重複，即形成一種固定的行動方式，這即是成爲民俗。民俗是有『最廣最大最基本以及最重要的作用，』團體中人們的利益都由此而獲得。(註四)

社會生活大都在乎形成民俗以及應用民俗。甚至社會學也可定爲是民俗之研究。民俗是求滿足需要的試誤方法(the trial and failure method)之產物。牠們（民俗）一代一代下去，即變成很固定的以及一致同意的。結果牠們遂成爲傳統的。牠們成爲各種權威，這些權威是附着於紀念祖先的意念之上的。甚至認爲祖先的幽靈游蕩於地球之上而維護民俗。民俗之對於人類福利是很重要的。牠們是具有一種風化(mores)的力量。因此，民俗並不是要求進步的有意識的方法，乃是應付緊急困難事件所採用的方式；牠們是盲目地和嚴格地強制後代人之順從。

民俗也受累於自認是人種中心（ethnocentrism）的觀念。（註五）各個民族都自視是人類的中心。他們都各以自己的標準去評判其他各民族而不以最優良最有利於各民族的高尚標準去評判其他民族。人類中心觀念使各民族誇張牠自己的民俗之優良而卑視別些民族的民俗。例如古代希臘人和羅馬人稱所有的外族爲野蠻人。猶太人也自稱是最優秀的人民，並視希臘人和羅馬人爲異教徒。

森納爾分人類行動的主要動機爲四類：飢餓、性慾、虛榮（和神鬼的）、恐懼。在各動機的後面都有些利益。

（一）飢餓使初民去發明簡單的武器和工具，比如弓箭和鋤鏟，稍後並產生和貯蓄比較複雜形式的財富之奇異特點，即是牠有一種影響於其創造者的大力量；牠似乎是比較創造者還更強有力。牠往往驅使創造者走到一種奴隸式的物慾的以及甚至自私自利的生活。爲生存而努力的勞動是討厭的和痛苦的。雖然，財富和勞動，二者當其用以增加人類幸福時，都是值得稱道的。在這種說法中，森納爾是忽視了這樣的事實：財富之值得稱讚，必須是在建設的社會境況之中所產生出來的；而勞動之有價值其應用也須各有裨益。換言之，森納爾應用財富和勞動的標準是不完全的。

森納爾給「奴隸制」這個名詞以一種新意義。他認爲「有才力的人們常常是被迫而盡力以爲其餘的人。他們從事於發見和發明，指揮戰爭，著書立說以及創作藝術。」（註六）大家不喜歡的事體即以奴隸制這個名詞稱呼之。森納爾對於這種趨勢是惋惜的。他覺得所謂婚姻奴隸制、地租奴隸制、罪過奴隸制，乃是太過易於感覺不滿的人們所創用的名詞。

（二）性慾卽產生一種性風紀（sex mores）。這種性風紀包含男女雙方在婚前和婚後彼此相待的關係，以及結婚了的男女對於社會上所負的責任。這種兩性關係的風紀，決定結婚和離婚的事件。森納爾嘲笑所謂兩性平等。他認爲男子比較女子，是具有更堅定的神經系統，更自私自大的，而不甚圓通的。男子比女子既然是更富於體力，所以婦女在當初受着環境的教養，卽要求使她自身適合於強有力的男性，並且從事表現她的美貌，以求補救其體格上的缺陷。因此，退讓和忍耐卽變成婦女的後獲特徵。

禁制和放縱都不是處罰性慾的適當方法。二者都會產生不必要的痛苦。例如放縱卽將引起無限止的性慾而至於感着身體軟弱的痛苦。森納爾贊成節慾——以知識和判斷力來節制性慾。

婦女在性方面和生殖方面必須多負責任。同樣，男子也必須多負財產上、戰爭上和政治上的責任。因爲後一種責任是婦女難以顧及的，她們有生理上和撫育子女的特殊關係，而非男子所具有的。（註七）

從前婦女是聽從男子的意志。現在則婚姻問題，尙在討論而未終結。無論偏重那一邊，結果對於生活上和性格上都有不利的影響。在古代，婦女受其丈夫監督，卽自以爲很可驕傲的，並且把她們自己當做隱藏於家庭中的財貨，也自以爲很有價値的。（註八）這種受保護的地位還認爲是高貴的。在一夫多妻制度之下，婦女們對於不能給養或不願給養幾個老婆的男子漢，覺得是很可憐的和很可鄙的。

說到這裏，我們注意於湯麥斯的言論，可以感覺很有趣味的。湯麥斯根據新陳代謝（metabolism）的異點，來區別兩性——男子是消耗生機的（katabolic）而婦女則是助長生機的（anabolic），男子比婦女花費較多的精力。（註九）男子是更適宜於放射精力的，而婦女則更富有忍耐性。男子生理上異徵，是趨向於運動，而婦女生理上的異徵，則宜於生育兒女。所以在原始社會中男子似乎卽已擔任需要大力量纔能進行的事體，至於婦女則擔任需要經常照料的工作。

因此，文化也大有賴於男子的智力。如果對於這種情勢，若將來對於婦女的理智也加以發展，則文化將走到更高一級的形式中。在這些境況之下，大多數的婚姻將代表是心性相同的眞正伴侶，而不會像現在一樣，往往把婦女看做一種玩物。

（三）虛榮的動機是非常有權力的。一個人總是喜歡有值得人家稱讚的事情，以區別於羣衆，而不喜歡有不名譽的事情爲大家所注目。（註一〇）爲求滿足虛榮心起見，野蠻人的母親常改變她們的嬰兒底身體，以使適合於一般人認爲完善的體態。貴族階級卽裝飾一些珠寶以滿足其虛榮心。所謂貴族階級，他們這一羣人是擁有一些受人稱讚的東西，這些東西是大衆所沒有的。虛榮心對於裝飾上引起各種荒謬無理的表現。爲了滿足虛榮心起見，把牙齒敲掉去，也所不惜。印度的婦女置木板於其嬰兒的前額，以使前額向後傾斜。

（四）恐懼這種心理支配了初民的生活。對於神鬼的恐懼是特別足以左右他們的。瘟疫、戰敗和身體痛苦等等都視爲是觸怒神鬼的結果。

許多恐怖的現象是非常可憐的。各種瘋狂心理支配了全體民衆。古代魔術之興盛卽是恐怖心理而產生的。跋山涉水遠地進香，以及十字軍東征，也是半由於這種恐怖心理。當到恐怖心理在民俗中根深蒂固時，牠卽好像當做一位永久統治的霸主一樣。在社會的風化中牠也成爲很堅固確定的，並且是形成社會特徵的主要因素。牠用宗教的實行和教條來解釋地獄，並以可怖的勢力支配一切。

照森納爾的意見，用最簡單的分析來說，有四種很分明的社會價值：理智價值、道德價值、經濟價值和物質價值。(註一一)然而其中各種價值，都是複合而成的，最高尚的價值，似乎即是從這四種價值很和諧的結合而產生的。社會上最優秀的分子即是對於這四種價值能够平衡而和諧表現的人物。

社會階級

森納爾分社會爲五個主要階級。(註一二)（1）普通民衆是社會的中等階級，他們在社會上有尋常的效用。（2）其次，即是不能自立的有缺陷的階級——是社會上的阻滯物，但是沒有什麼害處或惡度。（3）溺職階級是大有害處的。他們是反社會的，並且是一種嚴重的負擔。（4）在普通民衆之上的，有那些有才力的人物。（5）更上一層的，即是天才人物，富於實際觀念的勤敏堅毅的以及有德行的人才，對於社會比較那種無道德責任心的或不勤敏熱 的天才，還更有價值。(註一三)

把普通民衆看做是在社會的最下層，這是一種錯誤；他們是在社會的中間部位。他們是傳統的保守的，並且是風化的支持者。最低下的那部分的民衆是受着愚昧、疾病和罪過的重累。

社會制度是由觀念或利益以及過去產物所組織而成的。原始的制度是財產、婚姻和宗教等制度。(註一四)這些制度開始時只是一種風習後來牠們卽變成正式的規例。社會制度只有當到風化變遷了時，纔能够隨之而修改；牠們當到照例奉行以及當到不會引起人們的思想時，卽發展一些莊重的、嚴肅的以及最強固的儀式。(註一五)

森納爾很勇敢地主張：過去只有強權纔產生公理，並且現在也只有強權纔產生公理。(註一六)財產起於權力這種事實並不證明財產卽是不公正的制度。婚姻和宗教也起源於權力，但是在這兩種制度中的公正成分，現今並不發生嚴重的問題。雖然，森納爾並沒有認識那種當做工具的權力以及當做第一原因的權力。他並沒有很清楚地區別恨與愛是伏於果敢動作後面的活動的要素。他也未曾把那種嚴酷的物質的不變的權力和仁慈的精神的吸引的愛力加以區別。

風化

民俗和風化之持久存在，森納爾曾用許多的方法來說明。他敍述（1）在變動生活境況之下牠們的漸次變異性；（2）在革命境況之下牠們的驟然變異性；（3）用理智的行動有改變牠們的可能性；（4）將個人自己調適於別個團體的風化之問題；（5）不同團體的風化之衝突。(註一七)

風化是社會選擇的有力機關。關於風化重要的事實卽是牠（風化）控制個人的權力。一個人並不知道風化之來源。他生長於風化之中。他在幼年時卽無批評地接受這風化。他的習慣和性情爲風化所陶冶。如果在成年時他反對風化，則他卽受其團體所驅逐，斥爲不愛國的，甚至被蹂躪犧牲。(註一八)風化發展了很有力量的口號和規條，甚至也產生了一些鄙視和指斥的考語，這只有最富獨立精神和大無畏精神的人們纔敢干犯的。

森納爾宣稱理想完全是非科學的。(註一九)牠們（理想）是一些幻想很少與一些事實相關的，牠們往往是構成用以撫慰那些生活不安寧的人們，或者避開當前的問題而不求解決貧窮人被教以今世受苦來世生活即有幸福的報酬。激進分子被勸去接受基督教的溫和而謙下的德性。在傳教說法上，自修自學上，滿足虛榮心的事件上和婚姻上，理想是有效用的。在這些觀察中，森納爾無疑地指出了理想中的眞正弱點。他輕視了這種心理上的事實：理想是從意識的眞正刺激力所產生出來的，並且是牠們（理想）可以很合理性地被利用。雖然他歎息存在於理想和實際二者的裂痕，以及他表明理想雖不容於風化中，但可包含於文學中，這種觀感也是很對的，希臘人即表明，當着人們高談闊論時，即會浸沈於理想中。

所謂不道德是和當時當地的風化相背反的行爲。(註二〇)貞潔是合乎通行的兩性關係上的禁條。謙遜是檢點自己的行爲和情操。當到裸體是不覺時，牠也永不會發生什麼是羞恥；這卽是說當到不感覺事實和風紀二者有所違背的，則赤裸也不致於是可羞恥的。

森納爾當到主張『風化能使任何事體都是對的』時，他即採用了這條重要的原則。風化使各種習俗有一定的秩序和形式，並予以適當的保護權力階級和用風化的制裁，以求維持業已確定的統治，甚至卽使是一種不合理的風化，也往往被利用的。

普通認書本學習是重要的，對於這一點，森納爾是加以詆毀的。(註二一)因爲書本是偏重於理智而不甚說到行動彈簧的感情。眞正的教育卽是經過人格的影響和陶冶而來的。牠是從習慣和學校風氣而形成的，並不是從學校教課書中得來的。

不管森納爾沒有重視澈底心理學方法，用以分析民俗之重要作用，但是無論如何，他敍述了這些社會現象，對於社會思想上，是唯一有價值的貢獻。森納爾對於社會生活所持的嚴謹態度，並不允許他藉着民族理想而至於很廣泛地解釋民俗。他討論事物的原本面目，而不討論事物應當怎樣。他對於過去看得很清楚，並且認現在以爲可以視爲過去之反映，而不能過於作超越的觀察。他的學說是根據於生物進化律的嚴格法則，而多少受了他所信仰的強烈的個人主義所修改。

森納爾的基本論旨，曾經由寇勒（A. G. Keller）所發揮和修改，寇勒把達爾文的變異、選擇、遺傳和適應諸原則應用於社會概念中。事實上，他是應用得很適當的，他使達爾文的原則有非常大的權力，而未有允許很複雜的心理原則的運用。他使民俗成爲有機進化和社會進化間相關的連環；然而他卻沒有完全注意到許多新穎的（常常是空洞難了解的）有力要素而足以表白社會進化的。(註二二)

社會進化中行爲概念所佔有的任務，曾由韋斯特馬克和霍伯豪斯所分析。大家都知道韋氏通常是被視爲人類學家，而霍氏被視爲社會學家。韋氏曾經說過嚴格言之，風俗不僅是某團體人民的習慣，而且也包含着行爲的法則。(註二三)牠（風俗）具有兩種特性——習尙和義務。

雖然，並不是每種公衆習慣都是包含了義務的風俗。(註二四)也可以有些習慣在社會上多少是共同的，但是同時也往往受非難的。然而這些習慣之受指摘，普通並不很深刻的或眞正的。

韋斯特馬克表明：社會良心和個人良心之間有一種密切的類似點。(註二五)如果一個團體犯了兩次的過失，大概也可以容忍的。爲求了解社會生活的眞正性質起見，『不好的習慣』也應和團體的精良意見一樣，都須一律加以考察。

韋斯特馬克博士說：『社會是道德意識的生長地。』(註二六)社會所能感覺到的情緒，大都趨於表現行爲標準的形式。道德情緒即產生各種道德的概念。這些概念可分爲二大類：不贊成的概念，如壞、惡、誤等概念，以及贊成的概念，如善、美、眞等概念。

韋氏認宗教的信仰對於人類道德觀念有非常大的影響。(註二七)這種影響，是有許多變化的。宗教宣傳愛的原則，但是也採用殘酷的手段。牠非難刺殺的事件，然而又參與兒童犧牲的行爲。牠注重說眞理的責任，而牠本身又是藉宗教之名而行欺騙的東西。韋氏對於社會思想不僅貢獻了關於道德觀念之產生及進化的很有價值的敍述，而且也貢獻了他的人類婚姻史(History of Human Marriages)這部大著。此書行將於下面二十四章中說及。

霍伯豪斯的著作對於人類行爲的法則表現了一個澈底的綜合研究。霍伯豪斯教授從習慣風俗和原則這幾方面來敍述倫理意識的進化，這些風俗習慣和原則之出現於人類史中，是用以支配人類行爲的。(註二八)他也說及在最低級的有機界中行爲是如何地受支配以及如何地趨向於某種目的。(註二九)這種行爲多少是受着有

機體本身的結構而決定。(註三〇)

有三種力量可稱爲社會的，或者說是趨向於保全社會。這三種社會束縛即是：（1）血統的原則；（2）權威的原則；（3）公民職務的原則。(註三一)在原始社會中，血統是一種動力。當到一部落俘擄了別個儒弱團體而使之奴役時，則權威的原則即成爲很重要的。爲求維持團體中複雜態度之完整性，也會引起這種權威原則，甚至對於近代國家團體也是如此。各種形式的專制政治即可證明這點。當時團體中有一些人受委而充任全體民衆的公僕和主持人時，即表現着公民職務的原則。(註三二)個人權利和公共福利是兩個主要理想。每一個人都應有權利去要求完全發展其社會人格之必要條件。生活之美善即在乎充分發揮各個人的能力以維持公共生活。(註三三)第三個公民職務的原則，當其發達到極點時，即啓示世界大同之可能性。(註三四)

霍伯豪斯認爲在法律正義之產生和社會組織之通行形式二者間是有密切關係的。有組織的法律，是從社會責任的觀念中發展出來的，雖然這種觀念普通都是很粗淺的，並未區別無意和故意所發生的事象。這種社會責任的觀念在初民團體中，大都是用以制止紊亂現象和私自報仇的事件。這種團體私自報復的方法，不久即讓渡到領袖人物的權勢，或者代表全體會議的權勢。(註三五)最後這種團體或社會即發展了一種特殊的社會機關以調解爭執和制止罪犯。稍後，倫理觀念即與具有集團性的衝突情感相分離了。因此對於用證明和眞正證據來處理的審判法，以及對於合乎科學的公正裁判制度，也都有了基礎。

關於民族心理學（folk psychology）的原理應用到人類學領域中溫德會發揮一種新方法和新學說。民族心理學是研究各民族的智力德性和其他心理特質相互的關係。（註三六）這個名詞是由拉撒路（Lazarus）和斯屯塔爾（Steinthal）開始用的，關於他們的著作將再於第二十二章中說及。溫德在他的民族心理學要義（Element of Folk Psychology）這部名著中對於社會的主要過程和制度給與了一個心理上的敍述，直上溯到在大自然過程中牠們的原始；他並推測了人類進步的趨向。他的研究開始於討論製造掘具木棍和鐵鎚等過程；而終止於分析世界國家世界文明、世界宗教和世界歷史，而介乎其中的一些時期圖騰（totemic）時期、英雄與神道的時期。（註三七）

世界國家最會影響於人民的物質生活。牠促進世界之互相溝通，同時即增加了人民的需要。這些增加的需要即繼之以興起滿足此需要的種種交易方法。外表的和物質的文化，須要有精神方面的文化人纔得維持——因此，世界文化即繼世界國家而產生。這也可以說：在世界國家這個觀念支配之下的各民族盛衰隆替的變遷情形，即產生一個統一史，而同時世界文明對於人類也創生一種公共的心理遺傳。（註三八）

關於建設世界文明世界宗教是一種主要的力量。要創倡一種全人類共同社會的觀念，世界宗教是首要的。特別地，像基督教一樣，牠即是根據於上帝對於種族、階級或職業毫無彼此之分的信仰。因此，牠即注重在異教徒

的民族中努力於傳教活動，其目的在乎最後聯絡人類全體一齊在耶穌十字架下。(註三九)

在人類史中經過了一個很長久的時期，宗教的發展被視爲是主要的維繫物——這是聖·奧古斯丁的意見。在一七二五年時，魏哥(Vico)主張語言和法制的發達是有無限的重要意義。(註四〇)最後，世界歷史即成爲各民族心理生活之紀錄——人類發展的心理紀錄。

原始能力

馮德教授的著作，有許多方面是類似於波阿斯和湯麥斯的成績，雖然是他們的出發點不同以及尙有好多異點。波阿斯教授宣稱他相信人類支配有機進化律的能力即表現於人類生活中。他找到了許多證據以支持『環境使種族間彼此不相同』這個學說。他也指出種族偏見大都是社會環境的產物；在常常變化的生活境遇之下，這種偏見是不容存在於世界中的。波阿斯是很熱烈地擁護本章所已陳述過的那個學說，即是：一切民族在能力上，其本質都是相同的；如果給與以一種共同的文化背景和社會機會，則他們即將表白此說是並不錯的。他也發揮這樣的觀念：心理組織事實上在人類各種族間都是一律相同的。(註四一)

波阿斯教授搜集許多證據以表明關於衝動之遏制注意力，創始思考力，這一類的事情，原始人比較文明人是更適宜的。因爲社會環境是很有權力的，以及教育很可以改造社會環境，所以教育能使一切民族都升到同樣高的地位，同時並能使他們根據相同的知識基礎互相聯合團結。這種意見是和霍伯號斯教授所陳述下面這樣的話相似：「當到民族相對地比較靜止時，社會即劇速地發展。」再者，社會進步並不是由民族變遷而決定，乃是由社會文化改變而決定的。(註四二)這些改變大都由社會要素交互作用而發生的。

文化概念之生長是很迅速的。魏斯勒也和其他人一樣極力把牠的意義弄清楚和使之標準化。(註四三)文化是一個普通名詞，說及社會團體的動作和思想的一切情況至於文化特質(culture trait)這個名詞則用以指示團體表現的某一種情況而文化結(culture complex)這個名詞則包含所有與各種個別文化的特質相結合的全部團體表現。例如玉蜀黍之種植，包含耕鋤泥土、收穫果實用以買賣、備爲食物等等動作——這全部的事情即是文化結。文化特質常變動的；牠們互相融合。文化之互相融合，出現於無預計的和有目的這兩種途徑中。關於第一種的事例，比如遷移別地居住的人們即將他們的文化特質帶到新地方去。第二種的情形，比如改變宗旨，移民開拓以及向外侵略都是表明有方針的文化融合。(註四四)

有一種普遍的文化模式，而爲人類所共同的。(註四五)對於這種普遍的文化模式，魏斯勒找到了九點，即是：語言、藝術、宗教、財產、政治、戰爭、神話與科學知識、社會制度，以及物質特徵(食物、衣服、住所和職業習慣)所有各部落和各民族都有語言模式、藝術模式等等。

在社會人類學和社會起源的領域中，很值得注意的開闢荒野的工作，曾由湯麥斯負擔進行，而用「危險」(crises)、「注意」(attention)和「控制」(control)這三個名詞來解釋他發揮一種學說，謂進步是從「危險」產生而來的。(註四六)如生活之進行長久都是平安寧靜，則似乎沒有什麼利益會發生。其結果即是怠惰無聊。

但是在任何生活過程中一經有危險，就會引起注意，集中全副的心力以應付之。任何習慣之擾亂，即是危險。當到危險的事體用集中意識的方法來解決時，這種情形即是說爲人們所控制了，由此，他即再至於無所關心的狀態中，直到其他擾亂習慣的事象又復出現爲止。這種新控制法是會被人模仿的。如果廣泛地爲人們所模仿了，則牠即將變成爲一種文化。

在這裏須得說及的，即是應付危險的注意力大都是個人的事體，並且這種人的任務是很重要的。團體的文化程度常使人們無充分心力應付危險以求調適。(註四七)團體所已經具有心理基本力是會限制心理活動的。如果團體中沒有數學的知識，那末，大規模的銀行制度即是不可能的。危險、注意、控制——在湯麥斯的社會起源學說中是三個主要的概念。

控制是一切有目的活動的對象。(註四八)牠是目的而注意則是手段。動物之異於植物即由於動物更能優良地控制較大的環境而植物則不能。牠(動物)並不守候食物，但是卻去找尋食物。人類之異於動物一部分也由於人類的前肢是自由的，能夠得到各種控制的新形式。再者，人類藉着他的心力也有一種優越的控制工具。藉知識之應用，心力即足以控制一些不出現於時間空間中的抽象事物。有了種種的發明，如語言文字、宗教信條、機械器物、政治形式等等，人類即走到高級的文明界限中。

「文明」是一種生氣栩栩明確眞實的事物——主要是心理現象。當到一個人達到自覺時，他即將感覺得自己是適合於全套的文化。他可以由發明而促進文明，但是他所貢獻的新事物也仍須根據於過去業已確立的

深基礎，(註四九)

「有文以前」(pre-literate)這個名詞是法利斯(Ellsworth Faris)所暗示的，牠是用以暗示最初的民族。牠是中性的，並不含射低劣程度的意義。(註五〇)牠也是客觀的和敍述的，牠是遠優於「野蠻」這個名詞，而且也許優於「原始」這個字。

關於前幾節中有幾點，人類學派的社會思想已併入於社會心理學中。直到二十五年前，人類學纔大大地用「個人」的行為來解釋社會起源。社會心理學(像庫力(Cooley)所發揮的)興起了，人類學即有了更正確的解釋，並且大體上已變成社會人類學了。

在我們討論心理社會學思想的各方面以前，我們應當要好好地把生物觀的社會思想在近年來的進展情形弄清楚明白。在這方面的注意中心點卽是遺傳律對於人類進步的關係，這卽是構成優生學上的問題。優生學社會思想之討論將把上面第十六章中不滿人意的斯賓塞公式所遺留下來的理智上底主要成分，給予合乎科學之解釋。優生的社會思想陳述，對於下面關於心理社會思想之討論，將供給一個很有價值的背景。

民俗的起源(註五一)

「倘使我們將從人類學和人種誌所學得關於原始人民和原始社會的事實，拼攏研究一下，就知道生活的第一層工作，就是求生。人們開始做這件事用的是動作，而不是思想。需要是時時刻刻出現着，並且要求立刻滿足。

需要是第一個經驗，立刻就有一種錯誤的努力去滿足牠。有許多人相信人類曾從獸類祖先得到幾個重要的本能，這個雖然從未證實，或者是確實的。倘使這事是眞的，那末這些本能一定會管理和幫助滿足需要的最初努力。從此擬推想起來，獸類的行爲曾經產生習慣和傾向，敏捷和其他心理活動都很容易沿這些習慣和傾向向前進。有人曾將初生的獸類做種種實驗，因此知道獸類對於方法和目的的關係，毫無經驗，所以滿足需要的努力，是笨拙的和錯誤的。這個方法叫做試誤法，是會產生多次的痛苦、損失和失望。雖然如此，牠確是一個粗陋的試驗和選擇方法。人類的最初努力，就屬於這種。需要是一個推動力。一方面是快樂，一方面是痛苦，兩者是簡單的束縛，所以決定努力前進必遵之路。而分別痛苦和快樂的能力，可說是唯一的心力(psychical power)。做事的方法，因此擇定了便利的。這些便利的方法比其他的方法，來得更合用，或者所費努力和所受痛苦比較少些。習慣、常規和技巧三者，是沿着努力不得不前進的方向而發展着。奮鬬求生，不是個人單獨進行的，而是團體聯合進行的。每個人從他人的經驗，而獲得裨益；所以大家都趨向最便利的方法。最後大家對於同一事件，都採用同一方法；所以這些方法，都變成風俗和變成集團現象(mass phenomena)。各種本能，同時發展着。風俗就是這樣起頭的。年輕的人，從習慣、倣效和先例三者，學習一切。在某一時期，民俗能隨時隨地滿足生活的需要。在一個團體中，民俗是一致的、普遍的、有威權的和不變不易的。時候久了，民俗是愈變愈專橫、愈積極和愈不能避免。原始時代的人民，在某種情形之下，一定有某種舉動，如果問他們爲什麼這樣做，他們總回說因爲他們自己和他們祖宗總是這樣做的。又從畏懼鬼神的心，生出一種制裁。就是說，倘使活人改變了古代的民俗，他們祖宗的神靈是會發怒的。」

民俗是一種社會勢力

產生民俗的過程，包括許多瑣屑舉動的屢次重複，而這重複常係由於大多數人的一致行動，或者至少由於大多數人遇到同樣的需要，採取同樣的行動。直接的原動力就是權益。重複在個人產生習慣，在團體則產生風俗。所以重複是極端創作的和原始的。就習慣和風俗而論，重複對於在牠的範圍以內的人們，都有大的影響；所以變爲一種社會勢力，許多社會現象即從此產生。在牠的最初時代，重複的經過和定律是可以研究的；牠對於個人的影響和個人對於牠的反應，亦是可以研究的。做事方法的重複，包含無意識的實驗，從這實驗產生快樂或痛苦，更依照人們的考慮力產生方法是有益於社會幸福的信服心。這兩種經驗，是根本不同的。無論在覓食或者戰爭，最不開化的人們所做的事，總是痛苦的，但同時是便利的。就社會幸福意識的啓迪而論，這些痛苦而便利的事實，比快樂而合於幸福的事實，較爲順利。前者對於經驗是需要聰明的考慮的。民俗加上幸福關係的信服心，則民俗變成風紀（mores），風紀加上哲學的和倫理的成分，則風紀得到了效用和重要性，並變爲生活科學和藝術的方針。

民俗是不知不覺地做成的

「有一件事是很重要而值得注意的，就是人類滿足需要的舉動，是各個獨立的，而且目的祇是即時的滿足。因需要的一再發現，在個人產生習慣，在人羣產生風俗，而這兩個結果的成功，是出於不自知的，並且不是出於先見的或故意的。經過了許多時候的存在，牠們纔被發現，再經過更久的時候，牠們纔被感覺。其後又經過不少時候，人類的思想也更進一步，牠們方纔被用作根據來推定將來如何應付壓力可以預測的難題的方法。所以民俗不是人類意志和才智的產物。民俗正和人類不知不覺地運用的自然力的產物完全一樣，或者和動物的本能性習慣相同，這些本能性習慣都是由經驗而產生的，對於一種權益，都能達到最大的和最後的適應，都是因襲相傳，不容例外或變更的，但同時在極少數的方法中，和沒有合理的考慮或目的之下，仍能變化以便適應新的情形。因此不論在何時代，不論在文化任何階段，人類的生活，根本爲許許多多民俗所支配，這些民俗是從民族最初生活遺傳下來的，和別種動物的方法在性質上是相同的，這種動物的方法，祇有最上層是能變化和受支配的，而且曾爲人類哲學、倫理、宗教或者其他有理智的行動所改變。關於野人，曾有一種傳說，謂「如欲窮究野人的風俗或者無關重要的儀式，實在是不可能的。一個人的行動——無論是沐浴、洗濯、修髮、飲食或者是齋戒——完全給風俗所束縛。他終身是古代習慣的奴隸，在他的一生之中，沒有一件事是自由的，沒有一件事是創作的，沒有一件事是出於自然的，對於更高的或者更好的生活，是毫無進步的，對於自己環境的改良，無論在心理上、道德上或者精神上，是毫無舉動的。」一個個人都是這樣的，不過各人略有自動的變更而已。」

飢餓戀愛虛榮和畏懼

人類的行動中，有四個重大的原動力，當許多人聚在同樣生活狀況之下，這些原動力，就發生作用了。牠們是飢餓、戀愛、虛榮和（對於鬼神的）畏懼。在每個動機之下，都有利益問題。生活是由於滿足利益而成的。在一個社會中的生活可說是一個終身事業，而以行動和努力完全用於物質的或社會的環境為目的。在這些努力之中，固然有許多重大的錯誤和誤解，但目的總不外乎利益和便利。因為狀況和利益是相同的，所以努力變成了並行線。有人說人類從他們的獸類祖宗得到心理身體的（psychophysical）特性、本能和機巧，或者至少得到精神之傾向（性癖），使他們在解決飲食、性慾和虛榮問題的時候，得到些助力。這種意見已經許多人公認，也許是正確的，亦未可知。從此而生的結果，是集團現象（mass phenomena）；是類似、協力、相互的輔助。從這些又生出民俗。民俗是無意識的，是自然發生的，是不互相調和的。我們固然相信，不論在什麼時候，才智之士，總是領袖人羣的，但首創民俗者究竟係什麼人，是永遠不會知道的。就目下情形而論，民俗也時時在成立之中。在通行驛馬車的時代，有許多民俗，是專合乎這種交通方法的。街車產生了許多民俗，是專合乎這種城市中交通方法的。電話產生了許多民俗，並不是有人首先發明而強制執行的，乃是特別製造出來，用以應付因使用電話而受到危害之利益的。」

民俗成立的過程

「民俗成立的過程，雖然是無時無刻不在進行着，但欲分析此項過程，是很困難的。在人羣之中，好像有一個心靈，這個心靈，和組成此羣之衆人的心靈，是截然不同的。這種學說，很有許多人贊成。由於自己啓發（auto-sug-gestion），比較強健的心靈便產生了觀念，這些觀念一經流布，利用暗示方法，由一個人傳給另一個人，合乎這些觀念的舉動，大家便都行仿做着。人和人之間，便發生了互相授受。這種方法，可說是一個發展方法。新的啓發是時時刻刻發生着。後來更傳播出去，更和已經所有的聯合起來。這樣每進一步，他人可以理會的地方，更加增多。世界偉大的發明物，大抵係從這種方法產生出來的。知識之獲得和擴充，也是這樣的。人羣好像有一種神祕的權力，比各個人的權力之總量，還要偉大。但是這事的解釋，並不困難，就是在人羣之中，有同心戮力和不間斷的啓發兩件事，在人羣之中活動起來，是很易生效的，因爲兩者都能啓發潛伏能力，使本來散漫的集中起來，證明和改正已經搜集的事實，刪除錯誤，更用結合的方法，建設起來。」

風紀的範圍和方法

「在本書中，我們的主張是：在滿足人羣利益的方法中，民俗是最不可缺少的，最重要的，最廣大的，而民俗成立的過程，是原形的社會或團體現象的重要原因。社會的生活，就是製造民俗而應用之。社會科學就是人類的研究。當人們是並肩爲生存而奮鬥的時候，他們間的關係，是相互的反應（敵對、爭勝、聯盟、強迫和合作），由此生出社會的連接（concatenations）和結合（concretions），而人羣中各個人的利益，都得到了滿足，所謂連接和結合，就是各個人和各小組間相互的比較固定的地位，和他們間相互作用所有比較確定的方法和效果。各種動物都是這樣的。觀於羣居的昆蟲，就可知道調整一時期的利益和羣生的行動，使成爲連接或者結合，所得的結果，是非常良好的。社會的結合起因於民俗是這樣的——人們爲生存而奮鬥，於不知不覺中合作起來，造成會社、機關、風俗和制度，這四件事雖沒有人起意、計劃或預先內定，但是經過一些時候，竟變成十分發達而成爲事實了。牠們是根深蔕固的，好像是從「祖宗」傳下來的。在戰爭、工作、宗教、娛樂、家庭生活和市民會社中，其關係和舉動的結合，都含有信仰、哲學的學說（神話和野乘）和關於正當行爲和義務的戒律（禁用）。雖然各個行爲是細微的，但民俗之成立，並非瑣屑不足道的。每個人的每件行爲，對於民俗，可說是各効一分力的，既盡了從已成立者生產出來的義務，又憑藉遺傳的風俗的權力，限制了日後未來者。這樣造成的建築物，不是有形的和實質的，而是社會的和制度的；換一句話來說，這建築物是屬於一種情形，而這種情形必須單獨地解釋和研究。在這種情形之下，風俗產生了連續(continuity)、聯絡(coherence)和一致(consistency)，所以在這裏「建築物」可以指和社會行爲永遠不能脫離的許多關係和指定的地位而言。民俗成立之過程，是永遠不被革除或永遠不改變的。現在牠繼續進行着，正和在文化開始時代一樣。「使用和習慣」，對於人們總有影響的。牠們產生習熟，因此羣衆行爲變成無意識的。平常的行爲，在循環的時期，連續發現，也會產生同樣的效果。社會活動的範圍，可以大大地擴充，權益可以推廣和增加，供給需要的材料數量，可以變成更多，社會合作的方法，可以變成更加複雜，有許多權益可用契約或者機謀來替代風俗；但是一件事倘使涉及羣衆權益的方法，那末民俗發展的過程，便完全和在文化開始時代的過程一式無二。作戰的方法，因爲武器或甲鐵的新發明，隨時更改，最後更變成非常重要的民俗。手工業的工廠制度，產生了許多民俗，這些民俗包圍了工人，並且表出工廠鎮市和商業城或農業村不同的地方。用棉花來替代細麻布，對於近代民俗有很大的影響。利用機械力和機器，會使各個階級的舒適程度，一律改變。但是民俗雖然是經過了許多形式上的改變，所有性質和權力，則絲毫未有變動。」

風紀的更確切的定義

「對於風紀，現在我們可以得到一個更完備的定義。所謂風紀者，係指做事的方法而言，就是在一個社會中，滿足人類的需要和願望的通行方法，外加和牠們有同本源關係的概念、禮法和這些方法固有的安適生活程度。因爲這些附加物，風紀就變成一個社會或者一個時代的特殊性格（ethos）中的特點。人類生活問題所需的思想方法，都充滿着風紀而受牠們的支配，牠們使理想的世界變成行動的世界，指揮幷鼓勵一切。」

民俗中的相互關係（status）

「假使我們將民俗的定義，作爲許許多多重要不等的習慣，包含一切生活問題和方針，養成品格，作爲後世的教訓，含有極其含糊而未整理的世界哲學，且爲畏懼鬼神之心所默許，因此不得稍有變更，我們就知道民俗的拘束人類，其壓迫和制止的力量，是何等樣厲害。民俗造成了相互關係。一個人的地位，不論是在一羣同族、家屬、鄰里或者團體之中，就是相互關係的例子。無論什麼人，對於相互關係的要否，都沒有自主之權的。例如人們一到春情發動年齡，就得結婚。結婚的意義和什麼是夫婦（雙方的權利和義務）都由相互關係來決定的。相沿成俗的關係，沒有人能改變的。相互關係和制度或者契約是不同的，並且是風紀的直接產物。每一個相互關係，可說是一個重要的中心點，而叢集四周的都是民俗。

相互關係是由誕生決定的。所以牠是一個助力和一個障礙，而不是一個自由。在近代牠是不受人歡迎，而人類的風紀便在自由之下，變成了契約式。在現代文明國家中相互關係的觀念，畢桒早已失去了。不過我們現在的生活，仍舊在法律、制度所規定和保證之相互地位之下，就歷史而論，明確的制度必由相互關係產生，而相互關係仍受到風紀的影響，所以承認和尊重相互關係，是有很大利益的。婚姻（嫁娶或者結婚）是一種相互關係。牠實在是受風紀控制的。牠經過了法律的解釋和認可，但是法律所表明的總是風紀。一個男人和一個女人的婚姻，是從訂約而成的。訂約的儀式（結婚）是由風俗所規定的。牠更經過法律的批准。就社會權利和義務而論，男女用訂約式結成的婚姻，和法律所解釋的相互關係，會是不同的。婚姻是風紀中一種相互關係的觀念，因宗教和平民結婚儀式之干涉，而受到毀壞。一個人誕生之後，就加入一個家系、部落、民族或者國家，因此他就有了一個相互關係，而這個相互關係就決定了他的權利和義務。平民自由之規定，必須依照此項事實，決不可越出此項事實，更不可依照模糊的抽象觀念。民俗的全部就成爲社會環境。不論什麼人誕生在這個環境之內，對於這個環境，必定發生授受關係。他受到環境的影響，而環境成爲生活條件之一，在這種條件之下，他必須自行發揮自己才能之境遇。自由二字，不論作何種解釋，但決不能指脫離社會環境或者風俗的影響而言。」

文化（註五二）

『人類學實地考察者對於部落文化的研究，開始總是注意一二點。他或者從觀察怎樣取火的方法入手，於是知道這方法是用一根木棒鑽入另一根木棒，而這種簡陋的用具也須造成一種特別式樣，且牠的程序正和其他手工一樣，也是一成不變的。但是祇說鑽木取火，仍是不够；用具的個性和所採的程序，也須一一記錄下來，示例的實物，也須收集作爲標本。所以做造的用具再加附圖和考察筆記，就變成觀察單位的實地記錄。至少在實用上，可說部落文化的單位是這樣的，而且可以稱爲特性（traits）。所謂特性，也可指守舊性和其他一切概念而言。例如一個男人可以和他的妻子的姊妹結婚，倘使眞有這個風俗，就可視爲部落文化的特性。所以部落文化的特點，就是這些可以見得的特性，而一個部落文化所以異於別的部落文化，也是根據這些特性的不同地方。』

文化的複合物

『現在我們遭到更嚴重的問題了。倘使特性確作部落文化中一個單位解釋，那末我們一定要查出這個單位的性質和特色。假使甘薯被人劃入一個斛（bushel）中，我們可以說牠們是一斛甘薯，意思就是說每個甘薯是一個完備的獨立的單位。有幾個研究文化的人，以爲特性是相似的獨立的單位，可以用部落的量物器來量定的，也可以作爲一個集合體。但是我們如果細細審察一個特性，那末所得者幷非一個明確的單位，而是一種複合物。例如北美洲蘇必利爾湖（Lake Superior）左近的奧傑威印第安人（Ojibway Indians），是食野米爲生的，因而這件事可作爲他們文化中的特性。但是這部落裏的每一個人，幷不是像飛鳥一樣，直接從植物上擢取食物，他們必須經過一定時期的活動，并且參加其中各項工作，纔能得到食物。所以這些植物雖然是野生的，而牠們生長的地方，必須有人照顧，後來爲防制食米的飛鳥起見，將植物紮束起來，更將植物割下，將稻曬乾、去殼、簸揚、儲藏、煮熟和吃下。所得的米，有一部分有時掉換他物，有時分送他人。這許多手續，必需各種複雜的技能和特別的用具。此外還有和整個很有關係的事物，例如財產權、工作義務、禮儀、守時、方法和許多宗教儀式、禁止和禁用。所以這件事是很顯明的，就是我們對於野稻特性，倘欲得到一個適當的觀念，我們必須將這個特性看作許多手續的複合物，而這些手續和欲達之目的，在職務上是很有關係的。這許多相連的活動，尋常叫做特性複合物(trait complex)，或者在這個例子叫做野稻複合物(wild rice complex)。」

普遍的文化模型

「在本書頭上幾章內，我們有很好的理由，可以相信在組織和作用上，有許多文化是很相似的，在發見每個現象的單位或者要素之後，又知道在這些要素中至少有一個公共的重要的方式。我們也知道特性複合物是有黏附性的，暗示牠們總有一種方法接連在一起，雖然這種接連和特性的要素，大部分是分離的。倘使我們要注意點從幾個特性複合物移到整個的部落文化，就知道這些文化雖然分成好多種類，仍舊有始終相似的地方。我們方纔說過特性複合物有許多地方是相似的，而牠們的重要組織，也是相似的。所以有人說相似物的集合體，也是相似的；但是因爲特性複合物有種類的不同，而且我們剛說過文化的分別，可從牠們有無特性複合物來決定，所以文化的內容是各異的。不過一經熟知文化以後，我們就會發見我們一直忽視的一件事，就是部落文化到底有一種計劃或模型的。倘使我們將特性複合物比作建築材料，那末要造的房屋的圖樣，也可比作文化的模型。

我們承認文化的模型，和我們對於組成這些文化的原料認為眞實的一切情形，是幷不矛盾的。我們已經知道特性複合物是會行動的或者傳播的，而且常和別的東西一起傳播的，所以這個關係我們亦應當考察一下。在這裏我們所發見的，和在建築材料裏所發見的，又可作一個比較；倘使砌牆用的磚頭已經選定，那末灰泥和複合物中別的東西也跟了一定了，但是所有屋頂，我們仍可採用鄰人水泥房屋的屋頂，或者別種屋頂。當我們想到房屋的時候，這件事是顯然的，但是有許多人在研究和文化有關的事情的時候，就會把牠忘卻。現在且言歸正傳，就是房屋的圖樣，是需要牆壁、屋頂、地板和許多別的東西，那末文化的模型是怎樣呢？

第一、研究文化者發覺各種文化的模型，都合於一個普通的大綱；所以我們可以說關於文化的事實，都可歸入附表中的九項，就是語言、物質特性、美術、神話、宗教、社會制度、財產、政府和戰爭。如果讀者能夠儘量利用他的建設想像力，這個大綱可以更詳細地增加。但就我們的用處而言，卽此已經夠了。

我們現在可以說已經擇定了幾個種類，這幾個種類併在一起，似已能夠包括全部文化內容。所以語言一項，可以包含文字、符號、談話、姿勢和其他文字形式，就我們所知道的而論，在一種文化內，欲找到這一項下各條，總是可能的。然而有幾個部落文化，在種類上和歸在這一項內特性複合物的數目上，是各不相同的。就是美術一項，情形也是這樣，就是其餘各項也是如此的。至於文化的基礎是否這樣成功的，我們可以不必過問，因爲如果一過問，就要使我們另行找尋模型，這個問題，後來自會講到的。現在我們所講的模型，可以說是人爲的模型，因爲牠是完全根據於習慣，而人類是一種哺乳動物，所有的文化和這個模型是吻合的。

現在我們要研究傳播文化所受到的客觀的障礙，我們既經知道特性複合物在世界上傳播的具體事實，就不免有許多特殊的問題發生，就是文化的行動爲什麼採取某某路線，而不採取別的路線。欲解決這個問題，非從文化的特性和地理的事實兩者間的關係入手不可。這層工作不容易的，因爲動物產區、植物產區、地形、氣候和其他非人力所能控制的現象，更比文化要複雜得多多。

就傳播的情形而論，牠們顯示兩種現象，一種是并不受人們指揮的傳播，亦可說是簡單的、無意識的或者自然的傳播；另一種是故意設計的和計劃周全的傳播。因爲傳播不是唯理主義的（rationalistic），所以這兩種觀念可以代表兩個極端，無論什麼傳播事實，必定可以歸入這兩個極端之間。自然的傳播，在原始人民中最爲顯明，而有計劃的傳播，則在開化人民中最爲顯明。自然的傳播，我們在相當的題目之下，已詳細說過，但是對於便利文化傳播的要素，尚未論及。在這些要素中，可提出的是地理上的背景和無目的的移住，尤其是逐漸滲入（infiltration）。有計劃的傳播，常採取下列方式之一：拓殖、改黨或者征服。在這一章內，我們所要研究的，是自然的傳播的性質。」

「那末什麽是文明呢？

我們的態度、信仰和觀念；我們的判斷和評價；我們的制度，不論是政治的和法律的，宗教的和經濟的；我們的倫理的和禮法的規程；我們的書籍和機器，我們的科學，人們自己的和他們的形形色色的關係，哲學和哲學家——這許多和還有許多別的事物，就是我們的文明。在這許多事物之中，有好多種是我們的文明和古代的文明或者有史以前的文明，是不同的。

文明的特色，就是牠的能够繼續存在；眞的，牠的大部分，牠的大多數，是由一代傳給另一代的。但是牠也會改變的，在任何兩個時期，牠總不是絕對相同的，兩個連續時代的文明所有不同之點，常常是可認知的，有時且是很顯著的。

文明中的變化，完全因新的事物、新發明物和新觀念的出現而產生的，而這些東西，細細分析起來，最後都是個人思想的產物，這件事祇須略一思索，是便可明瞭的。一個變化，不論牠是在機械方法或社會組織之中；是在一個新的科學觀念或者新的倫理眞義之中；是在化簡或者改良的經濟生產和分配之中；是在一齣新編戲劇或者新式戲劇方法之中；是在一件用具享樂物或者奢侈品，一個新字，一句妙語或者格言之中——這些都是從個人思想創造出來的，除此之外，沒有一處可說是牠們的起源地方。我們對於個人和社會在產生文明過程中所佔有之相對的重要性，不論抱什麽意見，而這個意見對於上述的概論，是絲毫沒有影響的。雖然人們是完全受社會背景統制的，而方纔所講的變化——實物的變化也包括在內——總是起源於心理方面的，因此可說總是起源於個人思想的，因爲除了個人思想之外，沒有旁的思想了。所以整個文明，我們如果一步一步追溯上去，最後完全無餘地變成個人思想中的許多觀念。

但文明也會繼續存在和積聚起來。有許多分子，完全依賴物質存在（material existence）的客觀繼續(objective continuity)，從一代傳到另一代。我們所有複雜的機械的設備——道路、車輛、房屋、圖書館中的書籍、博物院中的標本——大部分是繼續存在的，牠們的粗笨和有形的情形，正和人類的自然界環境一樣。所謂制度——就是態度、觀念和行動的有定形的倉庫——也繼續存在，不過情形沒有這樣客觀和眞實，因爲祇有一部分制度，係用物質或者機械方法——例如一定的組織、記錄的法典和檔案——來代表的，這些方法都是壽命很長的，時代的更迭，如果和牠們相較，眞是細微不足道。此外還有一個更重要的機械作用，文明利用牠由父而傳給其子。這個機械作用比別的作用更有力更易變，就是教育。利用教育，不論在家庭，在學校，在社會中，過去能範鑄現在，且現在更能爲未來造成典型。

從分析文明而得到的年代事實，固然是心理的和個人的。但文明幷非在一個時代個人思想的產物，這一點是很重要我們應該牢記的。文明實在是從外界而到個人思想的，文明範鑄個人思想，更利用自己客觀分子的實在存在，利用自己的法典和制度，更利用勢力很大的教育工具，強迫個人思想接受自己。教育過程的大部分，總是在個人最易接受和最是易變的年齡，對於個人思想最易發生影響。關於這一點，我們不必接受精神分析論(psychoanalysis）的極端學說，但是我們應該知道在個人幼年時代腦經所受到的畢生繼續存在，不過有時略有變更而已。

人類不特要聽命於文明，幷且對於文明強迫他們所接受的，竟是完全不覺或者祇覺一半。

我們用以思想和用以表示觀念的語言，可以說是我們獨有的，然而這語言的文法組織是無意識的。組成文法的複雜體制——分部、種類、變化——人們是常在用着而不覺牠的存在。在原始社會裏，是沒有文字的，而人們對於日常所用語言裏的文法，是完全不知道的。現在的情形，大概還是這樣，因爲教授文法一事，在絲毫不提及我們對於語言的文法原理之條件下，幷不阻止我們吸收本國國語的組織。祇有經過審愼的堅忍的努力，方纔能够使人們的智力，用分析的方法去研究他們常用的文法要素。

美術差不多是這樣的，尤其是音樂一門。音樂的理論上的組織，知道的人是很少的。有許多人能够欣賞音樂，幷能利用歌唱和樂器發出音樂，但是他們對於自己所運用的基本原理，或者是差不多完全不知道的。不論是原始社會的人民，是歐洲的農民，或者是美洲善唱歌擅奏琴的黑人——他們對於自己所欣賞、所利用和濫用的音樂的理論原理，是完全不知道的。不過語言和美術兩者的情形，如果移用於別的文明要素，祇有一部分是確實的。交際禮式、宗教教條、政治信仰和一個社會或者一個職業階級的有專長的前途，在個人得知之前，是早已深入人們的心了。

於是在自覺心發現的時候——有許多人是永遠沒有自覺心(self-consciousness)發現的——我們覺得已有了一個世界觀念(world view)的一切和道德、行爲、信仰的法典。那時候我們可以任意改變這些觀念和態度或者普通一些說，就是給牠們一個剖白的背景代牠們解釋和辯護。例如我們的教育學、犯罪學或者禮儀三者的理論，大部分是這些累積的回想，而這些回想多少是用技巧來造成，使我們無意識地得到的習慣、態度和信仰，更合於我們，更使牠們自己更有力量去抵抗外來的批評或者攻擊。

由上文看來，對於文明的起源和存在，個人和團體都是有功的。個人負創造新事物的責任，而社會更以背景和時機給與新事物。所謂新事物，不過是陳舊的和已成的事物的堅固基礎上面的小波紋。社會的保守惰性，總是反對新事物的，但是新事物一經出現，社會就規定新事物應取的途徑，并限制新事物脫離舊事物範圍的程度，因此新事物就成爲我們現在所有的新事物了。這種情形，在發明物和美術品中，最爲顯明。一個愛迪遜（Edison 美國大發明家）的才能，是先天的天才。假使他生存有史以前時代，他固然仍是愛迪遜，但是他決不會發明白熱電燈。他或者會發明一種最初取火的方法。倘使賴佛愛爾（Raphael 意大利畫家）能夠復活而和澳洲叢林中的土人住在一起，那末他在穴洞牆壁上所畫的東西，或者是寫實派的牛馬和身材臃腫的土著女人。倘使俾多芬（Beethoven）德國作曲家是一個中國人，那末他作的歌曲，或者是刺耳的音樂，就是那些好奇的人在唐人街（Chinatown）假作欣賞的。

穩固和持續性，大半是從社會要素所產生的。除掉社會的物質基礎的持續性以外，制度的表率，輿論的壓力，風俗和法律，都是社會背景的功用。但是如果沒有個人思想的惰性，就是固執已成的觀念和偏愛他人常常採用的途徑，這些社會要素單獨地決不能成就穩固的。

就牠的特別個性而論，文明是很有引人注意和研究的魔力的。特殊文化價值的魔力，避過了前世的進化論家的耳目，因爲進化論家的興趣，是集中於近代社會前事(antecedents)的重造工作。在他目光中，古代的文明，尤其是有史以前的文明，不過是達到近代文明的途中的踏石，不過是向上發展中的階段。現在的人，不論他是歷史家、社會學家或者人類學家，既經脫離了進化論的武斷的成見，對於全部人類文明，很熱心地作更深切的研究和了解。但是用作研究根據的資料，是有限的。許多近代文明，在表面上固然有許多不同之點，實在都有一個很一致的地位。如果我們將近代文明和古代文明作一個比較，就會發見更多的異點，但是古代文明爲數很少，所以一經分析，牠們就顯出許多和近代文明相同的地方。依照人種學家研究所得的結果，有史以前的歷史，是屬於完全兩樣的程度。牠的每個文明，是個別的和特殊的，傳播文明的人們，數目比較少些，且文明所佔的區域，也是很小的。這樣具有個性很強的文明，即使僅僅包括那些經過人們詳細研究的部落文化，依照有史以前的歷史，已是種類很多的了。古代北美洲一處所有已經證明眞實的文明，已較近古兩代歷史所有的文明總數爲多。所以我們如欲研究人類的事業，擴充我們對於文化問題的知識和我們對於全部文化的欣賞，最好拿最初的世界作爲對象。」

文明種族和前途(註五三)

「文化可以離種族而獨立；即使完全獨立，也是可能的。但是文化的傳播，一定有賴任何一種種族的；所以文化史的研究，能否發現某某種族對於文化的傳播是否比別的種族更爲適宜，或者某某種族對於文化的產生和實施是否比別的種族天生來得更爲適宜倒是一個很爲有趣的問題。

總而言之，文化產生的過程，大部分是屬於高加索人(Caucasians)的。最近二千五百年中的進步，現在不必說起，至於上古石器時代(paleolithic)上歐洲(Upper Europe)的美術，六七千年以前在尼羅(Nile)河和幼發拉的斯河(Euphrates)流域近代文明的奠基工作，克里脫島(Crete)的古代文化的等等，都是屬於白種人的。

似蒙古族的人民(Mongoloids)，也有勢力，而且是切切不可忽視的。即使中國文明的基礎，可以證明大部分是屬於西方的，但是中國文明的組織，完全是土著的，而最近三千年來加入的外來成分，早已和這個組織完全同化了。從中國文明產生出來的文明——例如日本文明——在組織和實地上，達到很高的程度，也可證明中國文明的力量。還有東印度人(East Indians)——似蒙古族的人民另一支派——的同化力，也很厲害。在過去二千年中，他們接受和消化的印度(Hindu)和回教(Mohammedan)文明，在量的方面，是至少等於北歐人民(North Europeans)在耶穌紀元前一千五百年至紀元後五百年中從地中海文明(Mediterranean Sources)所吸收的。最後還有住在墨西哥(Mexico)和祕魯(Peru)的美洲似蒙古族的人民，他們的成就，是不可忽視的，因爲這些成就，似乎在孤立的情形中造成的，完全沒有接觸和輸入的刺激，牠們的基礎不過是後期石器時代的(pal olithic)或者初期石器時代新部的文化。

似黑人的人民在比較高等的進展中勢力是小的的確，非洲是遠離歐亞軸線（Euro-Asian axis）的，因爲是一個死巷(blind alley)所以受到障礙情形正和印度（India）南部和亞拉伯（Arabia）一樣。但是非洲中部的離開地中海，正和北歐洲的離開地中海相等。非洲東部和埃及（Egypt）相近，而在四五千年前埃及已達文明的頂點。但是現在的黑人非洲（Negro Africa）所吸收從埃及比倫巴（Egypto-Babylonian）來的文化要素，比耶穌紀元前五百年司干的那維亞（Scandinavia）所吸收的不見得多一些，而比耶穌紀元後一千年司干的那維亞所吸收的要少得很多。這個差異，倘說是完全由於沙漠、叢林和熱帶氣候，是難於相信的。大洋洲（Oceanic）黑人的情形，有些相像的。尤其是澳洲人（Australians），因爲他們的海島是孤懸大洋之中，而他們是否似黑人的人民的一支，是一個疑問。但是巴布人（Papuans）和米蘭里西人（Melanesians）的確是似黑人的人民，他們所受到比較高等文化的影響，較諸左近的東印度人（East-Indians）要少得很多。文字、鐵、王權、印度和亞拉伯宗教等等，跑過海洋洲的島嶼，其遠正和棕色的似蒙古族的人民所住的相等，但是一到黑人居住的處所，便立刻停止，這個或者是地理上的偶然之事。就是棕色的波立利亞人（Polynesians），他們所住的地方，在太平洋中部比米蘭里西人更遠，有更多的要素可以追溯到亞洲——例如他們的天地創造論、系譜學和王權等。

我們必須將各個時代和世界各部，經過同樣的研究，方纔可以從文化的程度推論到種族的才能，否則，是不公允的，而這種推論，不可過於嚴格，否則，是不可靠的。但是黑種民族，對於隣近的地中海文明，始終不能接受牠的全部或者主要部分，或者始終不能自己造成產生文化的著名的次中心區這一點是一個最有力的理論，可以證明黑種民族的文化可能性是低劣的。

除掉極普通情形以外，我們如將高加索人種幾個支派在文化史上所佔的相對的地位，細細研究一下，便可知道文明和種族的才能兩者間關係的淡薄，在北歐人民和北美人民中，最爲顯明。住在地中海一帶的高加索人種的一支，在文化的產生量上，始終列爲第一，而現在文明的最大部分，也由他們培養，所以比別的種族要高一着。屬於這一支的，有埃及人，克里脫島人(Cretans)和別的愛琴海海島的人民(Aegeans)；巴比倫人(Babylonians)的塞姆族(Semitic Strain)；腓尼基人(Phœnicians)和希伯來人(Hebrews)；古時希臘和意大利人民的大部分，和回回教的創造人。再加以關係密切的印度人(Hindus)，那末黑色種人就居於完全領導的地位，而無疑義了。

對於文化最有功勞的第二種民族，是住近高山的，形似亞米尼亞人的(Alpine-Armenoid)、闊額的，高加索人的一支。這一支包括或者蘇默利人(Sumerians)，倘使他們不屬於住近地中海的一支；希但脫人(Hittites)；而且對於西亞細亞(Western Asia)、希臘和意大利民族，加入了許多重要的支派。

諾迪克(Nordic)支派在比較上是不重要的。截至一千年以前爲止，諾迪克民族的長處，是騷動和不寧，但是沒有一個新的文化要素，至於新的重要的永久的要素，更不必說了。其後幾百年，歐洲文明的中心點，仍在靠地中海的意大利，或者在近阿爾卑斯山(Alps)的法蘭西。到西曆一千五百年以後，這個中心點方纔移到諾迪克民族身上。眞的，諾迪克人民的民族和文化優勢，就其眞實的而論，都是過去二百年中的事情。而地中海和阿爾卑斯山一帶的民族，在文明創造力上至少經過六千年的長時期，而且總是首屈一指的。

有許多人以爲一個民族的生產力，如果衰退，或者一個民族，如果給別的民族所倂吞，那末人類的進步，就要停止和退化，這個恐懼，由上面所述的看來，顯然地是毫根據的。這種驚惶，可說是起源於利己的想像力。有的人以爲自己一死，世界將遭受損失，因而感到惋惜和遺憾，這一種和上面所講的驚惶，可說是完全一樣；其實這個人所怕的，還是自己的死亡。我們如果能够不拘於時代和地方，將這些偏狹的根本上屬於個人的情緒，拋棄一旁，而一看人類的全部奮鬥和逐漸的成功，所得到的結果，就任何民族的細微的或者暫時的優勢，及文化的穩固或者前途而論，是行若無事而泰然自若。人類學的功用，就是要養成這個偉大的容忍和鎮靜的一部分。」

人類學的研究（註五四）

「所有的證據，表明原始時代的思想，很像我們的思想，有很多的清醒時期，不受到超自然的權力和危險的重大壓迫；而異教徒的野人，有時或竟常常各個自私自利地計劃他的行動，正和普通開化的耶教徒一樣。

初期的人類學，對於部落現象是比較的坦直和不加批評；對於事實和解釋，從來不加審察就接受下來。近代社會學所定的態度和意見的區別，在人種學的實地考察中，和在現代文明社會的社會學研究中，一樣有用。又人種學家，對於人類利用論理學來解釋和證明根據於本能和情感的原動力所發出的行動，如能明了，那末和原始人民講話，不易受到欺騙。不用我們的社會學名詞「合理化，」馬利諾斯基（Malinoski）有一個很好的說明，他說：

「如果問土人在某某情形之下如何辦法，他回說要這樣做；他所說的就是最好行爲的模範了。當他做人類學實地考察家的報告者，土人會毫不吝惜地詳細說明自然律的模範。但是他的信仰、性癖、偏見和對於他人的錯誤所抱的寬恕——這些他都保留着用於日常生活的行爲中。」（註五五）

這處所講的危機，似乎有三個重要的情形：

第一個情形，暗示倘欲擔任眞正有用的人類學實地考察工作，那人非深通所研究的部落的言語不可，更非眞能參加該部落眞實的最內的生活不可，這件事馬利諾斯基似乎做到的。如果人類學的研究，大部分是考古學的，且包含物質的文化實物和言語組織兩者的搜集工作，那末心理社會學（psycho-social）技術，是不必要的。但是他們所研究的，是土人怎樣感覺和思想，尤其是關於這些難了解的複合物像家庭事務和宗教價値等，非有一個極新的技術不可。

第二，新的人種學家，除掉言語和知識以外，必須有精神分析論和社會學研究的概念和方法。

第三，那些在言語上已經合格幷且已經受過社會學訓練的實地考察者，除掉知識，還須辦事迅速，因爲「原始羣」或者「自然羣」現在是很快地消滅，所以危機不特是重要的而且是很急迫的……我們祇須在人種學的浩瀚的有趣的記載之中，略一看看原始宗教，便知道足以說明宗教社會學的資料，是非常缺乏的。在比較簡單的人羣從我們知識中消滅之前，我們能夠了解牠們嗎？

討論要目

（一）人類學的性質。

（二）人類學與人種學的關係。

（三）人類學者對於人類一元的和多元的原始之態度。

（四）非洲人種和高加索人種的能力之比較。

（五）人種學者對於完全不相同的兩種族的聯婚之態度。

（六）人種中心主義的意義。

（七）森納爾的基本的社會學說。

（八）湯麥斯對於婦女的智慧論。

（九）虛榮是一種有力的社會因素。

（一〇）森納爾關於羣衆的概念。

（一一）民族行爲的來源。

（一二）民族行爲與風化的區別。

（一三）森納爾認爲理想的弱點。

（一四）真實的教育之來源。

（一五）使社會團結的三種勢力。

（一六）民族心理學的範圍。

（一七）建立世界文化的主要勢力。

（一八）人格養成上的『危機』學說。

（一九）民族心理學與社會人類學的區別。

（二〇）引用『有文以前』這個名詞的理由。

（二一）開斯對於人種學的三種指示。

附註

（註一）奧斯邦(H. F. Osborn)著：石器時代的人類(Men of the Old Stone Age)，一九一八年，斯克列勃納出版，第一章。

（註二）高加索人種(Caucasian)、蒙古人種(Mongoloid)，和黑色種人(Negroid)。

（註三）凡納(R. Vernean)著：克洛麥格儂的人種(La race de Cro-Magnon)，見一八八六年，法國人類學雜誌(Revue Anthropologie)，第一卷第十期。

（註四）森納爾著：民俗論，一九〇七年，金恩書局出版，第四三頁。

（註五）森納爾著：民俗論，一九〇七年，金恩書局出版，第十三頁。

（註六）森納爾著：民俗論，一九〇七年，金恩書局出版，第二六六頁。

（註七）森納爾著：民俗論，一九〇七年，金恩書局出版，第三四三頁，又第三六二頁。

（註八）森納爾著：民俗論，一九〇七年，金恩書局出版，第三七八頁。

（註九）湯麥斯著：兩性與社會（Sex and Society），一九〇七年，芝加哥大學出版，第五一頁。

（註一〇）湯麥斯著：兩性與社會，一九〇七年，芝加哥大學出版，第一八二頁。

（註一一）森納爾著：民俗論，一九〇七年，金恩書局出版，第四一頁。

（註一二）森納爾著：民俗論，一九〇七年，金恩書局出版，第四〇頁。

（註一三）森納爾著：民俗論，一九〇七年，金恩書局出版，第四一頁。

（註一四）森納爾著：民俗論，一九〇七年，金恩書局出版，第五四頁。

（註一五）森納爾著：民俗論，一九〇七年，金恩書局出版，第六一頁。

（註一六）森納爾著：民俗論，一九〇七年，金恩書局出版，第六五頁。

（註一七）森納爾著：民俗論，一九〇七年，金恩書局出版，第二章。

（註一八）森納爾著：民俗論，一九〇七年，金恩書局出版，第七六頁。

（註一九）森納爾著：民俗論，一九〇七年，金恩書局出版，第二〇一頁。

（註二〇）森納爾著：民俗論，一九〇七年，金恩書局出版，第四一八頁；又湯麥斯著：兩性與社會，一九〇七年，芝加哥大學出版，第二〇一頁至第二二〇頁。

（註二一）森納爾著：民俗論，一九〇七年，金恩書局出版，第六二九頁。

（註二二）凱勒著：社會的進化（Societal Evolution），一九一五年，麥美林書局出版。

(註二三)韋斯特馬克(Edward Westermarck)著：道德觀念的來源與開展(The Origin and Development of the Moral Ideas)，一九〇六年，麥梅林書局出版，第一卷，第一五九頁。

(註二四)韋斯特馬克著：道德觀念的來源與開展，一九〇六年，麥梅林書局出版，第一卷，第一五九頁。

(註二五)韋斯特馬克著：道德觀念的來源與開展，一九〇六年，麥梅林書局出版，第一六〇頁。

(註二六)韋斯特馬克著：道德觀念的來源與開展，一九〇六年，麥梅林書局出版，第二卷，第七四〇頁。

(註二七)韋斯特馬克著：道德觀念的來源與開展，一九〇六年，麥梅林書局出版，第二卷，第七四五頁。

(註二八)霍伯豪斯(L. T. Hobhouse)著：道德的進化(Morals in Evolution)，一九一九年，好脫公司出版，第一頁。

(註二九)霍伯豪斯著：道德的進化，一九一九年，好脫公司出版，第三頁。

(註三〇)霍伯豪斯著：道德的進化，一九一九年，好脫公司出版，第三頁。

(註三一)霍伯豪斯著：道德的進化，一九一九年，好脫公司出版，第三頁；又霍伯豪斯著：社會進化與政治理論(Social Evolution and Political Theory)，一九一一年，倫克公司(Lemcke)出版，第一二八頁。

(註三二)霍伯豪斯著：道德的進化，一九一九年，好脫公司出版，第六〇頁。

(註三三)霍伯豪斯著：道德的進化，一九一九年，好脫公司出版，第六四頁。

(註三四)霍伯豪斯著：社會進化與政治理論，一九一一年，倫克公司出版，第一四八頁。

(註三五)霍伯豪斯著：道德的進化，一九一九年，好脫公司出版，第一三〇頁，又第七一頁。

(註三六)溫德著：民族心理學要義，休伯(Schaub)譯本，一九一六年，麥梅林書局出版，第一頁。

(註三七)溫德著：民族心理學要義，休伯譯本，一九一六年，麥梅林書局出版，第四七八頁。

(註三八)溫德著：民族心理學要義，休伯譯本，一九一六年，麥梅林書局出版，第五一四頁。

(註三九)溫德著：民族心理學要義，休伯譯本，一九一六年，麥梅林書局出版，第五一五頁。

（註四〇）溫德著民族心理學要義，休伯譯本，一九一六年，麥梅林書局出版，第五一六頁。

（註四一）波阿斯著原始人類的心理（The Mind of Primitive Man）一九一一年，麥梅林書局出版，第一〇二頁。

（註四二）霍伯豪斯著社會進化與政治理論，一九一一年，倫克公司出版，第三九頁。

（註四三）魏斯勒著人類與文化（Man and Culture）一九二三年，克洛惠公司出版，又魏斯勒著美洲的印地安人（The American Indian），一九二二年，牛津大學出版，其他類似的作品也可以參考。

（註四四）魏斯勒著人類與文化，一九二三年，克洛惠公司出版，第一二九頁，社會學者對於文化和文化融合已格外地加以注意了。伯萊克麥（Frank W. Blackmar）在美國實用社會學雜誌第十一卷第五〇三期至第五〇九期上，著有『文化的融合』（Diffusion of Culture）一文。他的結論說：『無論怎樣自然地發生的文化融合和根據於好感與機會上的接觸而發生的文化融洽，對於人類進步所有的影響，將會比較有組織的——特別是有一種指揮勢力的——文化融合，更加來得厲害。』

（註四五）魏斯勒著人類與文化，一九二三年，克洛惠公司出版，第五章。

（註四六）湯麥斯著社會源流的材料（Source Book for Social Origins），一九〇九年，芝加哥大學出版，第一八頁。

（註四七）湯麥斯著社會源流的材料，一九〇九年，芝加哥大學出版，第二〇頁。

（註四八）湯麥斯著社會源流的材料，一九〇九年，芝加哥大學出版，第一四頁。

（註四九）哥當惠叟著早期的文化（Early Civilization）一九一三年，諾潑夫公司出版，第一八頁。

（註五〇）法利斯著有文以前的人民（Pre-Literate Peoples-Proposing a New Term）見美國社會學雜誌，第三十卷，第七一〇期至第七一二期。

（註五一）特許轉錄自森納爾著民俗論，一九〇六年，金恩公司出版。

（註五二）特許轉錄自魏斯勒著人類與文化，一九二三年，克洛惠公司出版。

（註五三）特許轉錄自哥當惠叟著早期的文化，一九二三年，諾潑夫公司（Alfred A. Knopf）出版。

(註五四)參看美國克羅伯著人類學(Anthropology)一九二三年哈考布雷斯公司(Harcaurt, Brace and Company)出版。

(註五五)馬林諾斯基(Malinowski)著蠻族社會中之犯罪與習俗(Crime and Custom in Savage Society)一九二七年倫敦出版第一二五頁。

第十九章　社會優生學

社會優生學的思想，是生物學上種種發現的結晶品。優生學是一種改良人種的科學，直到上世紀（十九世紀）的末葉纔算奠定了科學的基礎，但它的起源，我們竟可以追溯到柏拉圖。他曾經主張：「只有強健的人纔能配偶，強健者；不健全的兒童應當從社會中芟除」。但科學化的優生學的濫觴，卻在一八五九年達爾文氏的物種原始（Origin of Species）初版出世以後。至於它在人類思想上佔到一個相當地位，則肇端於法郎士・高爾登（Francis Galton）所著的遺傳的才能和天才（Hereditary Talent and Genius）在一八六五年刊出以後；在一八六九年他又出版一書名爲遺傳的天才（Hereditary Genius）。（註一）

社會優生學的思想也提到在人類間遺傳律的推行。當高爾登的論文遺傳的天才和人類機能的探討（Inquiries into the Human Faculty）兩文的付梓，便鬨動了全球。（註二）一九〇四年，高爾登氏又草一文題爲優生學：牠的定義範疇與目的（Eugenics: Its Definition, Scope and Aims）。這篇偉論便把優生學的新科學正式介紹到全世界上。高爾登氏對於優生學的條分縷析，成爲優生學上權威的闡明者。（註三）

後來優生科學創造者的責任落在卡爾・潘爾遜教授（Prof. Karl Pearson）的肩上了。在大體上，他的工作可以說是清晰的統計性質的。潘爾遜教授偏向於人類壽命的推算，使他受了許多嚴厲的評議。統計上的幾反度如過於精確和過度注意，那在所收材料的說明上會有種種錯誤的地方。但潘爾遜教授所依據的觀察點並不黏着於一方面。舉例來說，他曾說：『要造就一個偉大的領袖人才，須得耗費許多年數；但是要求一個安寧而有朝氣的社會，卻須經過幾世紀的進展，纔能收成效』。（註四）他堅持着羣衆意識應當着眼於全社會的福利，而個人的利益卻在其次；而且一個理想的公民應具超脫個人偏見的判斷能力。（註五）

另有一位英國的作家，叫做薩里培（C. W. Saleeby）也成爲卓有聲名的優生學者。（註六）在美國方面，像丹文普（C. B. Davenport）（註七）和保爾·坡潑尼（Paul Popenoe）等對於優生學也是有重要的貢獻。優生學在近時的趨勢，純粹致力於遺傳的統計研究上，尤其注意於專一事件的檢討。但因優生學直接奠基於遺傳研究，而遺傳的研究須搜討及一個世系上的許多世代，曠日持久，所以社會優生學的思想還沒有多遠的進展。

優生學

高爾登對於優生學的定義是說：『改良人種的科學』。牠的目的，是一種純粹的科學性質的，是要研究在社會控制之下『人類種族的性質在幾代後，能有所增進或銳減，無論在肉體上精神上』。高爾登將死之前，對於遺傳學曾提及他認爲必要的進行程序如下：（一）研究遺傳律；（二）宣傳遺傳的知識；（三）研究結婚問題的種種方面；（四）研究生殖率；（五）個別世系的專門研究。

社會優生學的思想，認定支配人類遺傳的遺傳律，也同樣支配着動物的遺傳。孟狄爾的單位原理（Mendelian units) 在實際演進時，卻變爲複因原理 (multiple factors) 了。分析起來，蘊合在一單元內的種種性能是很複雜的，而遺傳時也有很複雜的情形。當一種純粹的因素與另一種純粹因素聯合起來，這種複因便從上一代直接遺傳到下一代。但當一種純粹的因素和另一雜種的因素聯合起來，那優越律和衰退律便呈現了。在這種結合之下，某種因素會較另一種因素呈現較優的比例。如在某代後裔中某種特殊因素不見顯露，那就是這因素在這一代退隱了。但再傳幾代，這某種特殊因素又會呈露出來。

高爾登更指陳了另一個重要的優生律——退化律。平均起來，遺傳給子孫的特異之點，總比父母自己的要不顯著些；所以照高爾登講來，不論優美的特性或庸劣的特性，遺傳給子孫的，總比父母自身的要較近於中庸之度。這個遺傳律便部分的說明了優秀的父母難得有同等優秀的子女的道理。對於大多數人類中，這遺傳律似乎很對的；但對於個別的家族，有時便不能符合。這遺傳律是有遏制分化和變性的功用。

高爾登氏和潘爾遜氏兩人更引出一條從統計學上所得的定律：那便是祖先遺傳律。高爾登氏以爲父母遺傳給子女的因實佔二分之一，祖父母和外祖父母的，佔四分之一，餘便以此類推。潘爾遜氏得到了統計上的例證，暴露高爾登氏所說幾何級數的遺傳支配是不大準確的。平均起來，在大多數例證中父母遺傳給子女的特性佔千分之六百二十四 (624‰)，祖父母和外祖父母合佔千分之一百九十八，曾祖父母和外曾祖父母八人合佔千分之六十三，其餘以此類推。

竇范理士 (De Vries) 和其他研究物種發生學學者都說變性律對於變性者（或那些個體），並不另起熽竈成一種新的遺傳的體系，只是表現了一種與祖先特異的新遺傳體系。在這裏便可說明英俊分子特出在遺傳體系的原由了。但顯示變性者呈露的那些因質還未會分析過。

發生學上還有一個基本的意念，那便是選擇律。如其有種種優點的個體和也有種種優點的異性個體（男或女）相配偶，那便會引出一種較優良的血統。這種傾向是非常重要的，因牠能指出了能使社會進步的有效方法。

社會優生學思想的發展，一部分奠基於衞思門氏定律（Weismann theory），他說後天獲得的特點，不會（或很微）遺留給後代。從個體轉遞給子孫的胚種原形質，在遺傳時是直接的。父母所受的損傷不大會影響到胚種原形質。只有過分的營養不良和過度的飲酒對於胚種細胞顯然有些限度的影響。對於胚種原形質，無論是健全的或有缺陷的，大自然早已安排好保護的方法了；所以，社會可以鼓勵身心兩方有優良性質的人配偶起來，而阻止有缺點的人婚媾——這樣社會本身便能向上進步了。

應用優生學

隨着社會優生思想而發生的——有兩條途徑：（一）對於所謂退的人們如白癡瘋癲神智不濟的犯罪者等，應主張實行性的隔離辦法。一般的意見很反對斷絕生殖；認為斷絕生殖是不可救藥的罪惡。但性的隔離雖則需要一筆消費，對於保障社會上不致再有退化的人們的產生，確是一個可滿足的優生辦法。

社會優生思想的另一傾向便是提高配偶選擇的標準。具有建設性質的優生學所以別於限制性質的優生學，便在推進一種教育程序使青年在配偶時選擇對手方常注意於體格和心理的標準，而財產和門第的標準卻放在較次的地位。(註八)

優生學不贊成任意的配偶，而鼓勵條件相當的配偶；例如「兩個歷代長壽的代表者結了婚，則遺傳給他們子孫的壽命可保證比平常人的壽命要長些」。(註九)因此優生學很着重教導一般青年以優生的觀念而且陶冶他們使受這種觀念的指導，來克制任情和一時的衝動。(註一〇)父系、母系康健和樂觀的氣稟，都包含在優生觀念之內。品格和教育程度在優生觀念中卻佔次要的地位。

繁殖率的研究，顯示了愚劣的人羣所生的子女比較優秀的人羣所生的，在數量上超過了許多。有許多優秀的人並不結婚，就是結婚也不願多生育。結果，全民衆的民族性在幾代之後，或會發生變動：優秀的血統，或會消滅，而庸劣的卻配播着全部戶口。

優秀人羣的繁殖率所以低的緣故有幾個：(一)因經過長時期的教育或專門技能訓練，使結婚延遲；(二)因欲貽給兒女以最美滿的幸福，不得不阻止繁殖率；(三)因婦女自立精神增長，致婚姻稽遲，且限制兒女的數量。正因這幾個原因，或許還有其他原因在內，使優劣殊異的人羣的繁殖率不能均勻，而且庸劣人羣的繁殖率轉強。社會優生學的思想鼓吹着要顛倒這種現象使優秀人羣的繁殖率增強。這種結論使隱示着退化的人們必須阻止他們生產子女，而對於那些貧窮的人也必須要提高他們的教育程度和經濟水準，而且還須教他們限制繁殖率。但對於優生學上所謂優秀的分子須教導他們增加繁殖率。

戰爭與優生學

優生學宣布戰爭會使人類退化，但同時也有優生的作用(註一二)(一)所以使人類退化，因人類中最勇敢的和體格最強壯的都在戰爭中先死了，經過長期戰爭之後只賸身心兩方最弱的人還活着擔負蕃衍種族的責任；(二)在戰爭中有許許多多結婚都在匆促中成就。配偶時理性的選擇在當時卻被感情的突發所推倒了。戰爭使人類退化，這也是一個原因；(三)還有，在戰爭時，兩性間的不道德的行爲會突增起來：——這又是一個原因。因若不嚴厲取締軍營附近一帶賣淫一定會興盛起來(四)當戰爭時，羣衆心理當然不會安寧，而且這種不安寧的情緒會影響到破壞兩性結合的合理選擇——這也會使社會退化的。

因戰爭而獲得的最要的優生效果，在訓練士卒時便顯明了。在預備時間中，體格的強壯和康健的講究當然很着重。城市中精神萎靡傴腰曲背的青年們，會訓練成標準軍人的軍隊。但總結起來，戰爭使人類退化的因素遠過於優生性質的因素，這是顯然的效果；而且優生的效益可以在別的種種方法中獲得，不必定要宣戰。

婦女主義和優生學

優生學對於婦女運動不大以爲然。婦女主義有一時解釋爲發展女性特長的意義，但現在卻注意在儘量去除男女兩性間的不平等。這樣，差不多要使女子和男子同樣了。優生學卻反對這種傾向，只因把女性體魄適於成就母性的重要性忽視了。這運動充其量，女性將加入任何職業，她們將如男子一般；因此她們在種族上的母性效能將減退，而人種將受到壞影響。

兩性間的經濟上平等的信條，優生學者也能贊許，只要這信條能伸張到做母親也是薪給的職務，正如工廠職業和速記員一般。(註一二)撫育兒童當承認與男子所操的種種職業一般有同等的酬勞價值，而（國家）應當在同一基點上給與薪金。(註一三)

優生學主張對於母性應儘量保障其安全，尤其是在生產期的前後。母親，就是那些預備做母親的人，正爲我們的事業服務。這樣的服務是必要的，而且也是正當的，因此我們也必須保護她們。她們不但是從事工作者，而且在從事工作的人們中佔着最重要的地位。(註一四)

種族的酖毒

薩里培 (C. W. Saleeby) 氏在他的著作中，曾指明酒類花柳病和肺癆病是「種族的酖毒」。飲少量的酒類對於人體的優生作用究竟有無影響，如今還是個疑問；但優生學者公認飲酒過量會影響胚種原形質，致日後會發現神經上的病害。飲酒主義或許也是所以有不健全兒童產生的一個原因。衛生學和經濟學都判決了飲酒會損害種族，而優生學也正同樣主張。

花柳病，也可稱爲種族的毒劑，所發生的黴菌毒顯然會間接或直接損壞胚種原形質。花柳病使體格和道德都趨於卑下，形成不幸的種族傾向。花柳病菌非但會破壞生殖官能，甚且完全消滅生殖能率。花柳病是性的不道德的結果，而性的不道德常會在罪惡的低能情狀下產生孩女——這對於社會，就使不是退化的因素，也是屬於反社會性的。充其極度，在戮滅社會上無用分子的意義上，花柳病容許了認爲優生性質的（註一五）但花柳病對於正常和優秀分子的胚種原形質也同樣侵害到，所以上述的主張是謬誤的。

肺癆病能使黏膜組織衰弱，而且患者的近代子孫極容易受肺癆性桿狀細菌的侵入。究竟到何種程度，肺癆病纔算是種族的酖害，至今還沒有定論。霍勃好斯教授（Prof. Hobhouse）曾這樣雄辯說：「賴科學衞生的進步，將使我們的注意不在芟除生肺癆病的人而集中精力於消滅肺癆性菌類，這是可能的事」。（註一六）

種族和優生學

關於種族問題，社會人類學者和優生學者各標揭殊異的思想。在本書的上一章裏，社會人類學者如蒲斯（Boas）和湯姆斯（Thomas）等都主張「種族有平等可能性的原理」。而優生學者卻持相反的論調；他們以爲遺傳性的種族團體確有優秀和庸劣之分。如優秀團體的代表者和庸劣團體的代表者結婚後所生的子女，顯然比優秀配偶所生的子女要差些。美國的優生學者堅持着東歐和南歐的移民在高生殖率之下，不但排除了北美的原有土著的諾狄種人（Nordic）而且這些移民和土著間異種結婚的結果，使美國人民的種族性質日趨低劣。優生學對於這點，可稱頌爲成就的可欽佩的觀察，而且應視爲和社會人類學的定論有並存的價値。

優生思想反對高加索人和非洲人種的雜婚。說到非洲人種，不但和高加索人種不同，而且在優生學上說來總是較庸劣的，只要拿黑人的文化來衡斷就是了。再說有幾個優生學者解釋人種學的試驗，顯示了有色人種的天賦才能和白人血液滲和的數量成正比例的。所以優生學斷定說，關於兩種族的胚種細胞的性質而論，在雜婚情形之下，白種人有所損失而黑人卻有所獲得。(註一七)優生學主張禁止種族間的互婚，而且鼓吹不同種族間的兩性媾合的禁遏，應得儘量推行。

在優生學的思想上看起來，宗譜學也許成爲有科學價値，實際上，宗譜學自可成爲優生學所需科學材料的有價値的來源。在以前，宗譜學只是少數有閒階級的事情，他們對於一個交游廣闊或公衆信仰的人便追溯到他幾代以上的祖先，這些祖先的數量多至千數以上，他們卻在千數祖先之中挑選出一二個在某方面有卓異之點的，便認爲那當代聞人的所以偉大，便受那一二個有聲望的祖先的遺傳特性所致。那些宗譜學者對於這樣的研究感覺到興味而且以此自豪他們的博聞強識。但優生學卻指示了一個更可珍貴的目的，這目的在宗譜學本可以此自負的。優生學主張對於全家族中的每一個人很仔細分析他的精神上體魄上的特點，而且精確地有系統地記載下來。照這樣辦法，一代的記錄便可利用作大宗研究優生學的材料，而數代的記錄更可作研究種族遺傳的可靠的材料。

先天的性能和後天的教養究竟那一種的影響大，關於這問題的辯論是很劇烈的，而且已是長時期的辯論對象。在這裏可以說遺傳和環境對於人類人格的發展，差不多佔着同等重要的地位。（註一八）一個人若無遺傳的種種因素，那環境對他也無從發生影響。若無刺激的環境，那遺傳的性能依然只是潛蟄着。每個人都含蘊某種遺傳因素，倘受某種環境因素的影響，或許會引領那人嘗試破壞社會和他自己的動作。同樣的，每個人也有某種遺傳性能，倘有適宜的社會本質所刺激，會使他發展成爲社會中的有用分子。環境改變遺傳的可能性雖並不多，但也有些勢力；而且究竟那一種遺傳趨勢再不會尋到表演的出路，那一種遺傳趨勢在改頭換面之後再表演出來，而那一種遺傳趨勢能有完滿的效果：要決定上述的問題，環境卻是一個非常重要的最不可少的因素。

和智力測驗的種種基點一樣，優生學的鵠的也常常注意到適應社會生活狀態的技能。但如今的社會基點卻立在個人自由資本主義的社會上；而從這樣出發點希望獲得最高的人類範疇，畢竟是困難的。台維斯（G. R. Davies）曾經說過：「那些優生學者如以爲社會的努力應集中於商業成功的基礎上，那他們心目中的民族只是些優秀的股票持有者所組織的了」。（註一九）

優生學者堅持着教育的設置，應使兒童不但受到好好的教育，並且應使兒童好好地生育出來：這種主張近來更堅強有力。優生思想中有一個弱點：優生學者以爲只要有健全的種族血統，便可擔保文化的進步，這種暗示卻是優生思想的一個弱點，因這種主張傾向於過分推重種族體系中的貴族階級了。人的品格和個人的教養也是社會進化的重要元素，但那優生思想上的弱點，有時也會貶損牠們的眞價值。

種族的趨向(註二〇)

「從種種方面看來現在我們種族的生物學觀的處境是單純的。人類改進發展的初期狀態大概沿着分歧線而繁佈種類的。全球各大洲和島嶼上人類的分佈因爲所遇的種種情狀和所在地環境的不同，多少使分枝的人類體系含有強度的絕緣性。這樣的分裂，便使人類種族歧分成無數人羣，好像和動植物因隔離和環境不同的聯合影響而致種類分歧有十分相似的現象。生物界中只有極少數的種類，在遺傳的歧分上，會有這樣繁複這樣殊異，像我們人類一樣。就是我們把同等智慧程度的人分成幾個顯著的族類，而在一族類之內，又能分別出支族門類，且各有特殊之點。

「但現在種族發展的趨勢又變化了。以前使人類隔離的種種障礙如今已破除了。因旅居的便利和彼此交通的增進，各種族間接觸和混雜的現象也隨着時間的進展而很快地擴張。人類早期的進化，經了長時期所形成的歧分現象，如今卻將很快地消泯了。種族的歧分時代，如今已爲歸併時代取而代之。將來就是不能把我們目前的種族間的區別完全芟除，也將使大多數人種學上的分門別類大大地減縮。假使說一句終局結果的話，那麼最後的結局將合併成少數的種族，佔據了地球上不同的溫度帶；而這些溫度帶特殊適合於將來某種族的日常生活，而且也形成了永久的藩籬，來抗拒他們敵人的侵入。但人類種族的融和無論至何等程度，種族間與人民間的繼續混雜和地球上文化的擴張，將不再容留尚未被文化所支配的較優人們所創造的文化上落後的產物的補充。如其文化眞是種族進展的敵人，那麼文化便將阻抑人類的生物學性的進化途徑，除非能建立幾個有效力的方法來抵制文化的潛藏效能。對於我們生物學性的發展，文化確有不可測度的效能：——這種結論是無可避免的。現在所引用的研究材料對於許多問題很難解決，有許多覺無可解決；而文化對於這種種問題怎樣留難，那正是我們所應當發現的。文化影響於人類的遺傳有種種殊異的途徑，有些是好的，有些卻是壞的。使人類進化變遷的種種因素的效力，經過了很長的時期，還不能精確估量。像這樣一個複雜而含有多方面的問題，我們要去研究牠，決不能匆促間就下概括的論調，而且也應繼續避免統計上的謬誤。」

「一個人如其有了對於人類遺傳和人類本能的現代知識，再加上如張潘尼拉(Campanella)所著小說太陽城(City of the Sun)的大君主施行於男女配偶的權力，那在幾代之後便會發生許多很顯著的各殊式樣的行列。舉例來說，如天老（或稱羊白頭人）的族類、聾耳的族類、低能的族類、瘋癲的族類、侏儒的族類、四肢拘攣的族類、有優秀才智的族類、有卓越藝術技倆的族類等等，都可純育成功。在幾代以後便會有這般的變換，可以說因早已存在的種種特性上的優勢所致，或是使固有的種種遺傳因素錯綜配合所致。但從人類福利的基礎看來，如上述種種變換的重要性，是可驚的。這些變換會形成排列在可憐的退化種族到體魄壯健智能優秀種族的一個聯鎖之間的種種殊異。人類的遺傳特質有這樣大的殊異，而且受着物質的和社會的種種變換勢力的影響，使受急速的變遷，是不會不可能的。如其我們人類的種族要避免沈淪的危險，而且要了解種族遺傳上有可能的最好方法，那我們最先便應知道我們人類展開的目前趨勢和導引人類展開的幾種較重要的勢力」。

『人類間最優秀的遺傳血統漸漸地消失，卻是件極為難的現象；而在除去人種上最壞的缺陷方面，這種困難或許不致發生。利用金錢的報酬來鼓勵優秀的父母增加生殖率，這樣的鼓勵，將會有很大效果的話，是可疑的。而列在中等智能和有顯著缺陷這一個寬廣帶限之間的各階級使他們自動地節制生產率，是較可能的事。這樣也會影響到使優秀的遺傳有較大的蕃殖力；但須注意中下種族的生產約縮不致阻礙人類全部戶口的增加為限。如能致這樣的結果，當然是有利於社會，而且也是優生性的。有幾個國家新生的分子雖減少，而死亡的減低，自然會使全國戶口數急速增高。所以對於文化最高的國家，推行節制生產率的必要，遲早是無可避免的。設或生產約縮卻大部發生在優秀人們之間，而這些優秀人們早已只有低的生產率了，那這種約縮行為將使我們的人種遺傳促進了淪微的步驟。

『有兩種因素能使種種殊異血統的生產率幾及平均趨勢：一、使財產更平均分配的經濟改革；二、廣佈教育。而經濟改革能使廣佈教育更形便利。愚蠢和貧窮的無產階級卻孳生繁庶，竟毫不節制。幸而平民階級中仍有多少有優良遺傳性的人們包含在內，但時間的經過，他們也會爬到社會上層來，而他們也因此乏嗣了；這樣經過，使他們所從出身的廣大蕃殖範圍更增加了困乏。這樣，原來優秀的血統，既日漸消滅，而平民階級中的優良者便爬到社會的表層，獲取了相當的地位，但同時他們的血統生產率也減縮下去，以致於絕滅，老是這樣一批一批地起伏着。這樣的篩分手段雖能阻抑種族的衰頹，但太不適宜，太不完善了。依照天賦的才能來給他的教育機會和社會地位的社會組織，向來是一種希望能達到的理想。但恐這樣一種統治對於人種的效果或許比現在的社會制度更要壞一定會有幾種特殊組織來鼓勵種族的自殺政策。造物忌才，正是如此。

「要達到優生意旨的成就，大可利用教育這本是無可置疑的事。但因芟除劣種而所蒙的利益，無論如何推廣，總比增加最優良的遺傳所獲的效果要減少些價值。一個民族的最好的血統，是無價之寶。但又不能用不自然的或任意的方法來使優良血統增加；從近代的人種學的基點，便應排斥這些方法。許多不良遺傳的結果，正可委託教育效能來處理，這在任何方面講來，是實現人種改良的任何企圖的重要基礎。教育須含有「訓誨對於後代的遺傳性質應當負責」的意義，那纔更有效果。現代大多數的上流階級卻缺乏優生意識，這眞是可歎的事，而教育卻能推廣優生意識；從這些講來，教育卻有優生價值的。有可貴的遺傳上優良特質的人們中間，優生思想也普徧地引導到較大家族的教養上了——這確是個有希望的徵象。在另一方面，有遺傳上毒害的人們，也明瞭「使他們的後裔遺傳到無辜的慘痛，是應得約制的」。有社會價值的優良性質，應使其負遺傳責任——這種意義應廣爲宣傳，再利用了教育的較高尙的標準，那麼比較上更大的繁殖力將放射異彩，增多了較壯健較聰明心胸較廣闊的社會分子——這種情形的改換是在意料之中的。有着遺傳上天才的幸運兒應當意識到「他們的優良性質，不容在世界中凋殘的非常責任」是負在他們的肩上。種族命運的振展和損毀握在種族自身的手掌上。那麼牠將運用手腕來形成自己的佳運麼」？

優生學的標的（註二一）

「所以社會學並不和優生學立於反對地位，只是應當着重在建立社會標準和「最適合的定義」相聯絡。正因這樣，所以社會精神的需要，仍應首先確定：那就是說，如其肯定一個人是值得稱許的理由，並不在擴張他自己個人利益的才能，而在他的和團體生活合作的意志和才能。用社會性的標準來估量，那麼許多世界上成功的人，應退讓給卑微的人，而以前的首尾，如今卻應倒置了。但在武裝主義和商業主義的激流中，社會的標準已被覆沒了，而世界意識卻轉變到成功的自然標準了。這種趨勢常在優生學者的言論上反映出來；即如有一個當代著作者，在一種有名的雜誌上，泰然把失敗者列在低能者之伍；他的理由就根據於「生活是智慧的最廣袤的試驗所」。這種態度完全忽視了商品化社會的反社會精神。在這種社會中，所謂成功者只是指產業的獨佔來榨取所謂失敗者的膏血能了。資本主義的產業和封建形式下的產業並無多少不同之點，而那些產業的擁有者絕對談不到有什麼勞績。優生學者把商業上的成功當作社會準則的衡量標準，在他們心目中顯然以為一種理想民族只是些擁有鉅量股票的上流人所組合。啊！可驚歎的勞働問題的解決，又是什麼一回事呢！

「對於優生學者的努力於勸阻有嚴重缺陷人們的孳殖，這種主張，我們卻不容不讚許。這樣的方略非但是人道的，而且也是聰明的。可是反過來，他們對於社會立法的見地簡直悖謬正義，而把他們的科學獻媚於開拓權利。能抵拒有害的競爭的勞工保障法典只是原始時代流血契約的習慣處置的近代化。靠了流血契約，疲弱的個己可依附於社會性的堅強團體之中。這樣的準則，實際上正是最可推行的優生準則。假如社會是綿延不絕的話，那必須要企畫種種方法來保持有生產力的家族和有生產力的生命；而社會的心情卻反對那些用機智來達到自然標準的成功者。在商場和戰場上的任其自然，這早就確說了自然標準的自身；而社會性的標準，只有社會性心情的永續努力纔能支持。

「進化總是前後一貫的每一個後繼時代便是個判斷日期，把原來有力的貶毀了，而把無勢力的拔陞上來，老是這樣循環演進着。絕大的鳳尾草、恐龍和有乳形牙的古代象在世界中也曾有過他們的全盛時代，然後來卻被幾種無足輕重的競爭者所消滅了。所以現代貪戀着血液和饕餮的東西也便是自掘墳墓；而將來的世界會屬於目前所輕蔑的所擯拒的種族。誰是最適宜的呢？是叢莽時代的標準呢？還是流行着福音宣傳的標準呢？」

討論要目

（一）優生學的主要提倡者。
（二）高爾登的優生學程序的主要原則。
（三）有天才者的兒子很少有同樣的天才的理由。
（四）退化性律與退化律的分別。
（五）遺傳的公例。
（六）類別配偶的程序。
（七）「建設的優生學」的性質。

（八）妨礙人種改良的主要階級。

（九）優級人種的生殖率較底的原因。

（一〇）戰爭怎樣是妨礙人種改良的因素。

（一一）戰爭怎樣是優生的因素。

（一二）優生學思想對於女權主義的態度。

（一三）「種族的酖毒」的意義。

（一四）優生學和社會的人類學對於種族平等學說的態度之區分。

（一五）有閒階級和優生學對於宗譜的態度之相反。

（一六）優生學思想的優點和弱點。

附註

（註一）高爾登著：遺傳的天才，一九一四年，麥梅林書局出版。

（註二）高爾登著：人類機能的探討，一九〇八年，特登公司(Dutton)。

（註三）薩里培著：優生學的進步(The Progress of Eugenics)一九一四年，豐克華納爾(Funk and Wagnall)出版，第一頁。

（註四）潘爾遜著：科學的文範（The Grammar of Science），一九一一年，白拉克(Black)出版，第一頁。

（註五）潘爾遜著：科學的文範，一九一一年，白拉克出版，第六頁。

（註六）薩里培著優生學的進步，一九一四年，豐克華納爾出版第二章。

（註七）丹文普著遺傳與優生學的關係（Heredity in Relation to Eugenics），一九一一年，好脫公司（Holt）出版。

（註八）坡潑尼和約翰生（Johnson）合著實驗優生學（Applied Eugenics），一九一八年，麥梅林公司出版。

（註九）坡潑尼和約翰生合著實驗優生學，一九一八年，麥梅林公司出版第二一三頁。

（註一〇）坡潑尼和約翰生合著實驗優生學，一九一八年，麥梅林公司出版第二一八頁，又第二三一頁。

（註一一）坡潑尼和約翰生合著實驗優生學，一九一八年，麥梅林公司出版第一六章。

（註一二）坡潑尼和約翰生合著實驗優生學，一九一八年，麥梅林公司出版第三八一頁。

（註一三）坡潑尼和約翰生合著實驗優生學，一九一八年，麥梅林公司出版第三八〇頁。

（註一四）薩里培著優生學的進步，一九一四年，豐克華納爾出版第六五頁。

（註一五）坡潑尼和約翰生合著實驗優生學，一九一八年，麥梅林公司出版第三八七頁。

（註一六）霍勃好斯著社會進化與政治理論（Social Evolution and Political Theory），一九一一年，倫姆克（Lemcke）出版，第四五頁。

（註一七）坡潑尼和約翰生合著實驗優生學，一九一八年，麥梅林公司出版，第二九二頁。

（註一八）荷爾姆士（J. S. Holmes）著種族的趨向（The Trend of the Race），一九二一年，哈谷勃萊斯公司（Harcourt, Brace and Co.）出版。這本書中對於這一點和相關的各種問題，有着科學化的和理解的檢討。

（註一九）台維斯著社會的環境（Social Environment），一九一七年，麥克勒格公司（A. C. McClurg）出版第一二〇頁。

（註二〇）特許轉錄自荷爾姆士著種族的趨向，一九二一年，哈谷勃萊斯公司出版。

（註二一）特許轉錄自台維斯著社會的環境，一九一七年，麥克勒格公司出版。

第二十章　社會學中的衝突學理

社會衝突的概念在前早已介紹給讀者了。在「個人主義的社會思想」一章中，對於個別權利間爭鬬的綿延和純正的社會控制已經分析清楚了。馬爾薩斯曾闡明了民族間的衝突和生存的工具。孔德堅決地主張人們不是天生的社會動物，所以人類的反社會天性是人的衝突的有力的原因。馬克斯描寫階級鬬爭；達爾文也推敲出「適者生存」的原理。

社會思想只有很少的把握來暴露人們的結合中有時深藏着譎詐的衝突的特彩；但有時也呈露根本的合作精神。有些社會學的著作者只是（或大體上）觀察到生存的衝突；而有些社會學者卻探尋到協助活動；而有些學者卻想在社會進展中發現衝突和協作的關係。本章將提及社會衝突的概念，而下一章將注意於社會協作的思想，幷及團體進程中衝突和協作的關係。

格姆濮勞維捷

格姆濮勞維捷（Ludwig Gumplowicz——西曆一八三八年至一九一〇年）是深信「衝突狀態支配着社會生活的理論」的學者中之一。他的思想體系開端便確定原始的游牧民羣是社會的固有單位。他不同意於斯賓塞以個人爲社會固有單位的理論。但他卻又承認和斯氏進化學說不能分離的定命論(determinism)。孔德主張社會由高視遠矚而進展的學說，也遭格姆潑勞維捷的屏棄。但孔德的實驗哲學他又贊成的。

照格姆潑勞維捷講來，社會的創造由於許多原始部落，而部落便是自給自足和自知自覺的單位。每一個部落是一個戰爭團體，懷有天然憎恨其他部落的心理。(註一)當這些部落的範圍擴大起來，所需要的糧食便供不應求；部落間的鬭爭便因此開始，而劣敗部落的分子不是被殺，便被擄爲奴。奴隸的存在，便形成了團體內部不平的情形，而種種不公正的問題也從此發生。

部落間不絕戰爭的結果，所以內部的人員也常更換。那些戰勝部落不絕地擄掠被征服者進來，在優勝部落之內，兩種階級便立刻成立起來；那就是征服者和被征服者。不同種族的分子一接觸之後，種種階級便不絕發生起來。(註二)

格姆潑勞維捷探究出團體自身利益的濃厚意趣，是社會進步的主要動機。這種自身利益便導引出鋪張揚厲的團體評議和強度的團結一致，及團體間的宣戰等等——或許也會導引到進步的歷程。作團體自身利益的基礎的，是經濟上的慾望和經濟的趨勢和團體間一切分子的物質需求等。團體的結合有種種因素，如共同的社會生活、共同的言語、共同的宗教與共同的文化等。

格姆潑勞維捷吹噓着種族平等潛在性的理論。他反駁天賦優良種族和劣等種族之說。有否純粹種族的存在，他也深致疑惑。每一個種族都是另外幾個種族所合成，所以從出發方面講來，各種族有相似的可能性。所以一個大民族的進展和種族純粹的問題無甚關係。

個己的重要，格姆潑勞維捷卻看做極輕微。團體支配着一切。但幾世以來的傳說，卻抓握着治理權。個人主義的思想只是社會環境的反映，假如不是全然的，也是大概如此。團體的發達，團體的驕矜或對於團體的不忠實，都在團體中每個分子的心目中。團體中卓越的領袖，大概是在團體發生危機時能夠陳明團體的志願的人。格姆潑勞維捷對於個人與團體間相互作用的程序，只是簡單說起幾句。有潛勢力的自然決擇主義的理論，使格姆潑勞維捷對於個己地位的見解過趨於貶損。

像個體一樣，社會也受永不改變的自然律和社會律的支配，而循着興盛和衰頽的圓環進展着；而且也沒有社會進程受個體障礙的證明。事實上，這種理論使格姆潑勞維捷對於生命趨向於悲觀主義的結論。其實社會的生命並不一定是聯貫的無希望的衝突的循環，而格姆潑勞維捷對於這點沒有觀察到；加以社會進程的好或壞，由人為操縱的把握也漸增。個體的狀態循着盛衰的圓週律，但團體並不如是。這一點格姆潑勞維捷也未能體味到，所以他的社會生命的衝突理論歸結於煩惱紛擾和厭世主義。(註三)

尼采

本書第十一章裏曾提到弗里特立區·尼采(Friedrich Nietzsche——西曆一八四四年至一九〇〇年)的理論。這位德國哲學家把「意志力」(will to power)的概念作基點，提示社會衝突的意義。領袖們需要勢力。

播弄權勢，在他們覺得有趣味；而且就因會播弄他們纔會爬到成功之路。於是對於領袖的嫉忌發生了。社會上的弱者聯合起來反對權勢的擁有者。他們也希望握有權勢，但他們的意志纔比領袖們的軟弱些。於是卓越者的希望握權與凡庸者的希望握權的衝突便發生了。

卓越者和凡庸者都各自有他們的道德律。（註四）那些卓越的人們引用酷刻嚴肅的態度來對於他們自身和其他的人。他們磨勵自己約束自己俾能抵當生命中的大責任。他們奮鬬着來增添他們的權勢。他們成爲自律者。摧毁弱者和崇拜強有力，在他們是得意的事。生命中能創建權力的因素，卻獲得了道德上的重視。對於弱者的憐憫，在他們的感覺上是自己貶辱自己。他們再不會經驗到爲較劣階級負責任的意識。只因卓越的人是自然的最高目標，所以在卓越者的心目中以爲一切人們和事物都應供獻於增加卓越者的權力。（註五）爲了凡庸者而消耗卓越者的生命，只是精力的徒然虛擲。他們對於其他卓越者的福利，纔會發生興味。

至於凡庸者的道德律是助長軟弱者。這種道德重視同情心，也着重羣策羣力。凡庸者造成了奴性的諂媚的馴服的道德。他們很願意犧牲，對於別人，甚至比他們自己更卑微的，也很謙遜。

尼采很信任優生學的演展。他主張婚姻應爲產生卓越人們的見地而安排起來。尼采對於自然進化的決擇的見地導引他深信權利的平等是不可幸致的事。他反對平民主義（democracy）因平民主義所鼓吹機會均等的理論，和自然的趨勢相反。他並不是社會學者，他確說專權獨斷是社會唯一的眞目標。他把鋒牙利爪的生物學上殘忍暴虐的規律，來引入了他對於最高方式文化的概念中。

再說，所謂卓越者在生物學上是隨時變換的。而且卓越者的出現也是隔離分散的。在這一點上，尼采的自相矛盾是顯然的了。舉例來說：假如天才是在時間空間中分散出現，而和生物學的例律無干，那麼又如何能爲生產卓越人才而安排婚姻呢？於是尼采要避免這種狼狽，他假定了卓越者循環回復之說；但在解釋社會進化的無盡期的反覆循環運行上，尼采卻失去他的理論意義了。尼采超人哲學的實驗方式，在德國的政治生命上展露出來，但結果使德國一敗塗地。

從出發點而論，尼采和格姆潑勞維捷是絕對不同的。尼采開始便頌揚超人而褒讚卓越者的功績。格姆潑勞維捷卻把個體的地位看做極小，就是對於最有能力的人也是如此。但他們都把他們的理論立於主觀（決然）哲學的兩極端：一個歸結於個體，一個歸結於社會失望。

巴當

社會衝突的一種非常澈底的詳解，可於巴當（Simon N. Patten）所著社會勢力的原理（Theory of Social Forces）一書中見到。（註六）人類社會大概從困難經濟狀態中產生。在經濟困難中生存上的必需品卻是應用避免仇敵和解除痛苦兩項意義來抉擇。在同樣情形之下，一種刻苦的道德和刻苦的宗教便發生了。刻苦道德的主旨在防止人們自陷自累的行動和防止人們趨於毀滅自身的境地中。當然如是，刻苦的宗教是當人和仇敵及死亡抗爭的時候，祈求更高權力的幫助。困難經濟狀態下的種種社會力量，是由幾種糾合的理想、本能和習慣的方式造成的。

但目前的社會正在轉移的階段中正在踏進愉快的經濟狀態。利賴了發明和文化支配着各方面，所以大多數的困苦原因已經芟除了。兇猛的野獸、危險的爬蟲類、侵入的野蠻人和迷信的傳說等在進步的人羣中間已經不常聞見了。

不幸得很，如今任何民族還沒有能夠生活在愉快經濟狀態之下。民族的分子也還沒有造成本能、習慣和理想的種種組合來迎受愉快經濟狀態的實現。因此個體和民族都已墮入昏迷、罪惡和頹毀中。愉快經濟狀態的仇敵卻在個體自身之內；而在愉快環境的種種誘導之下，還有許多未征服的因素。

卡佛

另有一種關於社會衝突的理論，是卡佛（Thomas Nixon Carver）所主張的。卡佛教授從探討人類利益的衝突來開始他的推解。種種衝突根本就站立在能力的基礎上。當開始會利用思想的時候，人和人間的衝突，有時會引對手方的一方面或雙方面考慮到調整衝突狀態以避免能力鬬爭。在這裏，公正的概念便形成了。

照卡佛的意見，公正是能使人羣充實和進步的一種調整衝突意趣的體系。（註七）德性和力量可申明是合一的東西；而所謂力量，應當作「依照牠的才能來使牠自己普徧化」的解釋。

衝突導源於希罕：兩個人需要同一物件，衝突便發生了。就是這樣一個利益的敵對狀態引起了道德問題，而且供應了判決公正和不公正的基礎。人所尋求的供求物缺乏的一種原因，卻是人們在社會間的欲求不適應的拓張所致。如能把欲求降貶一些而生產提高一些，那人和事物便能相適應，而衝突可以減少許多。

衝突在三種不同的分野內發生：（一）人和自然之間；（二）人和人之間；（三）同一個體的不同利益之間。（註八）如其沒有這種種衝突道德問題便不會發生。能致這樣結果，當然便是極樂世界。

產業、家庭、國家的設立，便從利益的敵對狀態出發的；換句話說，就是上面說過的，因了希罕所致。如其物品毫不希罕，再不會有人要求對於任何品物的所有權的。在同一理由之下，親屬關係的團體，也因欲求佔有產業，所以必須團結一致的。這項家族所以能團結一致的原因，可以確說，是屬於經濟的。卡佛博士擁護着經濟決定主義的理論。他堅持着經濟問題在事實上確是基本的，其他全部的社會問題和道德問題都從此衍出。（註九）

卡佛博士也承認世界上容許也有少數人們感覺到仁慈很足以衡平利益的爭奪，而且引導他們待遇世界像平常人待遇他的家庭一樣：（註一〇）——在這裏，卡佛博士使他嚴肅的社會理論柔和了一些。如其世界是這班人的世界，那眞是世界大同了。但這樣一個世界終於不可幾及，只因泛愛及全世界的人，只是社會中的反常者。一個人願意把他的身體施捨給老虎，這樣的博愛主義決不能把全世界轉換成聖人世界，反而卻轉換爲豺狼世界。（註一一）仁慈和溫良的極端方式，一轉換間，卻是滿足自私自利的糧食。（註一二）

因此，卡佛博士指出了衝突的兩個因由，那就是可欲的物事的希罕和自己中心的欣賞。這兩種衝突的基礎，是澈底地自然的平常的。但衝突呈露了種種不同的方式。現在爭鬬方法的分類，可區分爲四種：（註一三）

(一)有一類衝突的主要性質,便是破壞的;如戰爭、劫掠、決鬭、吵鬧和同盟罷工時工人破壞生產工具等。他們顯示了人性的最低級的原始狀態。這些都屬於武力解決的性質,靠個體的力量來施行破壞和傷害。(註一四)

(二)譎詐的衝突,在程度上比武力衝突稍為高尚一些兒。偷竊、誆騙、虛偽的廣告,和貨物內羼雜劣品都屬於這一類;比純粹破壞式的衝突包含着多量的機智。

(三)另外一種衝突的方式是勸誘性質的。如政治的、戀愛的、商業的、法律的衝突都屬此類。政治的爭競又包括佔有政治地盤、鑽營職務和加入政黨幾項。戀愛的衝突在種種不同的求愛過程中呈露出來。商業上的勸誘的利用廣告和營業手段來進行。法律上的衝突,從涉訟公庭來表現。在種種的表演方式中,一個人無非利用勸誘的才能來擴張自己的利益,而且常常利賴了欺騙的勸誘方法,如籠絡羣衆或政治上的招搖吶喊等。有時這種勸說會墮落到詐詭之途,有時甚至會達到毀壞的程度。

(四)衝突的最高尚方式是建設性的。有幾種建設衝突是屬於商業物品的生產競爭;有些是關於認真職守的競爭。卡佛教授在他所著社會正義論(Essays in Social Justice)在後面篇幅內探討到經濟競爭的三種方式,包括生產競爭、推銷競爭和商品消費競爭。第二項推銷競爭早已用作商業上的誘導方法了。生產競爭使商業物品的供給增加能率;這種趨勢總是好的。至於消費競爭那是壞趨勢了。只是虛榮心或專務外觀的競爭,在鄰里鄉黨面前炫耀,出風頭;至少限度,也不容被別人蓋罩過去。這大概含有些欺瞞的性質,毫無生產的意味在內;甚至說是浪費的或破壞的亦無不可。衝突的最高形式,是為了別人的事而企圖增高服務效能的友誼競爭。

卡佛教授主張個人意趣的努力應指向於民族的福利爲目標。沒有法律也沒有政府能消除個人旨趣；所以求其次也應當把個人旨趣和民族福利互相聯絡起來。差不多在社會中進行的有用事物都導源於個人旨趣。（註一五）甚至合作也是競爭的一種方式（註一六）合作的目的在使各個己所集合的團體和敵對團體競爭的時候能更增添些效能。

競爭，從牠的自身講來，並不是壞的。競爭的精神是很重要的。但有些人爲物慾哲學（pig-trough philosophy直譯爲豬槽哲學）所鼓動斤斤於獲得和消費的奮鬬。服務哲學（workbench philosophy直譯爲工作凳哲學）便兩樣了，牠重視工作而輕視獲得，從事生產而不事消費。

這些理論在種種特點上都是美善的。愛和教育能够而且實在能變遷各個體的個人旨趣，而同時也使各個體的注意指向於不自私的服務上。愛和教育的效能，在這些理論中並不過於擡高，以爲有萬能的價值。在提倡成就和生產的作業上，一般人每忽略了成就須由作業來獲致的道理。在不自私作業上的競爭似乎估量太低了。

孥衞科

俄國社會學者孥衞科（Novicow）把戰爭的假利益赤裸地宣明了。他更提及從戰爭方式中所能收獲的，也能從社會間相互作爲的別種方法中獲得。（註一七）孥衞科很有力地申訴說：人羣的眞正仇敵是死和致疾病的黴菌，並不是其他國家團體中的最優秀人物。當孥衞科肯定人的眞正仇敵是顯微鏡下的疾病細菌和黝黑瘦削的死神後，他便認明了閉圍於破壞性衝突圈內的人們的愚蠢了。

杜克海姆的分工論(Durkheim's Theory of Division of Labor)(註一八)更有廣遍深澈的重要性。一只手裏迴護小孩，另一只手卻來從事打獵和戰爭；換一句話說便是兩性間的分工，是分工的最早狀態。經了多少世紀的演進，工作的分化竟愈加精細，直到現在工作的專門化尤其顯著了。至於分工的社會意義卻並不明晰。人口稠密度的增加，使專門化更需要了。生存是利賴專門化的。因了工作的區分，所以利益也區分，而衝突也更區分了。實業上的種種衝突一部分原因就導源於分工化。職業專門化的結果便使以前社會中心理相同和機械同式這種現象漸漸消滅。組織的共同一致(就是組織上和調整上的共同一致)的增進，並不能相應於因分工和專門化日趨繁複所致心理相同和機械同式的陵夷現象。所以杜克海姆氏就引申出一種概念：凡是社會生命中日益繁多的衝突性，社會所能對付的唯一救濟方法，只有抑制。

羅斯(Edward A. Ross)所治的社會學內所提及的衝突更繁多了。一個人要實現他的計劃時所遇的種種障礙和一個人要獲致他的權利時所遭的種種干涉都會形成敵對狀態。敵對狀態的最好特性便是覺醒和刺激(註一九)競爭的發生，準則於心理學律；舉例來說(一)依準個人的自由程度(二)依準社會的變遷的速率；(三)和選擇力的效能成反比例。(註二〇)

最重要競爭方式中間的一個，可以在實業主義中找出。原動力機器的發明和採用，便形成了實業主義；而這主義正在使人驚駭地改換社會和型塑社會，而且也使社會分子日益集中於社會輪軸的兩極端(註二一)在現代經濟組織的衝突律之下，實業資產擁有者的頭銜逼殞於勞働階級全體的希望，照羅斯教授看來，以爲極渺茫的。

斯冒爾（Albion W. Small）關於原料品的衝突理論，將於本章結束時提及，而在下一章將和合作論聯合討論。泰玳（Gabriel Tarde）對於衝突的分析，將於心理社會學的思想（psycho-sociologic thought）一章內論及。派克（Rark）和培傑斯（Burgess）兩氏的衝突理論本章就要介紹，而以後幾章內也將述及。這些學者們看來，衝突是爲維持一種境地情勢或是獲取一種境地情勢而奮鬬的自覺表演。但有時也並不意識到爲了境地情勢而奮鬬的競爭結果。衝突只是社會進程中的一個階段；繼續上去的，便是適應調停和消融脗合——這些都是合作的重要條件。

一般地看來，社會衝突的主旨如趨於極端，卻因失察了衝突和合作乃社會的互相關係的進程。從人類發展上講來，衝突和合作，追述往古，有着同樣深的歷史，都是從最深形態的人類必需上引申出來。共同生活的最早形態或許比衝突更佔優勢，而最高級的生活也被合作精神所支配着。社會進化的推移和重要的合作理論，將在以後幾章內提及。

集團間的衝突（註二二）

「所以我們不但應記牢比鄰的兩個人羣，不但在種族原始上各相殊異，而他們所遭遇的發展途徑也各不相同。我們更須認清每個種族團體都是拘囿於固有情狀之內，除非爲另一團體的行動所壓迫，以致不得不脫離原有情狀而轉換到另一新情狀而這種行動可以最崇高地稱之爲社會的。

『換句話說，當人羣每次轉換社會情狀時，總有相當的社會的原因而這種社會的原因常導源於另一人羣的影響。這是一個規律，而且在歷史上和實際經驗上可以找到極豐富的例證。社會方法學的前提也就從此出發，那就是說，當看到一個人羣在不論何時改換情狀時，我們便可着手搜尋究竟爲另一個人羣所施行的何種影響所致。根據這項定律，更可確定：一個急激而改變內情的發展和常遇的種種社會變遷，只在異族人羣的繼續的互相影響之下纔能遭遇。

『這樣更可使我人十分切近到社會事變或社會進程的精義。當兩個以上的異族人羣發生接觸，而每一個的勢力插入到其他一個的行動範圍時，一種社會進程立即會發生。如其一個單純的同種族的人羣如不遭受影響或施行影響於其他人羣，會依舊滯留於原始狀態中。所以在地球上窵遠之處向來和人類隔絕的地方，我們可以找到仍在原始狀態的人羣，大概和他們百萬年的祖先在情形上沒有什麼兩樣。在這裏，我們大概只能提到一個單純的原始的社會狀態，說得好一些，一個社會的因素，但決不能發生社會進程或社會變遷。

『但當一個人羣遭逢到另一人羣的影響，那交互勢力的感應就無可避免地發生，而社會進程便肇始了。當兩個異族人羣混到一塊兒，於是每一人羣的自然趨勢便開拓到另外一個人羣中去，從最普遍的形態表演出來。眞的，這是賦與社會進程的首先的激動。這種趨勢是這樣黏附於每個人類團體，非常自然而無可遏阻，說人羣相遇之後不會展開這種趨勢，不會發動社會進程，我們決不能如此設想。

「社會進展的歷程依靠全人類的天然性質和一切人羣及社會的特殊趨勢。只因這些因素的不同，正如一個個體和另一個體的不同，或一個種族和另一種族的不同一樣；所以在任何處所顯示出類似的普通性質，那麼所發生的進展，從大體講來，也是相似的。

「眞的，全人類中包有無窮盡的種族差異；不同的人羣和小種族在許多方式之下聯結起來發生殊異的社會組合(或集合的實體)而彼此間相互影響；就是空間和時間的影響也會產生不同的結果；因此社會的進展仍然呈着無限的差異和發展上的個別性。但這種差異是暫時的、局部的。這就是社會學的工作了——當然是絕不容易的——在殊異之中找出一個中心的社會規律，引用最簡單的操縱力量來說明社會發展的錯綜混淆的殊異，而且使不可計數的形態大加減削，來假定於單純的普遍的定義之下。

「眞的，全部的社會規律，一切普徧的規律亦屬如是，有一個性質是共通的：就是顯示事物的變遷，而並不指事物的起源和最後的究竟。這樣的限制應得加意堅持着；因人們的心理總喜歡搜討到事物的發生的。要曉得最先的起源和最後的究竟是施加致命傷於科學的一種趨勢；要知一切已知的規律只能使我們理會到永續的變遷。

「因此關於人們聯結的最後究竟的任何問題，或許眞是屬於另一種科學範圍；但總不屬於社會學範圍以內。社會的對象開宗明義發端於合成全人類的不可計數的殊異的社會團體：——這樣陳義是無可置駁地證明了。

「早已說過，社會團體的大小，並不能決定牠力量的強弱。貴族的人數纔是希少的；而在近代有幾百萬居民的國家，權勢卻在社會上層萬數人的手掌中。他們聯結的嚴密，組織上和教導上的完善，和心智上的優越，卻能彌補數量上的弱小，反使少數的人民握了優越的權力。少數人們應用着計謀韜略，各個出發而一致努力，而一般羣衆卻常缺乏團結和組織，一部分的原因是數量過多，一部分卻因懈怠。只因社會鬭爭的效果是靠訓練有素，所以少數人們就佔便宜；在人數少，容易訓練；還有，更厚的密切和更共同的利害也是使少數人有利的因素。總之，使團體聯結的種種因素愈加衆多，那團結力也愈強而愈恆久。

「一個人愈是惰懶，對於生活上理想目標的興趣也愈加減少。因爲他的欲望很低，所以和他人共通的利害也少，而防護自己的利益也不會十分有力。

「一個社會團體的力量的增加相應於團體內各分子間的共通利害的數量，而和團體範圍的大小毫不相關。如其說成功的原因關係於數量的話，那是指聯合其他社會團體的數量而論的。這是治社會政治學的很重要的關鍵。共通利害的數量的增減必定和社會團體內個體的數量成反比例。有時利益的數量增加，卻因情狀轉佳所致；而這所謂情狀，卻專指少數人的而大多數人衆一定要增加辛勞，纔能使少數人的情狀轉佳。

「繁榮是少數人的天然運命，或因利益數量增多而情勢轉佳，或因社會性團結力增強而致情勢轉佳；因此更擴大其社會的力量。

「在最後的分析之下，明曉了團結的強度是依靠各個體的個人性質。但風俗習慣使各個人的性質互相參雜更容易些；而有關公衆福利和文化的美善風俗習慣的發生，團結也更有力量些。

『在社會最高層而人數最少的貴族們比國內所有一切社會的團體更有能力，雖則一切其他的社團在分子的數量千倍於貴族也不相關。在一個協會內團結一致的領袖們，總比旅行者和勞働者堅強。

『但在革命的時期便兩樣了。一切的事件都靠數量上的優越，而人數少的團體就陷於厄運了。他們的力量只能在政治組織的正常情狀之下實現。——但這是指文明人的正常情狀。

每一團體當推行任何力量時，大概總有或想有牠相當的境地，這境地便是國內所承認的所謂權利。而每項權利又是另一新努力的基礎。人類的慾望總是繼續地增長，所以沒有一個社團會對於已獲得的就此表示滿足；恰恰相反，目前的獲得卻利用來再增力量和饜足新慾望。

『根據了這項基本的規律，每一社團的行動，在每一事件中都能預測。像國家一樣，每一社團都會努力黽勉來增進牠的力量。但這種奮鬭並不依靠個體。雖則常常有個人在一種行動內錯謬，再採取另一行動；但他們好似從大行星的本體爆裂出來的流星向四方飛散一般：是變態的，對於全社團的行動並不發生影響。

『從政治上的動作說來，每一社團是個完全的單位。只是爲了自身的利益而對抗其他的社團；只要成功行爲的標準在他們是不問的。

『種種社團都是組成國家的分子，但當社團和社團間發生鬭爭的時候，和部落與部落、國家與國家間的鬭爭一樣，同等地殘忍酷毒。唯一的動機，便是自身的利益。

「拉申肯甫一書，我們當牠是描寫「種族戰爭」的衝突的。在殘忍的仇恨情形之下，每一團體都趨於類似階級（或等流）一般有排除範圍外一切的趨向，而形成爲一同種類的勢力圈，簡單說來，就是形成一個種族。」

至於社團與社團間衝突的性質是什麽？工具是什麽？方法是什麽？對於這些問題，沒有概括的解答；因爲這些隨着在國家內所佔的境地而殊異，隨着他們所持有的利器和勢力的不同而殊異。

「拒絕履行宗教儀式，是操在僧侶們掌握中的利器。高等的貴族能施行某種發財和有勢力公務的排外。公會的領袖們有法律上資格證明的權力。律師們能限制現行法律的特權。製造家堅執着眞實的自由貿易。還有勞働者的罷工等等。社會的鬬爭更含有成立獨佔的組織以便犧牲其他社團的權利以擴張某一社團的權勢的意義。個人對於攫獲工具或利用工具方面或許會謬誤，但社會對於這些方面卻決不會誤陷迷津；社會的本性總是常常正確的。

「考慮到歷史的眞實經驗，或許似乎不相符洽。在某一步驟上，顯示了就是頂聰明的個人也有差誤，而社會卻像精靈一般地聰明，是萬無一失的：這是一項天然的規律。理論和感情常常會使個人淆亂，但社會卻再不會失敗，因社會是用不到沈思也用不到選擇，只是自然地隨着社會自身利益的強烈吸引力。」

戰鬬的分野

「社會鬬爭總是集合全體來參加行動的，這是一個特點。先着手組成團體，是必要的步驟，而每一會社必須獲致適合的機官以便進行社會鬬爭。正是這樣，統治階級就利賴了國會來行使法律上的權力，更能靠了合法的機關來推進本階級的權利而犧牲其他階級的。

「再沒有東西能使善用腦力者深思熟慮較社會鬬爭的計畫更費心勞神的了；因此社會鬬爭中，不道德的成分觸犯道德情緒是非常地深刻。個人能考慮到道德的要求，只因他是具有良心的人；但會社卻沒有的。會社用無可抗的破壞力摧毁牠的犧牲者，像雪塊的崩頹一般。一切會社不論大小，在思考到每種克敵致勝的方略時，卻仍舊保持着原始野蠻部落的性質。全世界所謂最文明國家的國際關係中，那一個能認為忠實的、正直的、有天良的呢？說謊和譎詐，辜負和違背信義，充滿在歷史的每一頁上；就是最高尚的人，用最偉大的決心當事件的首衝，也沒有人能預料或許有什麼不同之點，這眞是最可引為遺憾的事。」

社會的衝突（註二三）

用武的
- 戰爭
- 劫掠
- 爭吵
- 同盟罷工時工人對於雇主的生產工具的破壞

賭博

勸誘的
- 政治的
  - 求寵於政治首領
  - 鑽營公務
  - 加入選舉運動
- 戀愛的
  - 正式男女社交
  - 求愛
- 法律的
  - 利用羣衆
  - 涉訟公庭

關於經濟事業的
- 生產競爭
- 傾銷競爭
- 消費競爭

娛樂的
- 遊戲
- 運動
- 戲劇
- 小說寓言

『在第二章和第三章裏已經提出了衝突的原因第一因所希求的事物的不敷分配；第二因自身利益和個己中心的欣賞。有幾種事物的供給不够分配人們的需要而人人無例外地傾向於自己的欲望的滿足或比較別人更近於滿足的境地，這樣，利害的衝突便無可避免了。這種種衝突有很駁雜很殊異的方式顯示出來，最重要的正如上表的排列。

『所謂武裝方式的衝突，就是指一個人的成就，依靠了他自己的力量來毀壞或損傷或施以痛苦或傷害對方的任何方式。一個人用加害於敵人的方法來努力獲致他的慾求，在這種方式的衝突下要期望其成功，就不能不用他的破壞能力了。

『在賭博方式之下，一個人把獲致慾求的種種方法都委之於機會。這在結果上雖並不十分近於公正，卻比任何種的武裝式的衝突要尋常些也少些破壞性。

『在勸服方式的衝突之下，一個人利用他的勸誘力來推廣自身利益的種種方法都包括在內；而這人必須利用辯論所據的證據理由、辯駁、演說、態度、服飾、聲望、眼角傳情、籠絡煽惑的手段或政治上招搖宣傳的方法等含有勸誘性的競爭和敵手抗衡而打敗他。

『說到經營經濟事業的方法來競爭，那就要用生產或是顯著的消費或是減價贈品獎品等招攬主顧的傾銷方法，來努力得到他的慾求。

『在娛樂的衝突方式之下，如從事競爭來娛樂我們自己的種種企圖；或信口開河使人信從的雄辯，好像處身於舞臺上一般的活動；或是述說事迹不論是眞實的或是虛構的：——如上所述的各種各式競爭方式，都包括在內。

「大概人們的衝突都有一個顯著的事實，那就是無論何種衝突絕不會嚴守在上述圖解中每一種衝突方式的範圍中而不再侵越。當一個人在某種衝突方式內失敗時，若無良心或社會力量來約束他一定要援用另外一種衝突來恢復他以前的損失。而且普通的趨勢，總是用更較粗魯的方式，而不會用更文雅些的。舉例來說：如一個賭徒在賭博中失敗了，他會用刺刀或手鎗來恢復他的損失。換一句話說：那他便從賭博的衝突方式回復到武裝的衝突方式了。一個朝廷上的臣子被他的敵人所傾軋而失了國君的歡心時，他便會要求他勝利的敵人來挑一次決鬬。又如民主政治下公務員的候選者失敗了，或向婦人求婚失敗了，也會向他勝利的敵手挑釁決鬬。這種例證都是從較不野蠻的方式反轉到較野蠻的衝突方式中去。一個政黨在某個案件中競爭失敗了，也會嘗試到揭竿暴動的方法，企圖用戰爭來奪回在政治方式上的失敗，這在歷史上可查到不少的例證。

「在經濟事業的範圍之內，也有同樣的趨勢，往往訴之於更野蠻的衝突方式。在經濟競爭中失敗時，如可能的話，他們往往利用政治的衝突方式來奪回他們在另一衝突方式中所吃虧的。又如在經濟範圍和政治範圍內都失敗了，他們會傾向於回復到同盟罷工破壞生產工具的嘗試，而這卻是武裝方式衝突的一種。這種趨向的誘導性特別強，只因在經濟上佔着優勝地位的人們每每在政治上處於不利地位；和這情形相反，便是在經濟上處於劣等地位的人們，總是在政治上或戰爭上站着堅強的地位。

「理由是這樣的：在一個爭衡團體內，如無其他的特別情形，越是佔少數的人，在經濟境地上越是優卓，但在政治境地或武裝境地上，少數的人便吃虧了。假爲一種貨品只有極少數的人能製造，或是某種職務也只有極少數人能勝任愉快，那麼以希爲貴，這些所製的商品或所任的職責便成爲非常需要的了。供應的比所需要的少，而那些控制着有限供應品的人們，必然地在經濟境地處於優勢了。可是就因他們在數量上只佔少數，所以在政治上便處於弱勢了，那由於他們所能控制的投票權，卻少於在團體內對抗的人們。反過來看，假如某種商品許多人都能製造，或是某種職務許多人多能擔任，那麼如無其他的特別情形，這種商品或服務便綽有餘裕，而其價值也降低些，便宜些。在一個爭衡團體內，數量上佔着優數的，卻使他們陷於經濟上的劣勢。在經濟方式的爭衡之中，他們一定會失敗的。但使他們處於經濟上劣勢的那個原因，就使他們在政治上取得了優勢。所以他們很可以在政治風波中爭回他們在經濟爭衡中所損失的。就是他們在政治風波中失敗了，他們依然還有——想來是會有的——一個機會，如其他們在數量上儘夠的話，正可以用武裝衝突的方式來制勝；那便是說，回轉到使用罷工、暴動、破壞生產工具或其他等等的武裝方法。

「在下一章人類才能的分配（The Redistribution of Human Talents）裏，我們將試行暴露出這樣一種才能的分配的種種經濟利益，將使一個競爭人羣在數量上和任何其他競爭人羣相頡頏；而這所謂數量，當然相應於需要。在這一章內所說的，很足以證明這項同樣的事件在政治上的便利了。換一句話說，便是：假如一個競爭的人羣在數量上比其他的人羣超越了許多，那在經濟上的競爭處於極不利的境地，但很容易偏傾於轉換競爭方式首先是用到政治的方式，以後便會應用到種種武裝的衝突方式，毀損了國家，也會毀損了文化。

「只要看到人類種種利益衝突所顯示的許多方式，就可知道要阻遏這種種衝突方式的企圖是徒然的了。我們或許可以遏制某幾種衝突方式，但這便無形中增加了其他種種衝突方式的強度。舉例來說：倘使我們遏制了全部武裝方式的衝突，那麼人類的戰爭本能聯合了人類利益的衝突，將使他們在另一範圍內競爭決勝。而在其他範圍內的競爭者數量會增多，而競爭也愈趨熱烈。如或我們把武裝的和賭博的衝突方式都禁止了，依然趨向於集中衝突在其他範圍內，而且更增高了強度。設或可能，我們把全部經濟競爭都消泯了，正如曾經有人提議過的，平均所有權和平均工作，但仍不能濟移戰爭本能，也不能約束私人利益。我們只有單獨地集中於政治範圍內。實在的，在這樣一種組織之下，無論何種業務或實業場所都會立刻變為政治舞臺。我們將顯示我們的競爭和我們的願欲於強烈的鬬爭中，比目前對於政治事務或政治上地位的陞遷的爭競還要劇烈。換一句話說，每一個人都將變為政治職務的候選者，不能再從另一條路謀生活。或許也會感覺到這種非常浪費的競爭方法，而且比經濟競爭更浪費。當兩個農夫互相競爭穀類生產的多寡時，大概較多量的穀類總是生產了，這便是競爭的結果。但當兩個候選者競爭同一職務時，他們角逐時所費的時間是浪費的，一些不生產什麼。」

「在經濟競爭的三種方式之中，利益最多而損害最少的便是生產競爭。但在傾銷競爭的情形之下，有損害的機會便較多，只因詐詭舞弊的機會太多了。競爭體系裏大部分的衝突，應用於傾銷競爭的比生產競爭的多。但互惠性質的服務或交換貨品，如建立在公平而平等的基礎上，那卻是非常有益的舉措。譬如某甲有些自己並不需要的物事而某乙卻需要的，同時某乙也有些物事，他自己卻並不需要而是某甲所需要的，那麼實行交易起來，顯然是雙方有利的。但在實際進行交易的時候，便不會如此簡單，甲乙雙方都會錙銖必較地只想自己占便宜，而雙方都會企圖欺騙對方。但欺騙行爲常常是不道德的。貪圖獲得便宜的誘惑性是永久存在的，所以我們的法律和法律手續的一大部分是用於阻止欺騙手段，不讓牠侵入合法的貿易範圍內。這是一個困難問題；但困難並不是不必去幹的理由。

「當我們在消費競爭的範圍以內，就沒有多少把握可以防範了。這是人類天性中，防範可能性最低弱最微少的一種，所以難於防範是當然的結果。這更是要在鄰居面前誇張或是避免自己被別人蓋罩過去的結果。希望炫耀，引人注意，還有種種別的趨向，綜合起來，都是「虛榮」兩個字在那裏作祟。在經濟競爭中消費競爭是最壞的方式，較之其他方式會發生更有妨害的結果，要防止牠也格外困難，而且在我們近代的社會改造者中只有很少數人注意到這個問題——這也是顯著的事實。那些社會改造家攻擊着業務上的競爭、生產上的競爭、貿易上的競爭，獨獨對於消費競爭卻緘口結舌。倒是有些褊狹的正教派的固執宣教士所奉的正義卻會不斷地反對虛榮和奢華，在這一方面講，這些宣教士比較目前所謂人文派的人物反而是聰明的經濟家，也是較爲合理的改造者。對於這項特殊目標，他們的說教反而比目前急進的領袖影響於社會更爲宏廣，而對於貧乏的自身更是對症良方。」

戰爭的愚妄（註二四）

『我必須反覆地說爲什麼兩個社團接觸之後，會發生兩種絕不相同的結果，不是聯合便是衝突。人們間永久像野獸一般互相殘殺，我人所遭的厄運沒有比這個更可怖的了。奠基於這彰明的定數——戰爭——的全部理論，完全是毫不涉實際的幻像，簡直沒有例外。

『在這裏我必須說到另外一個錯誤，而這錯誤在近年常妄施濫用——那就是彰明的種族戰爭。那也是一種空想的產物，實在直到目前還不曾有過眞的種族戰爭。簡單的理由就是因那些種族還沒有意識到牠們的統一性。如其在兩種不同的語言團體內因政治管轄權而引起戰爭時，偶然或會發生種族戰爭。德國人並不因爲很他們東面鄰界外的斯拉夫人，卻因想獲取他們所貪婪的土地。德國人沿着萊因河進攻，也並不因爲恨法國人，只是想擴大他們的版圖。西班牙人和法國人同屬於臘丁民族，但德國人也因爲想增加疆土而攻略他們。

『（查理曼大帝向薩克遜民族所挑起的戰爭和德國人進攻斯拉夫人的戰爭同樣殘暴，但查理曼大帝和薩克遜人同隸於條頓民族）。

『比較具體的國家民族觀念，只是近代發生的；至於關於大民族的，那是發生更近了。斯拉夫人意識到他們民族的統一性也只因了薩發立克（Safarik）和他的競爭者的努力，到現在也不過只有六十年的歷史。瑞典人、丹麥人和德國人都屬於條頓民族；但這並不能阻止他們相互間兇狠地攻戰，也不能推動他們採取種種公同的組織。再沒有東西比較種族觀念更習聞慣見的了，但各種族間的界線在何處畫分呢？至於我們的決定全然是由於主觀的想像而專斷的。所以，種族間的種種殊異，在政治歷史上只佔極微弱的影響。阿剌伯人和西班牙人似乎是兩個絕對不相同的種族，要這兩個種族結成聯盟似乎是不可能的。但在事實上我們可以看見怎樣？西班牙的民族英雄辟特·肯必多（Cid Campeador）有時會和回教的君長聯盟而與基督教的國王開戰。在中世紀許多戰爭的目的在獲得土地所有權，愈多愈妙；直到現在，這仍然是種種戰爭的主要原因。如其我向任何人挑釁決勝，總是有意高舉着種族利益的名義。

「當我們要停止明珠彈雀的無謂舉動時，應當懂得下面所說的最簡單的眞理：須知間隔各文明國家的種種問題，只不過如些瑣屑小事，只是些愚蠢和童稚的舉動。不惜血流成渠來獲得一省的所有權，眞是童騃的舉動。元質、害蟲、微生物纔是我們最可畏懼的敵人，牠們每一分鐘攻擊着我們，再沒有停止的時候，而我們卻只是互相賊害，好似沒有知覺的一般。死亡不息地偵伺着我們，而我們卻除了想攫奪幾塊土地外再不想到什麼！每一年差不多有五十億的工作日浪費在遷徙國境的企圖上。如其把這無限數量的精力移在攻擊我們眞正的敵人——有毒害的物類和我們不兩立的環境——試想我們將收獲何等的仁惠。照這現在浪費的許多精力，我們只要在幾年之內，就可征服上面說過那些事物。那麼，地球的全部會轉移爲模範的農場。每種植物的生長都能爲我們利用。兇猛的野獸將會消滅，而無限量的小生物也將被衛生和清潔減少至毫無損害能力。地球上的一切將依照我們的便利而掌理着。總之，人們如有能了解誰是他們最壞的敵人的一天，他們便會組合成一個聯盟來取同一戰線；而像野獸一般全然愚蠢彼此互相殘殺的事也將停止。這樣，他們纔成爲這個星球的眞正支配者，成爲創造一切的主人。

『在古時，人把人當游戲來做射獵對像。在我們近代的國家內——互相劫奪擄掠的鉅大社會——人卻是人的奴隸。但我們要達到隆盛的最高度，只有人和人互相攜手的時候，纔能實現。』

社會的過程（註二五）

『社會的進程，便是在其他早已存在的機構中從新發生分化新機構的繼續不停的旋律；換句話說，便是：種種組織的廣衍的生物學現象在社會分野內的復現。在另一方面，卻是早已存在的社會機構的集合；再換句話說，便是：種種組織的物質破壞的生理現象在社會分野內的復現。社會的歧異和組織的增添是同樣地無限量。分化和集合，在各個體天賦的趣味中，都含蘊着基礎；轉過來說，在每個社會機構的具體興趣中自有其根基。分化是因種種興趣的變異所刺激而使然。而興趣的變異卻因分子增多的結果；如探尋食品的興趣的歧異是受種種不同的生活狀況所影響。在社會進程的分化方面，變異兩字就確定這現象；而在集合方面，那社會機構的進化是最重要的因素。

『分化（或稱推動區分現象）在各個體的數量上有牠的限度；那便是說，分化作用可以進行到社會的分子分析因每一個體可以顧到他自己的興趣，好像社會機構的內容一樣。集合（或推動牠成爲社會）卻只靠人道主義來維繫；那便是說，倘使所能包括的範圍內都感覺到需要一種一致的興趣，那麽人道主義便可以成爲一種社會機構。分化在實施上的種種界域，卻是因生存競爭或從人類的需求如生活狀況的結合而發生的種種旨趣的殊異。集合在實施上的界域，卻是通力合作者的範圍；而這種通力協作在種種旨趣上覺得是可以行得的。

「因此，分化作用使人們從厭煩的社會約束中解放出來；這樣，他們便能順從自己天賦的種種旨趣，或爲了曾經過社會影響而專注的那些旨趣而營着自由生活。所以分化作用是順着社會的必要和個己志願的歧異而動盪着。

「在另一方面，集合作用卻禁約人們處於軌範內，以便達到爲了滿足和獲得他們天然的或假定的旨趣所需要的維護和合作；或是社會情狀所加科於他們的勢力也能使人們禁約於軌範內。集合作用也順着社會的必要，爲了社會利益而自願服從，或是爲了和自身毫不相關者的利益而破格地俯從等原因而波動着。

「包含或暗蘊在人們固有才能內的旨趣，或爲生活狀況所支配和社會動境所決定的旨趣，當起分化作用或集合作用時，都是社會的必然性。主觀的動機和外界的壓迫容能暫時阻抑這種社會的必然性，但一般進化的結果，仍然會實現而毫無保留。

「因人的數量增加的緣故，所以可以住居之處（生活狀況），就有更多的人們延佈開來；那就是能使社會殊異的機會更多地插進，那麽個人的選擇也將有更多的變化在社會進程中遭逢到。所以俾便社會必然性達到相當勢力的社會化的約束（屈服）是必須的。每一次屈服決定了一種控制的關係。這樣一個互相關係的社會方式便是國家。

「但因個人會衰退所以社會化的約束也會陵替因此便發生種種控制制度但這些制度恰和社會必然性相反，那就是獲致社會秩序的國家工作並不能滿意。於是爲公開的錯雜勻和與國內的困難旨趣所支持的分化作用使個人分裂改造或破壞了這國家直至社會必然性的種種需求滿足了之後。

「國家之內種種控制的種類依靠着社會進程的進化階段從簡單的社會機構到複雜的社會機構——從各自獨立的社會機構的毀滅進步到互相融和——是征服者所統治的國家所表示的在征服所確定的共同性質的基礎上所生和平旨趣占了優勢便發軔了有文化的國家。這種國家企圖把加於被征服者頭上的控制的必要性移轉到和創造的文化自由互相調協。

「在一般地社會擾動中爭執和戰爭會使幾個社會機構合併，因此爭執和戰爭都是政治力量的緣原。文化和商業能使社會羈絆鬆弛因此牠們是社會分化和政治解體的原由；但同時也會因他種社會關係而偶爾廣衍。

「正因歧異能使種種組織複雜些和比較完滿些，所以社會分化作用會使種種高等的、同等的、劣等的社會機構發生錯綜的聯合和更高的發展。雖則這種機構的旨趣和生活狀況是互相依附的，但這依附現象都比例於它們的社會的接觸的可能性而舒展。當種種社會機構在它們環境之內原始就佔着孤獨的地位但它們一經接觸之後，以後便會常常接觸，終於人們被社會關係的網羅所降伏。這種社會關係有時會使人類的通性成爲社會機構的形態。繁殖、謀生和發展是原因；戰爭、文化和商業是方法；而社會開展最後的結果是種種旨趣的協調地滿足。」

「文化國家替代征服國家到何種程度，那麼人們在旨趣的滿足中的差異也到何種程度。人們中間政治的社會的工業的不平等，會再轉移到參與娛樂的不平等，這在原始社會的情形中是流行的。人們的一般交接往來當然會使社會機構錯綜。因社會組織的日形完滿，所以人們的交接往來也愈趨於和睦，但生活狀況的固有歧異，總不能把社會衝突的全部機遇移掉。

「因為要擔保健全的後裔的維持和繁殖，所以社會秩序是一種生存競爭的組織。雖則各個人所適配的職業有許多許多種類，但社會發展的總結束，將在於人們文化的政治的社會的平等；而這樣的平等狀態將在極聰明極有道德的各個人領導之下——上面所說的當然是合於正義的假定。

「在卓越的道德和智慧的治理制度之下，社會的進展中先天旨趣與後天旨趣的退化是不會有的事；但要達到這樣平等之域，還要經過難以計數的時期，而在這時期中不平等的情形仍是推移着，而那種生活狀況也轉變着。」

社會過程的原則(註二六)

「一開始便提到「利益」。我們用這兩個字和平常在政治上業務上所用的意義一樣。在現在更精密的條件之下，是得不到什麼的。以後我們將更切實地分析一下。在人們本身之內，有些東西會使他們有欲望，而本身之外更有些東西能相應於這慾望；利益這兩字就含蘊着上述的兩項。目前我們無須詳考，只要像我們有時說到農業利益、銀行利益、勞働利益或機器利益等這樣自然地說便够了。

「每個人的最原始的利益，只是單純地維持生活和每一動的一般。沒有人能知道究竟耗費了多少年代人們纔能曉得生存之外，還有別種利益。這些原始的動物利益不再會擴充一些，雖然從人類內觀察起來這是可疑的。差不多全部人們都遺留着生活的跡象，我們還能尋出那些遺跡的符標，雖則有些模糊不明，那就是這基礎利益——生存——常和另外幾種大概不相似的利益相合作着。在比較文明的人們中，那些所謂不相似的利益會展開無數特有的歧異，而演進到不可計量的聯合。

「舉例來說，這原始利益的普遍方式便是食物利益。人們必須吃東西然後能生活。這在原始的野蠻人和近代最文雅的挂冠詩人一絲一毫沒有兩樣。這是真的，講到生存利益，那些吃着植物根莖和未烹調的生魚人們，並不比從北平起到倫敦止各大都市的菜館中按着菜單點菜的人們少些。這也是真的，當野蠻人開拓土地之前先把他們戰敗的敵人吃掉，這種糧食是不大靠得住的；但他們的食物利益和在米蘭（Milan）的街道上為了麵包問題而發生暴動的人們和在紐約掀起罷工的人們，或和在支加哥的議會席上計畫着壓抑罷工運動的人們的食物利益一些不多也一些不少。這種利益是最基礎的，在社會的種種感應之中也是主要的一種。在種種歧異和社會的感應比率中，這種食的利益是無限的變化而且也依靠着無量數的情形的左右。

「再說，在一組利益（或稱興趣）之內，這食的興趣也是最先的一種，尤其是對於身體——人們的動物性部分——有着最內在的意義。凡使身體覺得快樂和活動能够滿足都屬於這一組興趣。其中性（男女性）的興趣通常和食的興趣處於同等地位，要尋出第三種和食色兩種興趣差不多重要的，那是可疑的。關於肉體方面的其他本有興趣，冒昧加上一個「動作興趣」的名稱。不論這名稱的確否，我以爲凡關於身體活動的種種衝動就是爲了要活動的緣故；而所以有這種衝動的，就因有這種興趣的緣故。我取這名稱也指着身體活動的勇敢和技巧的種種衝動，這種種衝動從孩提的遊戲變更到競技運動中有組織的技巧。這三種興趣我叫他們「食」、「色」和「動作」。這三種興趣合成人類興趣的一屬類；對於這一屬類，我又稱爲康健興趣（health-interest）。我取這個名稱是指着處於體力運用和體力娛樂的核心的全部人類欲望。

「據我的觀察，人們的全部活動都導源於種種動機，而那些動機都奠基於各個人的康健興趣和其他五組興趣的聯合上。人們有一種控制自然界經濟的顯然興趣；有一種在同伴間植立他的個人品性的興趣；對於所能知曉的事物有一種要習悉的興趣——求知興趣；對於以爲美麗的事物有靜觀默察的興趣——欣賞的興趣；對於認爲正當的事物有實現的興趣。我竟不能尋出人們的任何舉動所需有的任何動機不關於上述幾組興趣的專注表演或聯合表演。每一組又有分類，或比健康興趣的分類多些，或是少些。一切人們，從最野蠻的到最文明的，正如他們所動作的動作時，第一、因爲他們環境的情狀的變異——無論是物質的或是社會的，第二、因爲他們的六種基本興趣的歧異和錯綜換易。爲便利起見，我稱呼這六組興趣爲「康健」、「富裕」、「社交」、「求知」、「審美」和「正義」。」

「這都使我們得到一個極平凡的結論：那就是關於更遠大的成就或進步這一點來觀察，這社會學的基礎問題便是述說現代社會內利益的實在衝突的問題。美國人民的實在間隔在什麼地方舉一個例來說，是否「追求種種目的」和「追求到何種範疇」便是這種間隔使人民彼此抗敵的必須對立麼？」

「然則我們一般的命題便是這樣：美國目前的種種旨趣的時代性衝突——在別的地方也會因不同的情形而意外發生這種衝突——便是引起最堅強的，含有在根本上最殊異的，引起激烈的社會擾動的大多數特殊發動的衝突，便是各方面人民中間的根本對立；在這一方面的人民想來，對於處理現在生存着的一代人，這些現存組織應得常常負着責任。而另一方面的人卻擅自以爲種種組織再不會錯的，而他們的舉措也這樣固執着。」

「要儘量暴露這種衝突的極端性質，我們可以把這對抗趨勢的最極端的呼聲彼此對比一下。一方面的最後提案大旨是這樣：現行的社會制度必須保存也總會保存的。這種話是由於上帝的最高意旨和自然界的難以侵犯的秩序而來的。現存社會制度正如空氣和季節一般，人類的智慧竟無能爲力，而人的技巧也決不能改造。它的存在由種種規例來運用着，而這些規例是不能控制的。雖然背叛者旋作旋輟的挺撞，那是徒然的，它還是屹然不動。要研究社會秩序簡直是愚蠢無知，簡直是社會的叛徒。不論何種態度提到這些明白顯露的眞理當作辯論的合理題旨時，應得不予贊同，使其氣沮，如須鎭壓時，不妨用高壓力來遏抑。

「在相反方面，那反對派的最後抗議是這樣的：現存的社會制度必須破壞，也總會破壞的。這是一種偶遇、策劃、順服和無足重輕不爲人知的少許必然性的瘋狂的混合物。好像我們的工具，我們的娛樂方法，那是我們的經驗，我們的選擇和我們的籌謀所創造的；當我們曉得了有更好的或獲致了更巧的，那些舊的便可棄置不用，或是依照了我們的口味而交換着。社會制度是構造來對付特別狀況的；而且在人類向前邁進中雖會軟弱地抵抗，但那是徒然的，那將會重新組合以適應已變化的狀況的。對於這明白曉暢的眞理還要發生疑問，纔是愚鈍無知和背叛社會。每一拒絕接受這些論旨的語調，竟無資格作爲背叛普偏福利的有力證據。那便應當排斥、不信任、棄置在一旁。』

『今日的重要衝突，是在智慧——求知興趣——和其他各組興趣的組合品之間。在各組興趣之間，或在一組之內，甚至或在個人的衝突動機之間，其重要的發動，一面卻是臆說，而另一面是經驗——那是舉動的基礎——這兩者之間的衝突。當我們選擇我們動作的行程之前，我們是否最先應當願意或希冀曉得我們行爲的全部姿態呢？或則當有所需求時便這樣應付：那就是不論什麼對於我們是便利的那就是正當的，阻礙我們願欲的，那便是錯誤的呢？』

『民治主義的歷史，可以說已在兩樁事物中顯示出來：其一、民治主義羼融於專制的重要力量的改頭換面中擡頭，以避免無政府狀態；其二、民治主義中雖包含着矛盾，但爲對立興趣的漸漸社會化而成就了進化。照我們學院派的意旨，我們可以把近代社會已經達到的，所謂社會化的特殊問題在過分抽象的公式來表示：根本的社會問題是怎樣把目前種種利益的衝突成爲理智化，或把種種利益的直接衝突轉移爲一種智力終局的秩序單。』

「對於研究初步的社會學，這些謊說已含蓄着一切的理由了。我們的生命始終是我們種種興趣所織成的一張網。社會學可以說是「人類的興趣及其在一切情狀下動作的科學」，正如化學的定義是「原子及其在一切情狀下行動的科學」一般。從他的最渺小方面看來，人只是個搜掘食物和男女配偶的動物。除了搜掘和配偶或附庸於搜掘和配偶的興趣之外，人不再有什麼興趣。現世上每一種文化及都帶着多少百分比的這一組興趣的遺型，而社會的存在仍是全然在這些興趣的水平面上。在另一方面有幾個人會發生了一些淺薄的精神興趣，對於自己身體卻很草率粗忽，甚至於摧殘，而生活在一個褊狹思慮的氣象內。處於這樣兩極端之間的，是無固定形式的集合社會的種種活動爲種種興趣的無窮的駁雜變化所推動着。我們已經知道，這些興趣卻是不多幾種基本興趣的變異和換易。我們對於社會學的知識——對於人類進程的有體系的知識——將藉人類社會的有力量的種種旨趣爲基點，而對於全部人類社會的闡解能力的程度而爲相當的增長。」

討論要目

（一）社會衝突的概念的意義。

（二）格姆瀫勞維捷所主張的進步的主要起源。

（三）格姆瀫勞維捷所主張的人與集團的關係。

（四）尼采的超人是怎樣性質的。

（五）格氏與尼采對於「個人」的態度，有怎樣的區別。
（六）苦的和樂的經濟論有何分別。
（七）樂的經濟論的國家有什麼弊害。
（八）卡佛所主張的社會衝突的原因。
（九）經濟困乏的主要的社會原因。
（一〇）衝突發生的三個場合。
（一一）道德問題的原因。
（一二）利他主義在實際上的危險。
（一三）破壞性的衝突有多少種類。
（一四）虛僞的衝突的意義。
（一五）宗教的衝突的範圍。
（一六）生產競爭和消費競爭的區別。
（一七）豬糟哲學和積漸消費的相反性。
（一八）孥衛科所認爲人類眞正的敵人是什麼。
（一九）社會衝突的有利的各方面是怎樣。

附註

（註一）格姆潑勞維支著：Der Rassenkampf，一八八三年，印斯勃拉克（Innsbr[illegible]ck）出版，第六四頁。

（註二）格姆潑勞維支著：社會學大綱（Grundriss der Sociologie），一八八五年，慕爾（Moore）譯本，第一三四頁。

（註三）格姆潑勞維支著：社會學與政治學（Sociologie und Politik）第九四頁。

（註四）尼采著：道德的系統（Genealogy of Morals），一八九八年，紐約出版，第四六頁。

（註五）尼采著：意志力，一八八九年出版，第九〇頁，第二六九頁，又第六六〇頁。

（註六）巴當著：社會勢力的原理（A Theory of Social Forces），一八九六年出版，第四章。

（註七）卡佛著：社會正義論（Essays in Social Justice），一九一五年，哈佛大學出版，第三〇頁，又第三四頁。

（註八）卡佛著：社會正義論，一九一五年，哈佛大學出版，第四六頁。

（註九）卡佛著：社會正義論，一九一五年，哈佛大學出版，第四九頁，又第五〇頁。

（註一〇）卡佛著：社會正義論，一九一五年，哈佛大學出版，第五六頁。

（註一一）卡佛著：社會正義論，一九一五年，哈佛大學出版，第七七頁。

（註一二）卡佛著：社會正義論，一九一五年，哈佛大學出版，第七七頁。

（註一三）卡佛著：政治經濟的原理（Principles of Political Economy），一九一九年，金恩書局（Ginn）出版，第三七頁。

（註一四）卡佛著：社會正義論，一九一五年，哈佛大學出版，第八六頁。

（註一五）卡佛著：社會正義論，一九一五年，哈佛大學出版，第一〇八頁。

（註一六）卡佛著：政治經濟的原理，一九一九年，金恩書局出版，第四三頁。

（註一七）哈爾村著：戰爭與其假定的利益（War and Its Alleged Benefits），謝爾滋（Seltzer）譯本，一九一一年，好說公司出版。

（註一八）De la du Travail Social，一八九三年，巴黎出版。關於這一方面，杜克海姆的集體代表制 (collective representations) 的概念也是值得注意的。集體代表制是說一個團體表徵的東西，例如旗子，聖經和英雄人物等。

（註一九）路斯著：社會學原理 (Principle of Sociology)，一九二〇年，紀元書局出版，第一六七頁。

（註二〇）路斯著：社會學原理，一九二〇年，紀元書局出版，第一八三頁。

（註二一）路斯著：社會學原理，一九二〇年，紀元書局出版，第二〇七頁，又第二〇六頁。

（註二二）特許轉錄自格姆潑洛維支著：社會學大綱 (Outlines of Sociology)，摩爾譯本，一八九九年，美國政治社會科學會 (American Academy of Political and Social Science) 叢書。

（註二三）特許轉錄自卡佛著：社會正義論，一九一五年，哈佛大學出版。

（註二四）特許轉錄自拏衛科著：戰爭與其假定的利益，薛爾滋譯本，一九一二年，好脫公司出版。

（註二五）特許轉錄自斯門爾著：社會學概論 (General Sociology)，一九〇五年，支加哥大學出版，書內選錄拉真呼夫 (Ratzenhofer) 的學說概論 (Epitome of His Theory)。

（註二六）特許轉錄自斯門爾著：社會學概論，一九〇五年，支加哥大學出版。

第二十一章　社會學的合作論

最初對於社會合作論作有系統的解釋之學者裏面，有一位意大利的哲學家魏哥（Giovanni Vico——西曆一六六八年至一七四四年）。（註一）他推翻了社會契約的觀念，認爲它是眞正的合作原理之誤解。社會契約的概念含着一種人爲的和玄妙的社會生活的意義。

魏哥在他的主要著作國際一致性的新科學之原理（Principles of A New Science Concerning the Common Nature of Nations）一書中，開始研究眞實的社會現象。他想發見可能的社會定律。他捨開偶然的社會事實，組織有規定性的社會現象而爲定律。他搜求社會生長和衰落的定律，他也努力於分析人類社會的歷史。

魏哥的重要著作，雖然是直到發表了一百餘年以後，纔出意大利的國門而爲世界人士所知道，但是他的著作，卻早已包含了一些重要理論，成爲社會進步的任何健全合作說之基本。魏哥是第一個作家去敍述這種原理：一種人類團體都有共同性質。他對於各處人類制度的比較研究，使他常常相信人類有共同心理。這個概念近年來曾由柏林頓（D. G. Brinton）所發揮。因爲有此貢獻，所以魏哥也被稱爲『社會學之創始者』。

照魏哥的意見，基本的社會運動是社會制度漸次開展或進化，以適應人民的普通需要。照社會契約論者所說的，社會之進展半由於聰明人物之思想，然而也由於人類之情感，甚至原始粗野的情感。人類這種天然的社會性，對於合作精神之發生和發展，是供給了主要的基礎。

人類的天然社會性，多少有點自覺地使大家從事建設必需的社會關係和制度。社會組織之目的，即在乎產生完全的人類性格。魏哥依照螺旋說（spiral theory），梗概地陳述了社會進化的性質，即是說社會本身是輪迴進行的，但是當其完成一循環圈後，他又走到高一級的合作境界，而超乎開始時的循環情形。魏哥也認宗教是進步的必需原則。魏哥爲使自己適應於當時流行的神學教條起見，雖然是犯了嚴重的科學的錯誤，但是他之注意人類的共同性質和天然社會性，卻也有特殊的功績。

荷蘭著名的學者格羅休斯（H. Grotius, ——西曆一五八三年至一六四五年），對於社會思想曾貢獻一個國際的概念。他發揮了國際間未來合作的觀念——在他當時的國際關係，都是彼此互相猜忌和仇視的。格羅休斯是首創國際合作之原則和法律的人物。關於這方面，他的工作即着重在國際政治上的同類意識（like-mindedness）之要義。

斯賓諾沙（Spinoza）關於主權概念的貢獻，業已說過了；他宣稱求佔取的本能比較與人共享的趨勢，是天然地更爲強烈。因此人類必須受教育，以期認識合作生活之利益。當到有了這種認識時，以及合作利益很顯著時，於是人類即把他們的自私自利的慾望化爲互助兼愛的公同生活。人類既然是一步一步地認識合作行爲的價値，他即漸次克制他的自私衝動。

前面說過的，有些社會主義者（如奧文等）的著作，關於討論合作意念之發展，也形成了另一種的表現。有些人所努力於消費者合作運動的實驗，在許多國家中都得到很好的成績，這些實驗即表明牠們只有在富於合作精神的環境中纔得發展，而生產者合作的試驗則往往流於失敗，仍未得成功。牠們是證明所已發展的合作精神並不够用，而不是由於牠們所根據的原理之失敗。

克魯泡特金

克魯泡特金與社會主義相左的意見，上面第十四章中已經說過了。他在社會進化中的互助論（Mutual Aid; A Factor in Evolution）一書中，表現了大功績。克氏是一位很忠實的達爾文信徒，他反對曲解的「社會的達爾文主義」，（註二）克氏很明白地指示達爾文對於進化的解釋，固是着重生存競爭，但是同時，達氏也認識了進化中有一種很有力量的合作趨勢。照克魯泡特金的意思，討論進化的合理結論，並不是那種「社會的達爾文主義」着重人類之生存競爭，乃是人類互相結合以合作的精神控制體力和自私慾望。

克魯泡特金很廣博的研究了動物生活，其所得之結論，即是：在動物界雖有一種劇烈的掙扎，以反抗無情的大自然，但是在關於同類的動物界，則大都沒有殘酷的生存競爭的現象。（註三）在同種中並沒有悽慘的內戰，再者，這種戰爭也不是進步的條件。

克魯泡特金認爲社會之起點，是氏族和部落，而不是個人，甚至不是家庭。部落本身發展了一種道德精神，這種精神是根據於相信部落共同起源以及崇拜共同祖宗之意念。其次共同擁有一些土地，即引起新的部落意識。這些意識即表現而爲團結宣誓一致行動，最後復成爲互相幫助之友誼與組織。克魯泡特金信仰原始人類是天然和平的，他們只會作不得已之戰爭，並不從事凶殘好殺之戰爭。

在原始社會組織中，法官和軍事首領彼此聯合，以互相保證統治之安全，利用那種聽從巫人或僧侶之忠心，以支持他們的地位。雖然，到十二世紀時，舊社會精神即已破壞了，驚人的隨意行動瀰漫於歐洲；牠有時制止歐洲君主專制之產生；牠產生無數的公社（Communes）。

自由城市在社會自由保護之下，而得發達；在這些城市中撫育了一些藝術和發明，產生了拉斐耳（Raphael）的美術，米基朗格羅（Michaelangelo）之魄力，但特（Dante）的詩學以及近代科學所完成的發見——羅盤、鐘錶、印刷、火藥、航海術和地心引力。（註四）

其次即走到由軍事領袖、羅馬法官和僧侶三方面聯合所形成的近代國家。工業革命和資本主義之產生，復促進了軍、法、僧三種勢力的政治（the military-legal-priestly triumvirate）之利益。等到國家和教會分離時，資本家遂代替僧侶在三種勢力合組政治中的地位。武力主張推翻後，三力政治的權勢即破壞了。舊社會合作的情感，遂再開始表現出來。克魯泡特金由此而從事解釋合作的個人主義之法則。他極力主張社會分治，並攻擊各種公私的專利壟斷。他雖然過分誇張了互助在原始社會中的作用，視之爲主要的社會因素，但是他卻貢獻了一個重要概念的有力表現，對於未來世界，是很有價值的。

賴眞賀夫

對於社會過程之分析，賴眞賀夫（Gustav Ratzenhofer ——西曆一八四二年至一九〇四年）從衝突和合作雙方面去解釋社會結構個別化的現象之繼續出現，即足以表示社會過程。（註五）分化（differentiation）和社會化（socialization）二者是從人類興趣衝突中發生來的。此二者是含蓄於人類天性中，有一些人類的興趣流於個人化，而別一些興趣則流於社會化。

在這一點，我們又要說到賴眞賀夫的力量說（theory of force）。力量和利益被認為是兩個主要原素。這兩個原素聯合應用，以使個人得到最大可能限制的自我發展。

最初人類反抗殘酷的大自然之掙扎，即養成了最初的社會性。掙扎或競爭常常引起合作，以期保持安全。同樣，戰爭也引起合作。在初民社會中，制度之產生，是適應社會需要的。在野蠻人羣中，人數增了，即隨之而更着重衝突，此種衝突表現而為搶劫、戰爭和奴役。戰爭引起了階級之形成以及階級衝突。階級利益既與個人利益有區別，於是遂產生界限的分割了。資本主義興起了，資本的利益即為一些人所主張，而此時與此相反的勞工利益，也很明顯地表現了。雖然社會穩定安全的時期尚在前途，達到那時期時，則全世界之組織，將根據於無競爭的經濟生產和國際自由貿易之單純制度。（註六）

在這種分析的全體中，賴眞賀夫給『力量』以重要地位。（註七）他也發揮了一個超人政治的學說。總之，賴眞賀夫對於社會思想的貢獻，就其認興趣爲主宰人類的要素，以及着重合作漸次發展這種學說而說，那是很値得注意的。

司馬爾

司馬爾（A. W. Small）曾經修改了校正了賴眞賀夫的興趣說（theory of interest）。關於司馬爾的方法論，將在下面第二十七章內陳述，現在只說他的興趣說。司馬爾教授說：『興趣是最原始的』。（註八）『興趣』可以解釋爲未曾滿足的能力，未曾實現的有機體之情況，要求滿足未如意事物的趨勢。（註九）在主觀方面，興趣是一種慾望，在客觀方面牠是一種需要。當到個人知道某種事物，感覺某種事物，或願意某種事物時，則興趣卽由此發展，結果整個兒的個人過程或社會過程，卽在乎發展興趣、調適興趣以及滿足興趣。

司馬爾分所有的興趣爲六組，此六組卽是：（一）求健康的興趣，是從保持生存的全部意義中產生出來的。牠表現而爲食物興趣、兩性興趣、工作興趣，並且包括用體力以求滿足的一切慾望。（二）求財富的興趣，包括於求支配財物的慾望中。（三）社交性的興趣，最好可用各個人要求互相溝通精神生活的慾望來代表。（四）求知識的興趣，是從好奇心衝動中產生出來的。牠的可能性之界限可用無知與全知（nescience and omniscience）這種名詞來說明。（五）求美的興趣之得滿足，卽在乎欣賞物質現象和精神現象之對稱情形。（六）求公正的興趣是貫通所有其他全體的興趣。當到個人的理想，自我或全體自我實現了這種興趣時，其結果卽至於非常愉快。

這些興趣無論那一個都趨向於絕對的。(註一〇)各個興趣都要求滿足而不顧別些興趣。結果，即出現一種普遍的興趣衝突。再者也出現普遍的興趣聯合。然而這種衝突比較這聯合是更加劇烈的，在人類史中這種衝突是佔優勢的關係。社會過程之本身可分析而爲人與人間動作之反應，其中有一些是意趣一致，而另一些則相衝突的。再者，社會過程乃是代表興趣的團體和制度之繼續表現。牠是永久調劑興趣和適應興趣的；(註一一)並且是分化和完成的節奏。

司馬爾教授指示競爭與合作在相當範圍內常常是互相作用的。(註一二)再者，從歷史上來觀察，在社會過程中，是有這樣的一個運動；衝突是由最高度而趨向於最低度，互助合作是由最低度而趨向於最高度進行。因此，社會過程是人類的衝突勢力和合羣勢力二者間求調適的永久進程。所謂最低度的衝突，司馬爾並不是指沒有了衝突，因爲他認爲如果社會中的衝突消弭了，其結果社會即流於停滯。所謂最高度的合作他也並不是社會完全凝固化的情形，因爲這種情形的社會也是停滯的死氣沈沈的。

基本的社會問題，是要使那些合乎理性的興趣彼此能得充分的發展。社會問題在乎將一切興趣理智化，再者，也須將興趣衝突予以理智化。所以基本的衝突在今天是在乎求知興趣和所有其他興趣之間。(註一三)因此所謂社會化即成爲將衝突轉變而爲合作的過程。

社會學可以說是研究人類興趣的(包含衝突與合作)。牠是從有效力的人類興趣這方面着手，去解釋人類的聯絡。牠集中人類一切活動於一個見地上，而認爲此見解之人，即可以重視自己與全體社會關係的活動，司馬爾曾用具體而特殊的方法，將他的社會過程說，表述於從資本主義到民治主義的過渡時期（Between Eras, From Captitalism to Democracy）這本書中。在此書中很生動地描寫了勞動和資本間的衝突，其結果，即產生許多誤會和不公平的現象。一個少年貴婦人黑格特（Hector）觀察到勞動和資本的重要作用，並且也像資本家一樣，認識了她自己和別一勞動女子二人間所已存在的關係。她分到許多紅利，對於這些紅利，她絲毫沒有用之於團體的生產活動中。而工作的婦女則得到低微的工資，但是她卻貢獻她全部的生命以努力於工業任務，而那個貴婦人的紅利，即由此產生的。這種討論的主要目的，即是要建設工業中民主義的原則。司馬爾教授主張被僱工人也應派代表參加理事會。這種代表在其初應當是少數的，纔足以很方便地召集工人代表經常會議。這些會議將使勞資雙方劇烈衝突中，任何一方面的代表都能知道對方當前所感受的問題。在這種交換認識之下，司馬爾以為即可以產生合作精神而至於消除勞資衝突所發生的許多困難。（註一四）司馬爾博士從資本主義到民治主義的過渡時期這部書雖然是刊行於一九一三年，但是其中工業代表制的觀念在美國直到一九一八年左右，也還不見重視。就現在所採取以對付勞資問題（經理業務、決定勞工工資和工作時間等等）的初步辦法，已產生了很可注意的合作結果，並且也證明司馬爾對於解決世界紊擾的社會問題，是有一種先見的知識。

社會化

在社會化這個觀念的後面，是伏着「適應的原則」。卡佛爾曾經分適應爲被動的和自動的兩類，前一類是說到改變種族本身以適合所生活的境遇，後一類則是指改變境遇以適合種族。(註一五)伯列斯都(L. N. Bristol)很廣博地分析了社會適應的學說。(註一六)被動的物理適應，包含生物進化的過程，而被動的精神適應則包括心理進化，或者語言、風化和教育等等無意的發展。自動的物質適應包括工業發展之過程，而自動的精神適應則包括個人對於他的精神環境、社會改良和社會制裁，作一種有意的調適。(註一七)

社會化或社會適應產生了全部的容忍、調和、順適和結合諸作用。最簡單的合作形式，即是互助，然而互助之於下等動物中比較高級動物中，還更普通。在這裏應當說及的，即是柏格斯(E. W. Burgess)曾經表明社會化是決定社會進步中的基本過程。(註一八)社會化有兩方面：從團體的立場來說，我們可以認牠（社會化）是個人心理要素轉變而爲集體活動。從個人的立場來說，則社會化即是個人參加於團體的精神與意向，知識與方法，決定和行動之中。(註一九)所謂個人社會化即是說他自覺地改變其行爲以及形成其目的，以助進更有效力的合作活動和實現團體的高級幸福。

這種討論可再以團體之社會化來補充。團體社會化的過程有兩方面。一方面說及團體之組織和作用，由此其中諸分子即從鬆懈的複雜情形變爲有組織的一致動作，將權力分配於各分子，以及各分子都努力於團體的事務。(註二〇)其他一方面即包含團體與團體的關係，由此，團體的主要目的也注視到牠本身以外，而與一切平民組織的團體之幸福以及與世界本身之幸福相調適。(註二一)

有趣味一方面的社會化，即是組織。努力組織之結果，即是：（一）完成別種方法所不能達到的目的，（二）鼓舞大家時作時輟的興趣，（三）其中諸部分各負任務共策進行，（四）得到相當的精巧，（五）產生適當的理智的計劃，（六）消弭不必要的重複工作。(註二三)在另一方面組織也會發生流弊：（一）過於浪費開支，（二）用以從事報告和日常工作的時間不適當，（三）妨礙人們之相交接，（四）易流於官樣文章的形式主義，（五）機關之呆板性，不易隨機應變，（六）濫用權力以爲私圖，（七）過於專門化，（八）組織本身變成一種目的。

在內容方面社會化即是我們感覺羣體的意識之發展以及大家共同在一處活動能力與意志之生長。(註二三)這種過程的簡單因素是遠古的相聚飲宴的風俗。照洛斯教授所信仰的，人類所發生的同類意識，並不是普通相似的知覺，乃是在特殊事體上相同或相一致的覺悟。(註二四)國家主義，或產生愛國精神的過程即表明社會化這個概念的意義。

照洛斯教授的意見，最初的社會團體，就是母與子的結合相處。在這種團結中，原始的社會化即出現了。在最初社會中人類動作很固定的原則表現得分明的。(註二五)支配權力是一個統治的原則。這種支配權力之作用比如是：（一）父母管理子女，（二）長老管理幼年人，（三）丈夫管理妻子，（四）男子支配婦女，（五）武人階級支配工人階級，（六）富人支配窮人。支配之主要目的，即是利用他人以爲滿足自己的慾望之工具。(註二六)

辛美爾(Simmel)解釋社會化是統一體之形成。(註二七)社會化有一些循環圈——即是利益與團體相吻合之進展現象。在辛美爾看來，社會學大體說來是研究社會化的科學或者研究人們團結形式的科學。在社會界中最重要的關係系統，卽是領袖和屬從者的關係，或者統治者和被統治者的關係。沒有這種社會化的形式，則社會生活卽是不可能的。（註二八）

照辛美爾的意見衝突之於社會化，佔有必要的任務。（註二九）衝突形成社會統一以及促進社會化。牠是人間交互作用的積極形式，所以也是社會化的形式。如果僅從約束方面來解釋，則衝突也產生社會化的要素。（註三〇）

合作的基本概念表現於涂爾幹的機械的和有機的休戚相關說中，其初是帶着機械的反應和同類意識，其次則表現爲組織和不同的反刺激。（註三一）和這種二元論有幾分類似的，卽是鄧尼斯（Ferdinand Tönnies）（註三二）的兩分法（dichotomy），這種兩分法着重求生意旨（Wesenwillen）和求善意旨（Rürwillen）。求生意旨是指基本的生命力和願望，這些基本力大概是表現而形成天然的有機的團體，或者『自然社團』（照涂爾幹的意思）。（註三三）求善意旨則見於縝密籌策之佔優勢以及自覺地利用那種伏於人性中的努力，其結果卽成爲社會，像城市和原始團體的自然區域一樣，自然社團（community）是代表天然的過程，而普通社會（society）則代表人爲的有目的的過程。

霍伯號斯的社會學（上面第十八章中曾討論了一部分）大部分是以漸次合作來解釋社會。霍伯號斯教授認爲社會進步是各個人間的聯絡、秩序、合作以及和諧等原則之發展。他敍述了某種相互的意趣，類似於瞿丁斯的同類意識。這種相互的意趣維持各個人團結，自最低級的野蠻團體，以至於最高級的文明團體，都是如此。（註三四）

照庫勒教授（Prof. Cooley）的分析，社會過程並不是一些毫無效用的重複現象或者粗野浪費的衝突，乃是一種永久前進的發展這種發展漸次養成善良的理性的和合作的人類。衝突的原素，固足以喚起人們注意、指揮人們注意以及由此而產生生活動然而牠卻受着合作和組織的主要原素所限制；競爭者如果要求成功，則必須使他們自己與此要素相調適。（註三五）

伯克與柏格斯在他們的社會學概論（Introduction to the Science of Sociology）一書中，認為單純的社會過程，是其初有競爭和衝突，繼之而發生的，則為順應作用（自覺的調適）和同化作用（自覺的統一）合起來，順應作用和同化作用二者差不多相當於合作，但是代表比較正確的和合乎科學的名詞之應用。

本章和前一章的討論，已經表明了進化之自然的趨勢，是從悲慘的競爭的以及毀壞的過程，走向於調和的、生活的以及合作的過程。自然也有些反動現象時時妨害合作的趨勢。然而在另外一方面，理性之發展漸次消弭了凶殘利害之衝突的結果。雖然，就我們現在所能看見的，衝突將永遠成為個人發展和社會發展的過程中之重要因素。用理性的控制，則衝突即將表現於合作精神的方向和利益中。

所謂社會進化，仍然是一個意義不確定的名詞。物質來源和物質發明之增加，並不保證人類幸福之增加。然而幸福之增加，其本身也許是一個進步的微弱標準。開斯（註三六）發揮了社會進步有三個標準，即是：（一）社會團體利用物質環境之程度，（二）社會文物（包括經濟財物，知識和文化）平均分配之程度，（三）一切人民認識社會財物和社會過程的意義之程度。從別方面看來，這些標準中的任何一個都是社會過程中的副過程

(subprocesses)。利用、平均和認識，牠們本身也就是過程；對於進步各個都有意義的。

互助（註三七）

「有許多事實，足以證明互助在動物或者人類進化中的重要，關於這件事，倘使我們借用分析近代社會所得的結果，就可將我們的調查概括如下：

我們知道在動物界中，有許多種類，是聚族而居的，而且牠們知道祇有在聯合中可以得到生存競爭的利器：所謂生存競爭，係指達爾文（Darwin）所舉之意義而言——幷非專指博得生存方法，實指和自然界中不利於種族的情形奮鬥而言。

在許多動物種類中，各個的奮鬥，已縮到最狹的範圍，互助的習慣已發展到最高的程度，這些種類，數目最多，而且是最興盛的和最易進步的。在這種狀態下所得到的互相保護，達到高大年齡和累積經驗的可能性，更高尚的知識發展，和社會習慣的更加滋長，都保證種族的持續、擴張和更加進步的進化。反過來說，非社交的種族，必定是衰微消滅。

至於人類，在石器時代的初期，他們是住在氏族和部落之中；在比較低的未開化時代，和在氏族和部落之中，已經有很多社會制度；最初的部落風俗和習慣，是人類各制度的胚胎，幷且成爲日後進步的重要形象。從未開化的部落，生出野蠻的鄉村團體；於是在土地公有、共同防守、鄉村民會（village folkmote）的統治和同源鄉村的聯合四個原則之下，更生出很多新的社會風俗、習慣和制度；其中有許多到現在還是存在着。當需要引誘人類另起爐竈，人類就在城市中着手進行，所謂城市代表二重的縱橫交錯的和公所(guild)有關的地方團體（鄉村團體）——爲了共同進行一種藝術或者手藝，爲了互相扶助和防守，方纔有公所。

在前兩章中，曾列舉許多事實，證明模仿帝國羅馬(Imperial Rome)而建設國家，雖然使中世紀的互相扶助制度，横遭夭折，但是這個文化的新局面（國家），仍不能歷久不變。一個國家，建築在散漫的個人集團之上，并且成爲這些集團的唯一結合物，是不適用的。互助的趨勢，最後打破了國家的嚴厲規則；再出現和再發展於許許多多會社之中，這些會社，現在有逐漸包括各種生活狀況，或者佔據全部人類生活的需要物和重新產生生活的消耗之趨勢。

我們或者可以說互助固然是進化要素之一，但是祇和人生關係的一方面有關；在這個雖然很有力量的潮流（互助）之旁，從前和現在一直另有一個潮流——就是個人的自我主張(self-assertion)，不特在他努力達到個人或者階級優勢——經濟的、政治的和精神的——之中，并且在他解除束縛的能力之中，這種能力雖然不甚顯著，但是更爲重要，而這些束縛極易凝固，而且就是部落、鄉村會社、城市和國家加諸個人的。換言之，就是另有一個可稱爲進步要素的個人自我主張。

這兩個重要潮流如果不經分析，那末進化論的批評，是不完備的，這是已經很顯明的了。但是個人或者個人團體的自我主張，牠們爲求佔優勢的奮鬥，和從奮鬥而生的結果，自古以來，已經分析、描述和讚美過了。眞的，截至現在爲止這個潮流已經受到史詩家、年表作家、歷史家和社會學家的注意，以前所著的歷史，差不多全是描寫神統政治、武力政治、獨裁政治和富人政治怎樣提創、設立和維持的方法。這些勢力的衝突，實在是歷史的重要部分。所以關於人類歷史中個人要素的知識，我們可以認爲當然的——雖然仍有餘地可以照上述方法，將這個題目再行研究；而在另一方面互助因素可以說是完全給人們忘卻；現在和過去時代的著作家，對於互助因素，不僅否認，或者竟加以嘲弄。因此，第一件要事，就是要表明這個因素在動物世界和人類社會的進化中所佔的重要地位。我們完全表明這個地位之後，方纔可以進而比較兩個要素。

用許多類乎統計的方法，來約略估計牠們的重要，顯然是不可能的。一件戰事——我們都知道——可以生出當時的和後來的禍患，牠們的量，比互助主義自由行動經過幾百年所生的利益，還要廣大。但是在動物界中，進步的發展是和互助攜手並行的，而種族中之內部奮鬥是和退化的發展並存的；但是講到人類，在奮鬥和戰爭中的成功，是和衝突的民族、城市、黨派或者部落中互助主義之發達程度，成比例的，幷且在進化的過程中，戰爭（限於進化中所達之程度）是有益於氏族、城市，或者宗族中互助的進步終點的——互助是一個進步的要素而且勢力很大，我們已經知道了。但是我們也知道互助的實行和牠的連續進展，造成一種社會生活情形，在這個情形中，人類能夠發展他們的美術、知識和智慧；互助趨勢最發達的時代，也是美術、工業和科學最進步的時代。的確，我們如果研究中古時代的城市和古代希臘的城市二者的精神，便知道公所和希臘宗族所實行的互助，和個人或者團體因聯合主義而得到巨大的創始才，結合起來，就產生人類歷史上兩個最偉大的時期——古代希臘城市和中古時代城市;後來歷史上發生國家時期,上述城市制度就很迅速地瓦解和毀滅了。

至於突然的工業進步,就是因工業主義和競爭的勝利而發生在本世紀的,牠的來源更加深遠。十五世紀的著名發現物——經發現,尤其是自然哲學歷次進步所贊助的大氣壓力——而這些發現物是出現於中古時代城市制度之下的——這些發現物,一經發現,那末蒸汽馬達的發明和征服一種新力(蒸汽)所引起的革命,一定是隨之而來。倘使中古時代的城市,能夠目覩彼時的發現物達到這種程度,那末因蒸汽而產生的革命之倫理結果,或者是不同的了;但是在藝術和科學中的同樣革命,是一定發生的。自由城市瓦解後發生的工業衰敗,在十八世紀初葉,尤其是顯而易見,對於蒸汽機和後來美術革命的出現,是否受到妨礙和延誤,仍是一個問題。當我們一想到自第十二世紀到第十五世紀中間的工業進步的驚人速度——在紡織、鍊金屬、建築術、航海術——更想到第十五世紀末葉工業進步引起的科學發現物,我們必定要自問:當中古文明在歐洲衰敗之後,美術和工業也遭到凋零,人類利用這些發現物,是否受到延擱。利於工業革命的情形,既不是技師巧工(artist-artisan)的消滅,也不是大城市和牠們間交通的衰敗;我們的確知道瓦德(James Watt)費去二十餘年的工夫,方纔能使他的發明物合於實用,這種延遲是完全因為他在第十八世紀尋不到在中古時代佛羅倫斯(Florence)或者勃魯日斯(Bruges)兩處很容易尋到的事物,就是一種巧工,能夠將瓦德的計劃,在金屬中實現出來,並且能夠將蒸汽機所需巧妙的修飾和正確,給與這種計劃。

所以我們如果將本世紀的工業進步,歸功於各個對於全部的爭鬥,那末和一個人不明雨的原因,而歸罪於獻給偶像的祭品，兩方的推論方法，完全一樣。在工業進步中，正和其他對於大自然的征服相同，互助在大自然中的密切交通，是比互相爭鬥，更加有益。

但是互助主義的重要，特別是在倫理中，完全表現出來。互助是我們倫理觀念的眞正基礎，這是很顯明的了。至於互助意識或者本能的最初起源，無論人們所抱意見是怎樣——或者說牠起源於生物學的原因，或者說起源於超自然的原因——我們必須追溯牠的生存，直到動物界最初的時代；從這些時代起，我們可以追隨牠反抗許多相反的勢力而得到的連續的進化，經過人類發展的各階段，直到現爲止。就是常常產生的新宗教——總在東方專制國家和神權政治中互助主義衰微的時候，或者在羅馬帝國衰頹的時候——就是新宗教，也不過再確認那個同樣的原理。新宗教的最初信徒，是社會中最卑賤受蹂躪的下層民衆，在這裏互助主義乃是日常生活的必要基礎；在最初佛教或者耶教社會中，在靡拉維亞(Mararian)教派等等中，新成立的會社的形式，在性質上是和初期部落生活中互助的最好情形相似的。

但是回到老主義的嘗試，每實行一次，那個主義的根本觀念，也擴充一次。這個觀念從氏族擴充到家系，擴充到家系的聯合，擴充到民族，最後擴充到——至少在理想上——全世界人類。同時這個觀念也經過精鍊和琢磨。不論在最初的佛教中，在最初的耶教中，在回教的先知著作中，尤其是在第十九世紀及現時代的倫理和哲學運動中，完全放棄了報仇或者酬謝觀念這件事——以德報德和以怨報怨——慢慢地得佔優勢。勿報怨和寧施與兩個比較高尙的觀念，被稱爲道德的眞正原理，——這個原理比僅僅相等、公平或者正義來得高尙，而且更有助於快樂。人類之被激動，一由於愛好——這愛好總是個人的，或者至多是部落的——二由於每個人都覺得和別人完全一致的觀念而人類的行動也是受這兩件事指導的。在互助的實行中（這件事我們可以追溯到進化的最初發端），我們可以找到我們的倫理觀念的明確無疑之來源，而且我們能够肯定地說，在人類的倫理進步中，互相扶助——並非互相爭鬬——佔着重要的位置。在這個廣大的範圍中，就目前而論，我們也能看見人類更高尙的進化的最好保障」。

社會合作（註三八）

「我們的題目是：在社會的過程中，有一個性情很異的要素，和純然的爭鬬（就是極端的自我主張）——外部已經社會化且承認合作的私利之自我主張——同時發生。這個要素，我們叫做合作或者教化要素。這個要素所引起的趨勢，在有意識的合作或者教化意向發現之前，已經顯出。那個有意識的意向會發現的，並且會逐漸確定和強盛。有些意向的目的不在自己，而在這個要素所活動的社會之中。這個社會逐漸地擴大，有的人專心一致力於幾個目的，這個主義他們以爲是比他們自己更偉大。他們稱這些目的爲「國家」、「人類」、「科學」、「美術」、「文字」、「改革」和「上帝」。這些人並不是個個去增強我們所講的合作情緒，但是有幾個人確是去增強牠的。在羣衆之中，合作精神逐漸地傳開。有幾個人以爲生活的目的在他們自己以外，更有更多的人以爲他們的生活目的有一部分是在他們自己之外。不論他們是否知悉，興趣的轉移或者分裂，是爲了個人以外的許多人的利益而起，等到這個轉移或者分裂達到最高程度，就變成爲了全部人類的利益而起了。

那末我們可以說在社會的過程中，一個逐漸地變爲更有意識的、集合的、合作的和教化的目的之要素，是有累積的勢力的。人們對於自己興趣的觀念，是逐漸地和一般興趣互相適應。集合的目的，人們以爲和個人的興趣是毫無關係的，或者至多視爲回想或者副想（by-thought），實則在生活戲劇中是很重要而且勢力很大的。依照這個合作要素來分析社會過程，是和依照奮鬬要素所用的分析，是一樣不可少的。

換一句話來說，我們所見的社會過程，不特是個人努力求達自己的全部滿足，並且是他們努力實現自己以外和因而很有價值的社會狀況兩者的產物。第二個要素在社會過程中的實在和重要，以前從未得到相當的注意。當人們的經驗逐漸成熟，這個要素的運用，就包括和指導爭鬬要素的動作」。

社會的和諧（註三九）

「所謂和諧，並不是等於建築在完全遏制上的安寧，這件事大家應該明瞭的。我們極容易認個人的道德自制，認良好的政府爲維持治安。但是不論在那一件，根據於遏制的安寧並不是和諧。被遏制的衝動，仍舊存在着，且是內部衝突的根源。這個衝動，或者可以用持久的遏制來打消牠，但是現代心理學家曾經列舉理由，以爲這個衝動即使消滅，仍舊容易改變了形式重行出現，或者變爲一個根深蒂固的部分之中心點，在我們有意識的生活之下活動着，並且產生惡劣的結果，或者係心理上的或者係身體上的。但是仍舊有許多衝動，和人類是不能妥協的。用我們的標準來說，對於這些衝突的妥協，是和我們永久的感情之重要傾向，極端不符的。除去了牠們，我們天性的剩餘部分，仍不能得和諧。容納了牠們，又得不到一致。我們決不能臆斷地否認牠們是這樣的。有許多衝動是極壞的，就是所謂生來的惡行，有時我們爲了要進天國，不得不割下一隻手或是一隻脚。換一句話來說，我們天性中或許有很厲害的不和諧，我們不得不接受牠們，正和我們不得不接受外界的不利情形一樣；我們的目的，僅在乎儘力減少不良結果。但是我們可以說，倘使一個衝動能受指導而合於我們不得不接受的需要，或者就此節而論，那末遏制衝動，是一個非必要的不和諧。遏制一個主要的衝動，和約束衝動借以表示自己的暫時欲望，是大不相同的。倘使一個主要的和不能除根的事物一直遏制着，那末就有一個永久的不和諧。翻轉來說，倘使主要的需要，能够在一致的生活中，得到滿意的表示，那末就有一個和諧的個性在發展着。同樣的原理，也可應用於社會的關係。要維持安寧，或須用着一些遏制，並且有時是必須用着的，不過假使所遏制的是屬於一羣人的眞正的永久的需要，那末仍舊有一個固定的不和諧。假使這個被遏制的需要，在不損及其他不得不承認的需要之原則下，也可以承認的，那末這個不和諧是非必要的，所以是錯誤的。社會的發展，和個人的發展相像，就是牠依照一個一致的工作計劃，代主要的需要獲得滿意的表示，而這些需要係屬於全部人類的，並不是屬於幾個人的。在這種情形，遏制當然是等於不和諧，有時我們碰到特殊的情形要使這種情形和我們要保存一部分的和諧互相調整，而不得其法，就不得不受到遏制，而這種遏制方纔是正當的。和諧是一個柔和的原則，能够改造而不能毀滅。

我們的感情和努力的內部和諧，依照我們制服自然界情形的外表程度而顯示出來。在每個滿足的衝動之中，我們完滿我們天性的一部分。如果這種完滿常常使我們失望，實在因爲我們天性自己先不和諧，所以我們所得到的就是我們所損失的。這個不和諧，或者再加上物質世界有許多偉大的權力之幻想控制着人類成功的悲觀意見，而這個意見使人們欲得幸福必須放棄成功而在自己中求之。但是在這裏我們又約略論及個人和集團觀察點之對比。個人可以自動地放棄一切，而爲人類之幸福服務，但人類全體又何必放棄一切呢？似乎祇爲了兩個原因之一。第一，目的和興趣根本上是矛盾的，但是和諧一經找到了，這個矛盾的現象也就沒有了。第二，人類如果出於自願，儘管在一起工作，但是自然界的行爲——一生的重大事件，身體所受之痛苦，親友的死亡，人類進步所受到的物質限制，和上帝一言所定的不可攀登的障礙——對於他們實在是太苛刻了。關於這個問題，我們的回答是：人類的力量自己能够加速地擴大起來，又合作心倘使勝過了分散力，那末我們決不能憑空斷定自然界情形控制的範圍。如果人類以爲全部是能達到和諧的，那末將來人類生活究竟怎樣，我們難以預料。在歷史上有許多好人要想達到許多目的，而這些目的的大部分是有益的，但是歷史是充滿着這些目的的爭鬬的。假定每個目的的善良部分能够了解自己的意義，那末這些爭鬬自然消滅而發生穩固的合作以代之了。在這樣情形之下，所謂世界，或者和我們現在所知道的，大不相同，這是有理由而可以肯定地說的。社會哲學的工作，就是闡明這個見解。我們抱一種觀念，就是愉快生活的要素，在乎人類能力的和諧實現，那末我們不得不去求得怎樣達到這個觀念的條件。關於法律、風俗和制度，我們應該就牠們（一）維持不論何種社會生活，（二）維持或者提創和諧的生活兩件事的功用，去研究牠們。這個觀念完全是實驗的，而這個實驗既要證明上述觀念的正當，務必在練習中

實行之』。（註四〇）

社會化

社會化是指同伴間同情心（we-feeling）的發展及他們合作能力和意志的滋長。這個過程受到各種條件和情形的束縛，而且對於從來沒有個人接觸的人們和原始團體的團員，是大不相同的」。

實況的初期印象

『同一地方的人們，對於各人從物質環境得到的一致的初期印象，是大家互表同情的。他們並不是要互相親愛——除非他們在遠鄉患着思家病而互相碰着——但是他們在挑選異鄉人和同鄉人的時候，他們總是選中同鄉人的。間歇發作的但不爲人注意的印象，好似組成個人經驗的穩固背景。當人們發覺大家有同樣的背景，他們就快樂而結合起來了。

在昔日美洲殖民時代，賴以維持團結移民之心的，是他們共同經歷的事實——在嬉戲和集會時候的高度快樂，以及洪水、旱荒、大風雨、牧場火災、印第安人暴動等所引起的痛苦和憂慮。倘使外國人和土著移民雜居一處，這些經驗使兩種人互相發生同情，後來大家交換思想，更使他們同化起來。第十八世紀的非英國移民，加入美洲殖民地，他們的同化速度，倘使住在和印第安人常生衝突的邊境，比成羣住在安全的濱海地帶，要迅速得多。

廣博的情緒能够擴充人們胸襟物的能力比下壓的情緒爲大。在難得的時機——就是人們脫離狹窄的環境，而得到廣大的眼界的時候也就是人們得到自由的前進的生活之精美異常的意識的時候——同情心就出現了。改變信仰就是這種經驗而這種經驗應在勢力更大範圍更廣的同情和友好中表現出來。

當俄國第一次革命的初期，人民完全忘卻惟我主義。素不相識的人，一朝遇見大家談話好像老友一般。在牛奶店中顧客飲奶之後，將應付代價留置桌上而去。就是最難看的男人也知道自己踏到路邊濕雪之中，讓路給婦女孺子先走。「偉大的光明的善意，好像波浪從街道流到城市中的各人家。一個民族有時會遇着巨大的奇事，而善意便是這些奇事之一」。「人類本埋藏着友愛的偉大力量而善意便是這個力量的驚人的表示」。但是善意不久便消滅了，因爲目的和觀念在在不同，也是很有力量的啊。

公共的困難，危險和虐待，能使對於這些事物有同樣反應的人們社會化，至於公共的獲救，成功和勝利，也有這樣的能力。對於一個趣旨所生的不同反應，能使人們分離，例如殉道者和背教者，奮鬭者和懶惰者，反叛者和畏縮者，兩者之間，必定有不相容性。能够互相結合的人們，並不是在同樣狀況之下的人們，而是在同樣狀況中有同樣思想和動作的人們」。

聚餐

「在野蠻生活之中，在一起同進飲食，已是恢復感情和鞏固友誼的好方法，因爲在一起同進飲食，確能產生和藹的廣大的心境。古代鄉村社會對於這個方法極爲重視，所以每個可用的機會——例如紀念祖先、宗教儀式、農事的開始和結束、生辰、結婚和葬儀——無不儘量利用，使同村的人在一起同進飲食。就是在目下，我們爲聯絡感情或者使人加入一種慷慨事業起見，也請他人來參加宴會。的確，聚餐有象徵的，或者竟是神秘的意義，而我們對於許多人或因種族關係，或因地位關係本來不願親近的，當然更不願和他們在一起同進飲食了。

在一個有秩序的大家庭之中，每個人對於別人，常常求互相適應，經過這種訓練之後，所有生來的利己主義，就逐漸消滅。所以在能得到人心能領導羣衆的人們之中——政治家、勞工領袖、傳教教士、發起人等——有許多是和兄弟姊妹在一起長大的，而沒有養成孤獨的習慣之機會的」。

一個人加入了持久的獨有的機關，他的惟我觀念自會消滅。公共名字，臨陣吶喊聲，或者旗幟，都表示一個羣衆的一致，後來變成一個獨立的情緒中心點，好像一個充滿電氣的萊丁蓄電瓶（Leyden jar）。一個羣衆因爲牠的特殊的旗幟、顏色、口號、歌曲、節期和紀念日，就含有人性（personality）並引起一種愛好，而這種愛好，和對於羣衆中各個會員的愛好，是不同的。這些對於感情的刺激物，不特國家和教會是要收集的，就是專門學校、政黨、教派和同志會等，也要收集的。

從一個公敵的仇恨和攻擊，會生出同情心。男孩們的結黨，就是這樣的，這些黨惟有在黨員互相效忠的時候，方能勝過他黨的壓迫。所以效忠的精神，實在是這個黨產生的，而這種精神係大多數社會關係之基礎。

上面所講的社會化的要素，很有幾分相像。有些人覺得有許多重要地方是一樣的，並且有重大的經驗、感情，或者所有物，是相同的，那末這些人之間就發生同情心了。所以吉定斯(Giddings)教授曾經說過，人類藉以團結者，同類意識而已」。

利害相共

「但是社會化的要素，並不是限於相似的認識。異類之物，如果對於我們常常是有益的，我們會被牠們吸引過去，相類之物，如果對於我們成爲障礙，我們也會疏遠牠們的。換一句話說，利害相共，是傾向於社會化的。興趣發生效力，不像同類(likeness)和異類(difference)兩者這樣迅速和劇烈，但是如果時間寬裕，牠所生的效力也很大的。

對於重要事件的誠意合作，是一個很大的社會化要素。在共同主義之下的奮鬪者，會很快地發生同情心。「同志」二字的魔力，是很大的。人們爲強烈的共同感情——畏懼、憂慮、悲傷和快樂——所鼓動，並肩和一個公敵奮鬪，久而久之，大家變爲很親愛了」。

社會化和衝突（註四一）

「衝突能夠產生或者改變利害相共，聯合和組織，所以有社會學的意義，這個在原則上從未有人爭辯過。但是從另一方面來講，如果有人要問：衝突本身脫離了牠的結果或者附屬物，是否是社會化的形式之一，在普通人看來，這問題似乎有些奇耀了。初看起來，這問題僅是一個言辭上的問題。倘使人類中每個反動，都是社會化的，那末衝突自然也是社會化了，因爲衝突是最劇烈的反動之一，而且如果祇限於一個要素，在邏輯上是不可能的。實在有分離力的要素，是衝突的原因——仇恨和嫉妒，貧乏和欲望。假使衝突是從這些衝動發生的，這實在是消除二元和達到統一之方法，有是竟須完全消滅二元之一，方能達到這個目的。這個情形，可用疾病的最劇烈症候來說明。這些症候常常代表生物急求脫離疾病和損害的努力。這件事並不是平凡的——欲求和平，必先武裝——而是一個廣大的概論，上述的情形便是這個概論的一個特例。衝突本身是相反物之間緊張形勢的排解。衝突的結果，便是和平，由此可知衝突乃是許多要素的會合——對抗——而這個對抗和後來的聯合，同屬於一個更高尚的觀念。這個觀念的特點是（一）關係的形式，（二）要素間的漠不相關二者的對比。社會關係的否認和取消，也是消極要素，但是衝突如果和牠們作一對比，就顯出衝突是一個積極要素，就是說衝突顯出一個單位中的消極要素，而這個單位，在理想上而不在事實上，是分離的。但是在實際上，我們更應該說，不論是歷史上的眞正統一，或者就狹義來說，其他聯合要素，都包含原來反對統一的要素」。

從上面的討論看來，我們已經在互相衝突的雙方中，找到了許多種統一；相反和調和的混合；一方建築於他方之上；雙方的交相限止和鼓勵。和這情形相同的，是奮鬬在社會學上的更加重要，就是奮鬬的影響及於雙方內部組織者，而非及於雙方間的關係者。日常經驗，顯示衝突是怎樣容改變衝突的雙方。除掉牠對於雙方產生使偏曲的或者使純粹的，使柔弱的或者使增強的結果外，這個改變發生於衝突所引起的最初條件之下。衝突的急迫，需要內部的改動和適應。德國言語，對於這些內含的改動，供給一個非常適當的簡單的公式。奮鬪者必須專心一致；就是他的精力應該同時集中於一點，使他隨時可以用於要用的地方。在太平無事的時候，他可以有更大的自由；就是他可以隨意用他的本性的能力和興趣，不論用在什麼地方，而且用的時候，並不互相牽制着。但是在攻守的時候，這隨意使用的結果，因爲各個衝動的相反勢力，變成浪費精力，更因爲每次須聚集和組織這些衝動，而變成浪費光陰。所以在這種情形，一個人爲了進攻或者防守起見，不得不採取集中方式。一個團體，在相同的地位，也需要形式上相同的行動。集中的必要——就是各要素的強有力的動員，而這動員能單獨地擔保各要素可以應付一切而不浪費精力和光陰——在衝突中是不可避免的，所以不必討論。一個團體的專制制度和好戰趨勢，其間常常發生反動，而這反動是根據形式上的理由的；戰爭需要團體式的集中努力，而這種努力惟有專制最易擔保。從另一方面來說，假使這件事發生了，那末團結一致的精力，很容易找到一個最自然的出路——對外作戰。這個相互關係，老是這樣一成不變的，所以可以用牠的相反物來說明。住在格棱蘭(Greenland)島的愛斯基摩人(Eskin.os)是相信無政府主義的民族之一；他們並沒有什麼酋長。在捕魚的時候，他們多少服從最有經驗的人，這是的確的，但是這個人沒有什麼權力，倘使有一個人脫離了團體的事業，也沒有什麼方法可以阻止他。聽說這些愛斯基摩人，如果發生爭端，他們的唯一解決方法，是歌唱決鬪。假使相爭的一方，以爲遭到他方的損害，他可以自編諷刺詩句，再約集衆人，當場高聲誦讀這詩。於是對方照樣答復。因此在這裏沒有好戰的本性，也沒有政治的集中。所以在團體的機關中，除掉消防隊之外——消防隊應付之事變，是始終一樣的——要算軍隊的集中程度，最是厲害。在這種機關中，因爲中央當局的權力是毫無限止的，各個體的獨立行動，是完全不可能的，而從這個權力產生的衝動，在團體行動中，其活動力是始終不會減退的。聯邦國的特點，就是在戰爭時候的號令統一。在別的事情，各邦都是獨立的；而在軍事上，倘使要維持聯邦關係，這獨立是不可能的。所以最完備的聯邦國，可以說是一個國家，在對外關係上——尤其是軍事——係一個絕對的單位，而在各邦間的相互關係上，各邦是完全獨立的」。

社會關係的形式(註四二)

「在社會關係中，最重要的形式，是領袖和門徒間的關係，就是上司和下屬間的關係。這種關係是社會化的形式之一，沒有了牠，社會生活是不可能的——並且是支持團體統一的要素。尊長和隸屬，是社會學用以表示人類心理上不同之點的名詞，不論什麼地方，這兩個名詞聯在一起，其間的關係，多少是明顯的。

上司和下屬間的關係，似乎常係單方運用的。好像祇有上司是有權威的，而下屬祇有服從的分兒。但是下屬並不是純粹的被動者。下屬也有一種左右上司的勢力，因爲上司和下屬間的交互作用，所以在兩者間的關係上，一方做了上司，一方便做了下屬。上司和下屬間的關係，係個人間一種交互作用，所以是社會化的形式之一。這個關係，對於下屬總多少給以獨立和自生(spontaneity)。在上司和下屬間的關係中，有數起下屬的獨立和自生範圍是大的，有數起則是小的；但是從來沒有完全缺乏的。就是在最壞的專制中，下屬仍有選擇服從和懲罰之權。這個選擇權給與個人的慰藉固然很小，但是仍表示倘使下屬不積極參加，上司和下屬間的關係是不能成立的。下屬的服從並非完全被動的，但是也有積極的方面，而結果所成的關係，是社會相互作用的一種。

所謂權威，也需服從者的積極參加，而其參加的範圍，也比普通假定的爲大。稱一個人爲權威，就是說他的批評和決斷有一種正確和無謬，這種正確和無謬原來祇屬於全稱的定則和邏輯的推論的。這個權力成立之方法，共有兩個。第一，權威之成立，由於一個上級人員使其下之羣衆，對於他的意見和決斷生出信仰和信任，後來羣衆就以爲他的意見和決斷是有客觀的效力了。在變成權威的時候，他的分量的重要變爲含有客觀的地位的一種新性質。第二，權威之成立，由於經過一個不同的手續。當一個超個人的機關——例如國家、教會或者學校——將決斷權和品格給與個人，權威就成立了，這個決斷權和品格，個人如果專賴自己的個性是不能引起或者得到的。在第一個例子，權威是從個人發展而來的，在第二個例子，權威是從外界而到個人的。但是不論在那一個例子，倘使沒有服從權威者的積極信仰，這個變遷是不會發生的。個人的價值，一變而爲超個人的價值，完全是信服權威者所造成的。權威是一個社會學的產物，是需要下屬的自生的和積極的參加的。

上司和下屬間的關係，另有一個變形，就是用「威望」二字所代表的關係。但是這個關係，並不含有超人的(superpersonal)要素。因此就承認一個人的威望之羣衆而言，他們自生的積極的參加，更加顯而易見。這個關係是社會化的一種，包含有關係的各要素間交互作用，正和別的上司和下屬間的關係一樣。

上司和下屬間的關係，可分爲不同的三種。所謂上司，或者是個人，或者是團體，或者是客觀的主義——社會的或者理想的超個人的權力。

接受指導和服從權威，並不是造成社會統一的唯一相互作用。各要素間的衝突和反對，有同樣的功用。牠們對於社會化的全部過程也出過力，所以我們應該就那個功用來加以研究。

衝突能够產生或者改變利害相共，聯合和組織，所以有社會學的意義，這個在原則上，從沒有人爭辯過。這個社會學的意義，是從衝突的結果和附屬物給與衝突的，除此之外，衝突本身也有社會學的意義，因為衝突是個人間積極的相互作用，因此便是社會化的一種。

社會化的解散和取消，都是消極的，而奮鬬和衝突則有積極的社會學的意義。因為不同的主觀衝動、需要、願望、嫉妒或者仇恨，要素間就發生反抗。但是反抗一經發生，眞正奮鬬和衝突的功用，是征服現有的二元而達到一種統一，欲達到這個目的，就是犧牲雙方之一，亦所不惜。衝突本身不過是兩個要素間緊張形之解決。衝突的最後結果，便是和平——或者是調整，或者是順服——換一句更明白的話來講，便是要素間的特別調合。這和平是一個更高尚的觀念，包括並暗指聯合和反抗。

緊張和抗拒之積極的社會學的功用，在社會構造中——階級政治——最是明顯。印度的階級的來源，並不完全是各個階級內部分子的聯絡，一半也是階級間的互相抗拒。階級間的互相反對和仇視，使階級的界限不能逐漸消滅，而且對於現有制度之保存，是一個積極的原動力。但是反對的功用，不僅是保存全部關係。在許多社會化中，反對是關係的整個部分。這個可用某種關係中之反對、嫌忌和厭惡的功用來說明之。

在一個會社中各個位間的反對，不但是一個消極要素，並且是維持會社的唯一方法。假使沒有牠，會社是不能持久的。反抗虐待的權和力、自尊心、和缺乏機智在一方面保護個性的完全，在另一方面維持各個位間的關係，否則這個關係要分解了。那末反對不但是保存關係的方法，並且是關係本身所有的具體功用之一。嫌忌和厭惡係反對的最近主觀形式之一，在別種社會化之中有同樣的用處。

雖然反抗單獨地不成爲社會化，但是在人類會社中，牠是一個積極的社會學的要素，而且總是存在着的。我們可以依照社會化內統一和反對兩種趨勢之比例，將社會化分類排成行列。有許多衝突是沒有社會化的統一趨勢。一個刺客和受害人的衝突就是一個例子。當這種衝鬬實行的結果，是完全滅絕，那末統一的要素也消滅了。但是在這種情形之下，相互作用的觀念，實在已不適用，因爲所謂滅絕，係指相互作用的一方已經滅亡而言。從另一方面來講，我們一想到或用到強暴，就有一個社會化要素活動起來，不過其功用衹在抑制耳」。

社會的進步(註四三)

「最初，變化的觀念是不十分明瞭的。自從康德(Auguste Comte)和斯賓塞(Herbert Spencer)二人之後，有許多人養成了不加思索以爲進步就是進化之習慣。但是進化——下面我們就要知道的——完全是沒有對於進步的擔保的，因爲進化不一定是轉好的變化。依照進化論的假定說，進化的重要部分是適應環境，而這種環境很容易引起轉壞的變化，正和牠們引起轉好的變化一樣。變化本身是不能無變動而繼續存在；是不能維持同樣的性質或者關係。所謂變化，僅指這個不同的——不論在何種意義——過程而言。進化也是這個意思，不過再加上一個觀念就是（一）在這個過程中後來的變化，因爲直接的表原因的關係，是從以前的變化而來的；（二）後來的變化是果以前的變化是因（三）在原因上互相連貫的許多事實代表這些事實自始就有的固有力量（或者可能性）的展開或者顯示（就是進化）。

「進化」似乎是一個名詞，介於「變化」和「進步」之間，「變化」是空洞的和無意義的，而「進步」則是一個很審愼估値的主觀的概念。但是「進化」決不是「進步」的同義字，所以在人類的理想中，決不能擔任同樣的任務，有許多人以爲如將這個字起頭用大寫字母，不特可以擔任這個職務，並且可以代替上帝（divine providence），惜和事實相反耳。

上面已經說過，「進步」是指轉好的變化。牠是主觀的，因爲含有這個意思——說者對於一個變化，就是他叫做「進步」的——已經達到一個價値評判（value judgment），並且稱牠爲轉好的變化。所以「進步」並不是單純的變化，也不是指固有力量的整齊開展所引起之變化（例如進化就是這樣的），實是指轉好的變化。

倘使有人要問：怎樣叫做「更好」？我們可以回答說：「好的更加多」（more of the good）。倘使一定要問：怎樣叫做「好的」？我們就遭到困難了，就是社會學家、倫理學家和哲學家都不能幫助我們脫離這個困難的。

因爲地位關係，我們在這裏不能有一個適當的說明，但是爲了避免一個似乎否定的結果起見，在下面幾節裏，我們借用三個分程序（sub-process）來說明社會進步，當我們考慮生活本身而欲決定人類所追求的「好的」

究竟是什麽，這三個分程序是很顯著的。

第一，人類是想法怎樣去利用他們的自然環境。松納（Sumner）著民間習俗（Folkways）一書的第一句，很是動人，可以在這裏引用：「生命的第一件工作是求生活」。這件工作，不特是最初的工作，而且是主要的，常常碰着的工作。所以這個運動的大部分——就是進步——一定包含怎樣更完備地利用自然界物質和力量的各種方法。這個就是含義最廣的「生產」。這種利用環境，是人類生活中主要的程序，和其他下級動物是完全不同的。人類不特使自己適應環境，並且使環境適應自己，適應的程度，利用發見物和發明物，更利用人類獨有的能計畫的能調整的抱目的之知識，會愈趨愈高。

這些成就的總和，借用華德（Ward）所取的名字，叫做文明。文明對於人類進步的根本的重要，變成馬克思社會主義(Marxian socialism)用來說明歷史的經濟解釋的根據——這個解釋就是地理定數論者（geographic determinists）(註四四)的武斷之見——也變成松納和他的門徒注重維持風俗(maintenance mores)之根據。(註四五)人類一定要應付生活的自然界的情形，否則在天擇(natural selection)之下死亡，正和其他生物一樣。這種應付所得到的成功程度，規定一個範圍，在這個範圍之內，別的活動——比較不十分唯物的——可以發生的。一個社會團體，倘使牠的生產效率很低，所以必須用牠的全部光陰和精力來解決求食問題，那末這個團體所得到的「好的」，除掉能够直接幫助求生的之外，或者除掉偶然遇到的而不損及求生工作的之外，沒有別的了。這個題目，就其最極端的最簡單的形式而言，是一個單純的不辯自明的事實，原可以不必記載下來，不過在許多會社中，食住不成問題，人們因此有暇時在粗心觀察者所忽略的低微基礎之上，建造一個更大的更高尙的文化，在這些會社中，這個事實常常不爲人們所注意，故不得在這裏提及一聲。但是有一個老問題，一直在生活的基礎和中心點，而這個問題很是緊急，所以在利用（utilization）所需的助力一項下，我們一定要提及許多進步所需的要素，例如強壯的體格、完善的康健、清晰的腦筋、對於物質和自然界勢力的知識、改良的工具、改良的工藝學方法、工業組織，總而言之，和許多事物，就是能使人羣產生有經濟價値的貨物和服務的，換一句話來說，就是使人羣順應環境，更使環境順應人羣。

第二，人們對於分配（distribution）都很爲注意，這個分配，不但是經濟的，並且指含義最廣的社會分配。所以進步的大部分，不但包括出產物的公平分配，並且包括由分配出產物的手續產生的社會關係。就是說，這個分配問題，依照社會學而論，決不是僅僅分配有經濟價値的事業、貨物和服務。這個問題差不多是——雖然不十分是——分配出產人的問題。換一句話來說，生產的過程生出許多關係，例如生產人和他的工作之間的，一個生產人和其他生產人之間的，生產人和他的出產物之間的。佔據這幾個地位者，多少必須參加勞苦的工作、權力的執行、和利益的享受；這種參加，可說是生產手續的重要部分，而這個手續又含有廣大的社會的意義。每個人類團體的工藝，包括一個很顯著的很廣大的利益等級。所以對於一切人們，這個是很重要的——生產物因應公平分派，就是和生產手續同時發生的職務、機會、快樂和榮譽，也應公平分派，因爲這四件多少直接地生出知識、文化、風雅，就是個性也是大部分從此產生的。爲了避免誤會起見，這個過程，可叫做平衡。

上面所講的，使我們得到一個結論，就是進步根本上是一個平民運動，因為平衡用在這裏，在牠的更廣大的更重要的狀態下是和平民政治的意思相同。這樣看來，進步包括各種趨勢和運動，而這些趨勢和運動的功用，在乎平衡教育的和眞正平民化職業的預備之機會，由此打消目下最苦工作和最低工資間的惡劣關係。進步也包括（一）許多勢力這些勢力攻擊私人的專利，不公的特權，和無限制承繼養成之世傳的社會的寄生主義；（二）社會的法律，這些法律的目的，在乎重行分配生來的和人為的貧苦人們之負擔，使經濟上柔弱的人不受生活變化——失業、不測、疾病——的影響，更利用科學和人道主義，使不合於生存的人們也合於生存。社會的分配手續，另有一個重要的要素，就是使誠實的有用的職業都受到人們的重視，但是這個要素歸入下節，比較適當些。

第三，我們現有的進步觀念中，有一個重要要素，就是估值的滋長。估值用在這裏，含有尋常的意義，就是估量事物價格或者價值，和從優良貴重和相對的重要之觀察點了解經驗。（註四六）我們的意思是說，無論那一個人類團體的進步，用「利用」和「平衡」二者決不能完全表明無遺，因為估有許多貨物或者牠們的公平分配，對於人類的幸福，如果和適當地估量這些貨物的價值或者聰敏地享受這些貨物比較一下，則前者沒有後者那般重要——總而言之，就是估量全部過程和過程中各要素的價值。假使有豬一欄，都一樣吃飽，一樣梳刷，一樣寢臥，或者有幾分可以達到進步的「利用」和「平衡」，但是決不能作為一個進步的人類社會之象徵。我們的社會進步的觀念無論牠包含什麼別的意義，一定包括下列三個意思：（一）增加的利用，（二）生活所需貨物之公平分配，和（三）有益於這些目的之東西。

如果我們要指出幾個可以歸入第三類的特殊東西，就立刻知道要說的都屬於精神方面，就是理智的、審美的、道德的和宗教的價值。因爲牠們是幸福的最豐富最持久之來源，所以沒有一個進步論敢忽略牠們。又一個完全物質的進步觀念，不論牠所允的甜蜜怡悅之滿意是怎樣，祇就牠的條件和精神而論，所有人性（human）總比上述諸價值要少些。屬於這一類的特殊例子，是求知的科學方法，美術的欣賞，愛好高尚的社會關係，哲學和宗教的安慰。一個適當的進步論，不會忽視這些「貨物」，而這些「貨物」是供欣賞的，而非供消耗的；一個完全的人類幸福觀念，應該讓出地位，以便容納信條和信仰，以及人類經驗之顯著的幻想。（註四七）

利用、平衡和估值三者，依照上面所下之定義，是三個社會過程，這三個過程合併起來，做成一個更大的範圍至廣的過程，叫做社會進步。進步既是一個社會過程，當然是形形色色，分門別類，多至不可勝數的。但是我們如果細察一下，就能發見這些種類的行動，都有多少一定的方式，而這些方式在人類團體中，常常發見，所以可以叫做社會過程。這些過程似乎又可分成上述的三大類。

在這三大類之中，「利用」是關於可量的物質的東西，而且是最不容易引起爭端的。「平衡」比平均貨物的粗鹵要求要複雜得多，但是仍舊可以用明晰的言詞來表明牠。「估值」在這三個過程中，最是詭譎，而且不論在有人性的或者無人性的意義，差不多是最重要的。所以在這個過程中發生的爭論，是最多，最激烈，而且最不易解決。正在這一點，我們客觀地解釋進化的努力，遭到毀滅的最大危險。這個危險更爲深刻，因爲平衡過程本身（利用過程姑置不論），一部分一定要受從估值所得的觀念和標準之指導和評判。

話雖如此，我們相信在我們造成社會進步的時候——就是社會轉好的時候，「好的」來得更多的時候——人類的形形色色之企圖，必定沿着這些努力的重要方向前進，我們就有（一）更多的好東西（二）關於什麽是「好的」之更明晰更眞實的觀念（三）給與一般人們的且有兩種形式的更大利益」。

討論要目

（一）魏哥怎樣是社會學的始祖。

（二）魏哥的螺旋的進步學說。

（三）格羅休斯的國際概念。

（四）斯賓諾沙對於克制利已的衝動之計劃。

（五）生產者合作一部分失敗的主要原因。

（六）克魯泡特金對於合作論的態度。

（七）克魯泡特金的合作的個人主義。

（八）司馬爾所主張的興趣的性質。

（九）司馬爾對於最高度合作的定義。

（一〇）司馬爾對於目前社會基本的衝突之敍述。

（一一）司馬爾對於社會學的定義。

（一二）理事會中工業代表制的主要成績。

（一三）最古的社會集團。

（一四）人類行爲之最早的原理。

（一五）最早的合作方式。

（一六）辛美爾的社會化概念。

（一七）『社會協調』的概念。

（一八）『組織』的優點。

（一九）『組織』的弱點。

（二〇）開斯所敍述的社會進步原則。

附註

（註一）斯溫納（S. H. Swinny）著：魏哥傳（"Giambatista Vico"，見社會學雜誌(Sociological Review)一九一四年一月號，第五〇頁至第五七頁。

（註二）克魯泡特金著：社會進化中的互助論，一九〇二年，潘琪公司出版，第三頁。

（註三）克魯泡特金著：社會進化中的互助論，一九〇二年，潘琪公司出版第七頁；又克魯泡特金著：農田和工廠（Fields, Factories, and

Workshops),一九〇一年,[illegible]出版,第一章。

(註四)伯朗(W. R. Browne)著:個人與國家(Man or the State),一九一九年,胡伯許(Huebsch)出版,第二一頁,轉錄自國家之歷史的任務(The State: Its Historic Rôle),一八九八年,倫敦出版。

(註五)賴岡賀夫著:die Sociologische Erkenntniss,一八九八年,拉蒲錫克(Liepzig)出版,第二三節;參閱司馬爾著:社會學通論(General Sociology),一九〇五年,支加哥大學出版,第十三章。

(註六)賴岡賀夫著:社會學(Soziologie),一九〇七年,拉蒲錫克出版,第三頁至第一七頁。

(註七)賴岡賀夫著:die Sociologische Erkenntniss,一八九八年,拉蒲錫克出版,第二三三頁。

(註八)司馬爾著:社會學通論,一九〇五年,支加哥大學出版,第一九六頁。

(註九)司馬爾著:社會學通論,一九〇五年,支加哥大學出版,第四三三頁。

(註一〇)司馬爾著:社會學通論,一九〇五年,支加哥大學出版,第二〇一頁。

(註一一)司馬爾著:社會學通論,一九〇五年,支加哥大學出版,第二一七頁。

(註一二)司馬爾著:社會學通論,一九〇五年,支加哥大學出版,第三二五頁。

(註一三)司馬爾著:社會學通論,一九〇五年,支加哥大學出版,第三八九頁,又第三九〇頁。

(註一四)司馬爾著:從資本主義到民主主義的過渡時期,一九一三年,聯大學印書局出版,第二三章。

(註一五)卡佛爾著:社會學與社會進步(Sociology and Social Progress),一九〇五年,金恩書局出版,第九頁。

(註一六)伯列斯都著:社會的適應(Social Adaption),一九一五年,哈佛大學出版。

(註一七)伯列斯都著:社會的適應,一九一五年,哈佛大學出版,第九頁。

(註一八)柏格斯著:社會進化中社會化的作用(The Function of Socialization in Social Evolution),一九一六年,支加哥大學出版。

(註一九)柏格斯著:社會進化中社會化的作用,一九一六年,支加哥大學出版,第二頁。

(註二〇)鮑茄德斯著：社會心理學的基礎(Fundamentals of Social Psychology)，一九二四年，紀元公司出版，第十章。

(註二一)鮑茄德斯著：社會心理學的基礎，一九二四年，紀元公司出版，第二三二頁。

(註二二)洛斯著：社會學原理(Principle of Sociology)，一九二〇年，紀元公司出版，第二五七頁。

(註二三)洛斯著：社會學原理，一九二〇年，紀元公司出版，第三九五頁。

(註二四)洛斯著：社會學原理，一九二〇年，紀元公司出版，第四〇五頁。

(註二五)洛斯著：社會學原理，一九二〇年，紀元公司出版，第一二一頁。

(註二六)洛斯著：社會學原理，一九二〇年，紀元公司出版，第一三五頁。

(註二七)斯派克曼(Nicholas Spykman)著：辛美爾的社會學說(The Social Theory of George Simmel)，一九二五年，支加哥大學出版，第七九頁。

(註二八)斯派克曼著：辛美爾的社會學說，一九二五年，支加哥大學出版，第九五頁。

(註二九)斯派克曼著：辛美爾的社會學說，一九二五年，支加哥大學出版，第一一二頁。

(註三〇)辛美爾著：衝突論的社會學(The Sociology of Conflict)司馬爾譯，見美國社會學雜誌，第九卷。

(註三一)參考前章中關於涂爾幹的敘述。

(註三二)鄧尼爾著：Gemeinschaft und Gesellschaft，一九二二年，柏林出版。

(註三三)窩司(Louis Wirth)著：鄧尼爾的社會學(The Sociology of Ferdinand Tonnies)見美國社會學雜誌，一九二六年十一月號，第四一二頁至第四三二頁。

(註三四)霍伯豪斯著：社會進化與政治理論(Social Evolution and Political Theory)，一九一一年，倫敦出版，第一二七頁。

(註三五)庫勒著：社會過程(Social Process)，一九一八年，斯克列勃納出版，第三八頁。

(註三六)開斯著：社會進步是什麼？(What Is Social Progress)，見美國實用社會學雜誌，第十卷，第一〇九期至第一一九期。

（註三七）特許轉錄自克魯泡特金著社會進化上的互助論，一九二二年諾潑夫(Alfred A. Knopf)出版。

（註三八）特許轉錄自司馬爾著：社會學通論，一九〇五年支加哥大學出版。

（註三九）特許轉錄自霍伯號斯著：社會公道的原則 (The Elements of Social Justice)，一九二二年，好脫公司出版。

（註四〇）特許轉錄自洛斯著：社會學原理，一九二三年，紀元公司出版。

（註四一）特許轉錄自辛美爾著：衝突論的社會學，司馬爾譯，見美國社會學雜誌，第九卷第四九〇期至第四九一期。

（註四二）特許轉錄自斯派克曼著：辛美爾的社會學說，一九二五年，支加哥大學出版。

（註四三）特許轉錄自開斯著：社會進步是什麼？見美國實用社會學雜誌第十卷。

（註四四）道特 (Todd) 著：社會進步的學說 (Theories of Social Progress)，第九章。

（註四五）森納爾著：民俗論；開勒爾 (Keller) 著：社會的進化 (Societal Evolution)；又范卡爾特 (Fairchild) 著：實用社會學 (Applied Sociology)。

（註四六）讀者或許喜用『價值』這名詞，即庫勒教授在他所著的社會過程中引用的。

（註四七）參閱洛斯教授的社會制裁一書中關於『空想』(Illusions) 的一章。

第二十二章　心理社會學的思想

上面有許多地方說到心理社會學的思想。這種思想起源，可上溯到種族的最初時期。過去氏族中表現許多銳敏的心理社會學的觀察。無疑的古代文明中的領袖人物是認識了團體活動許多方面的心理性質。柏拉圖之著作很注重風俗和風俗之模仿，而視之爲社會力。亞理斯多德觀察到公有財產未受大衆的注意的，以及宣稱賢明政治之基本測驗法表現於人民對於公衆職務之態度時，也表示他是了解人類社會心理的性質。在他的社會態度的學說中，亞理斯多德對於心理社會學的思想有很明顯的貢獻。

識耳分析了人類行動的原因。他是一位有價值的社會心理學家，他極力主張在沒有了解犯罪行爲的原因時，以及在沒有想到如何改除養成罪犯的社會原因時，是不能貿然予人們以刑罰的。波當（Bodin）發揮一個興趣說，以解釋社會進化。他將人類共同的經濟興趣、宗教興趣和其他興趣，認爲是社會組織的基礎。照波當的意見，這些興趣使原始家庭變成有組織的或有政治的社會。

霍布斯信仰人類在開始時，卽是完全自私自利的動物，人類對於其他事物之發生興趣，卽由於那些事物足以適應他自己的利益。這種學說仍受強烈之擁護；在現今很顯然地，有許多人是依此法則而生活的。國家有時候也好像是這種原則的推動，而沒有較高尙的原則。根據內省的心理學，霍布斯進行了一個合乎科學的觀念，卽是認爲凡是表現爲一個完全的人他本身必能是代表人類這樣的人不僅在他身上可以看見這個人或那個人的興趣，而且也可找到全人類的興趣。

英國的主教和重要哲學家柏克萊(Berkeley, 1685–1753)，在他的道德引力之原理(Principles of Moral Attraction)一書中，企圖說明物理界和宇宙界之類似點。他的著作是受了牛頓(Newton)的發見之影響。他要將牛頓的公式應用於社會。他的物理比擬是沒有多大價值的，然而這些比擬卻代表一個心理社會學思想興起的時期。他把社會中的社會本能或者合羣本能比之爲引力(force of gravitation)。社會中的離心力即是自私心，而向心力即是社會性。物質彼此相吸引的力量，既是直接隨他們距離的關係而變異，所以人們間相吸引的作用也直接隨他們類似的程度而變異。雖然，這種物理比擬如果用之過度，即將流於荒謬的情形。

休謨

蘇格蘭的哲學家休謨(Hume)被稱爲社會心理學之始祖，因爲他很美妙地分析了同情心而認之爲一種社會力。『即使把自然界的一切權力和事物一齊順從一個人，……他也仍然是悲傷的，除非是至少有某人與之同享娛樂，以及他能接受此人的尊重和友誼』。(註一)『我們可以受任何其他的情感所激動，例如高傲、野心、貪慾、好奇心、報仇心或性慾——但是這些情感之靈魂或主要原則，即是同情』。(註二)

然而同情心並不常限制其作用於現時。應用同情心，我們可使我們自己適合於將來對付任何人的情勢，只要此人現在的情形能使我們對他發生興趣。再者，如果我們看見一個生疏人有危險，我們即將跑前去幫助他。對之，休謨認罪惡是引起人類行動不安寧的各種事象。當我們覺得任何地方有不公正的事件時，用同情的態度對之，我們即感覺難過。『自利心是建設公道的原始動機；至於對公衆利害的同情心，則是產生道德的源泉』。（註三）自利與同情之間有一種常存的衝突，無論對個人抑對社會羣衆，都是如此。這種自利心雖是似乎常佔優勢，『但是牠並不完全消除了更慷慨高貴的友誼和善意之交接』。（註四）

同情心引起人們之努力於人類的福利。（註五）但人類關係在時間上或空間上的距離或遠或近，即成比例地影響於意志、情感和想像。（註六）人類關係不甚近切，距離很遠而地位不顯著時，則同情心即不發生大力量。這種原則也解釋人們動作之所以常與其利益相矛盾，以及他們之所以寧願選擇任何現成的無價值的尋常利益。

亞當斯密

亞當·斯密依照休謨對於同情心的分析，在他的政治經濟學說中也認同情是重要的概念。斯密也將自利的概念幾乎用之於他的全部經濟學說中，而結果則發生自利與社會利益之衝突。

照斯密的意見，在近代生活中，有四個階級的人民：（一）有一些人是賴收地租以為生。他們有社會利益，但是並非社會生產的；他們是長成瀟洒優悠的模式。（二）即是靠工資過活的階級。這一類的人是多數的、生產的以及有利於社會的；但是他們普通都缺乏教育，使他們順從當時的情慾，所以對於社會是沒有什麽應用的甚至有時是有害的。（三）**靠利潤以爲生活的人們，其所追求的利益，是直接障礙社會幸福而發展的。他們自私的利益，**不正當的發展，他們的公衆態度，常常是對大家有危險的。（四）第四種人卽是靠利用上述三種人（一種人或幾種人）以爲生活的人們。上述這三種人的利益，常常不相和諧，而至於引起有毀壞性的社會衝突。然而不管這種結論如何，斯密是贊成任放論 (laissez faire) 的人物。他主張自然律可以經常表現出來。

一八五九年拉撒路 (Lazarus) 和斯屯塔爾 (Steinthal) 在民族心理學與方言學的雜誌 (Zeitschrift für Völker-Psychologie und Sprachwissenschaft) 裏面，也開始有貢獻於社會思想。他們將心理學方法應用以研究初民社會。在這種雜誌中，對於初民的社會風俗和心理特徵，他們有很可注意的貢獻。在第十八章所討論的像波阿斯、森納爾、湯麥斯和霍伯號斯這些人的創作，卽屬於這種研究。在心理社會學思想中的基本創始工作，已由華德進行（參觀第十七章）。華德反對他當時的流行信仰，特別是斯賓塞的信仰，認爲社會必然像現在一樣繼續進行一種盲目的競爭。這種觀點，是華德所不贊成的。他不僅覺得心理是從社會進化的模糊過程中發生出來的，然更重要的，乃是他注意到心理是有相當作用以改變社會力的行程。他雖然是認人類慾望是動的社會原素，但他以爲心理是有主持人類慾望的優越權。再者他也指明心理能最適宜地引導慾望進行的方向。他主張一種社會政治，在這種政治中人類慾望之表現須受支配，使之與大家的幸福相和諧。關於陳述這些基本的理論，華德在心理社會學的思想史中，是佔有很高的地位。

塔德

社會心理學的主要奠基者是法人塔德（Gabriel Tarde,——西曆一八三四年至一九〇四年）在社會心理學的範圍中，他著作了最重要的論文。他的模仿律(Lois de limitation)確定了塔德成爲社會心理學家的聲望，同時並引起思想界出現了新的社會科學。塔德是一位法學家，研究了反社會行爲的原因。他觀察到罪犯的行動是會波及各方的，由此他即受了很深刻的印象。考察這種事實以後，他覺得模仿是有力的要素，於是遂開始分析模仿律。這種研究立即表明，並不是一切都是模仿，然而也有許多人類的行爲由反對作用而產生的。他分析反對律(laws of opposition)而使他得到這樣的結論：模仿與反對都是第三種社會要素——發明——的基礎。照他所觀察的，社會過程可由三種情形來表現（一）對於發明之模仿，模仿常常傳播廣大，（二）不相謀的模仿動作，常常生反對作用，（三）新發明之產生（從這些反對作用發生出來的），而這種新發明又成爲新模仿之中心。因此社會過程無終止地，不自覺或自覺地前進。要求了解社會，塔德認爲一個人必須了解大家的心理如何活動以及如何交互作用。

塔德最初所發表於模仿律一部著作中的觀念，後來又正式地發揮於他的社會邏輯(Logique Sociale)這部書中，以及概括於他的社會律(Lois Sociale)這本著作中。這幾部書聯合起來即構成一個創見無比的社會學說。塔德之研究社會心理學雖然是客觀的和用社會學方法的，以及雖然他並不極力注意於純粹心理性質，也

不極力注意於行爲的本能基礎，但是他對於社會思想的貢獻卻是很有趣味的。

照塔德的意見，社會是一些人們因模仿作用或反模仿作用而發生許多類似點的團體。（註七）再者，他也說：社會是各色人等彼此互相利用的團體。（註八）各種社會是人羣因信仰相同或不相同而組織的團體。（註九）「社會是模仿」。（註一〇）社會生活中的顯著原素即是心理過程，在此過程中，一經有發明，即隨之而爲大家所模仿，但是當此模仿不免惹起反對時，即又進一步產生新發明了。

一個人一經社會化，他即是有模仿作用的。生物因遺傳而有許多相似之處，至於人類之相似點，則由模仿而產生的。人與人間的類似點益加近切（甚至即使他們是職業的競爭者），模仿的比例將益大，以及社會關係也更加親密。父親是兒子的首要模範。（註一一）一個受愛戴的統治者即很能吸引他的人民，而使他們盲從，甚至能使他們走到麻木的狀態中。在這種情形之下，模仿即成爲夢中行動(somnambulism)。（註一二）

模仿是有興、盛、衰這三種波動階段之分。（註一三）其向上興起，即是指須從事模仿以求適應的階段。其最盛期是即模仿作用最有力量最當勢的階段。至於衰落階段則自然是模仿作用微息的時期。這三個階段中任何一個的久暫時期，都是常常變異的——有賴於無數的社會心理要素之作用。一切模仿作用所必須經過的途徑，是歷史中的重要現象。（註一四）

決定模仿性質的因素有二：邏輯的和非邏輯的。（註一五）當到模仿者採用一種新事物，而此種新事物符合於他心中已知的原則時，則合邏輯的原因即發生作用。至於超邏輯的或非邏輯的模仿則受個人的地位、時代或家世等的偶然要素所決定。

模仿律

用最簡單的方法來解釋基本的模仿律，即是下層分子模仿上層分子，例如平民模仿貴族，被愛者受從事愛者的模仿。（註一六）關於模仿律比較正確的陳述是：最受人模仿的事物，即是當前最優秀者。在這些事例中所謂優秀，當然是用於主觀的意義中，這即是說，對於某個人認爲是優秀的事物，不見得眞正是優秀而値得模仿的。

如果一個國家或一個時代，其中上層階級和下層階級的距離減少了而足以使下層階級可自由模仿上層階級時，則此國家或時代即是平民主義化。（註一七）平民主義將使階級間的距離縮至最小限度，而能夠自由從事模仿。

社會學的重要一方面，即包括模仿的知識和應用。（註一八）社會學上的統計應當決定：（一）在任何時任何地，附着於各個發明的模仿力；（二）模仿某種發明所產生的好結果或惡結果。

模仿可分割爲一些相補的趨勢(complementary tendency)；例如風俗模仿與習尙模仿，同情模仿與服從模仿，質樸模仿與審慮模仿。（註一九）各地方的風俗模仿與時裝模仿，都表現於兩方面或兩種組織中——保守的和自由的。（註二〇）

經過了風俗的模仿，於是某些行爲模式即具有大權力。牠們控制習慣，約束私人行動並且具有無上的權威以確定道德和態度風習往往是超邏輯的模仿牠們普通是先由上層階級所接受牠們通常大都有關於奢侈的事物；牠們對於空間優悠的生活有極密切的關係社會和個人的盲目無知是最便宜於風俗傳播的媒介。

習尙模仿是受時代的支配，例如梭倫時代的希臘，西比奧時代的羅馬，十五世紀的佛羅倫斯(Florence)，是自有其風格的。（註二一）這些時代產生了許多大人物——顯著的立法家以及帝國之奠基人物無論如何，如果習尙之流行是很自由的，則易引起發明的想像力以及刺激人們的野心或奢望。

習尙之模仿有一種平民化的力量。習尙模仿經過長久過程後，其結果即將使先生和學生，師傅和徒弟，都在相同的平面上，對於軍事方面是如此，對於技術和學術也是如此。（註二二）事實上要求與優秀人物相等的慾望，是一種潛伏的平民化的力量。

與模仿相對的作用卽是反對。雖然反對也可以說是特種的重複作用。反對有兩種形式：干涉的連合和干涉的衝突(interference-combinations and interference-conflicts)。（註二三）前一種是指慾望和信仰這兩種心理量同時出現，於是兩相結合而獲大利。第二種是指由矛盾力量而產生的反對；在這種情形中個人或社會均蒙不利。

從別個立場來說，反對也表現三種形式，卽是戰爭、競爭和討論。（註二四）衝突往往是經過這三種形式。順着相同的發展律進行，然在次序上，卻是和平的時機更多更廣泛，雖然是有時也出現不調和的事象。至於戰爭則是最低下的最凶殘的衝突形式，而討論則是最高尙的最合理性的衝突形式。

人類生活中的反對，是社會上的合理之格鬭。（註二五）這種格鬭有時候當到相對立敵視者中有一造是被外力壓制時，即會驟然中止。有時訴諸武力即得大勝利。有時一種新發明或發現即將某一造的反對者逐出該社會，使之完全失勢。

發明

反對之合理結果，即是發明或適應，「發明即是對於一個問題加以答案」。（註二六）發明或適應乃是兩種模仿，先在一個人的心中發生巧妙的干涉作用。（註二七）發明之產生有兩個途徑：（一）擴充——利用模仿的傳播力，（二）綜合——利用一些合理的結合，比如車輪與馬相連結而發明馬車。（註二八）

發明可以相當地決定未來新發明和新發現的性質。一種新發明能使其他發明有可能性；而其他發明對於別種發明也有相同作用。各個發明都可以一層一層地產生許多其他的發明。

要求能發明，一個人必須眼光闊大、好研究、不輕信、也不苟安昏昧，過醉生夢死之生活。發明家是不顧社會俗務的人。（註二九）發明之產生由於需要。一個人感着了某種需要，於是爲求滿足他的需要計，他即從事發明。發明不容許懼懦性的。

發明既是對問題之解答，則發明即是表現進步階段的眞正客觀要素。然照塔德的意思，發明漸次變成較困難的。因爲問題之發生日趨於複雜了，而比較簡單的問題都被大家所熟知了，不幸人類的心理又不能無限止的發展，所以關於解決問題，將達到一個限度。（註三〇）對於這一點，塔德的意見此刻不能證明也未被否認。不過很顯然的，人類解決問題的能力是隨着他對於解決問題的訓練和經驗而增加。再者，人類之於發明領域中，現在尚在啓明時代。現在他只開始搜集一些用以發明的材料，並且也只開始稍爲知道一點兒發明的原理。

發明家是從事模仿的。（註三一）這種說法乃是從別一方面以表白發明是累積作用的，是從羣體事象中產生出來的。一種新的發見，將激起敏覺者的野心，創造其他類似的發明物。「在每一個時代中都有一種發明的趨勢，比如關於宗教方面的、雕刻方面的、建築方面的、音樂方面的或哲學方面的」。（註三二）

發明和模仿代表社會中的主要力量。（註三三）發明是偶然的、稀少的和爆發的，只有在非常時際中纔出現的。牠足以解釋特權專利和不平等現象之來源。在另一方面，模仿是平民的、均勢的，以及繼續不停的，有如尼羅河或幼發拉底河中沈澱物一樣。有時候發明之出現較模仿更快，而在其他的時候，模仿之表現是單調的循環運動。

塔德對於社會思想之貢獻，曾經刺激許多學者走到社會心理學的領域中。當塔德的思想受着心理學家的嚴厲批評和受着社會學家的修改時，牠開發了許多有價值的礦產物。塔德的思想，對於美國學者（如洛斯等）所給與的刺激，是很重要的。（註三四）塔德的名字將長留於人間，因爲他發揮了模仿的概念。雖然，在近年來，塔德所稱模仿的這件事象，多用刺激反應(stimulus-response)和行爲模式(behavior-pattern)這類名詞去解釋了。所以在心理社會學的思想上，模仿所佔的地位大被低減了。流行的思潮認爲行爲模式（神經與刺激器、感覺器和發動器相聯絡的系統）是機械地受特殊刺激所形成。因此不自覺的模仿，差不多完全被排除了，至於自覺的模仿，在現今的社會思想中，其地位也大大地低落了，以及大大地被修改了。

法利斯(Ellsworth Faris)宣稱模仿不僅是結果而且是不相干的結果。(註三五)模仿並不是一種本能，乃是三種不同的機械作用之偶現事象。(一)偶然集合的羣衆解放業已養成的態度而不受其拘束。這種結果是直接的、不知不覺的。(二)語言之漸次獲得，或者意見之漸次形成，須有先前過程的作用。對於類似的刺激，其反應情形並不一律相同的。(三)有一種自覺的、願意的和有計劃的模仿，比如習尚模仿。塗胭脂於雙脣是一種時尙。有許多人模仿牠，但是也有許多人不模仿。然則爲什麼不模仿呢？有一個女人對我說：『我不是那一類的女子』。這句話是對於一切有意模仿的眞實的基本解釋。如果她是那一類的女子，她卽將模仿她所認爲足以增加其地位的事物。(註三六)

雖然是英國政論家巴佐賀特(Bagehot)遠在一八七二年印行了激動時代的著作物理學與政治學(Physics and Politics)，其中有一章討論到『模仿』，然而直到一八九〇年塔德發表模仿律以後，纔立卽使『模仿』爲大家所注意。美國台維斯(Michael M. Davis)曾將塔德心理社會學思想給以一個很好的概括。(註三七)台維斯博士所著的社會的心理觀(Psychological Interpretations of Society)一書是很優越的可視爲是對於塔德思想的廣博的彙集。

一八九二年，徐密康教授(Prof. H. Schmidkunz)發表了一部精密之著作，題爲暗示心理學(Psychologie der Suggestion)。這本書是一種重要的創始著作。在英文中，西底斯(B. Sidis)對於暗示心理學的論文是很爲大家所知道的。洛斯教授在他的社會心理學一書中，也曾極力討論到這方面。雖然，在這些討論中，並未把暗示與模仿是同一現象的相關形態這種事實弄清楚，而關於暗示模仿的現象是社會境況（相似刺激產生相似反應的境況）的自然產物這一點也未被發揮。

一八九五年，勒邦(Le Bon)論羣衆心理學(crowd psychology)的第一部書印行了。他也著述了革命心理學、戰爭心理學和民族心理學。他對於羣衆(crowds)這個名詞，給以明確的解釋，於是即將此名詞適用於幾乎一切形式的社會生活。他把羣衆看做「感情的現象」，他們多少是有點病態的。下層分子既然易流於這種羣衆心理，所以他們是不可信任的，常被視爲可疑的。關於團體心理學和社會心理學比較健全的、綜合的和有歷史地位的要算是杜伯勒(Duprat)的社會心理學。

關於羣衆和團體的心理學這一方面，意大利人的貢獻可以奧倫諾(Orano)的社會心理學來代表（此書只有一部分討論到社會心理），以及以西格耳(Sighele)的羣衆犯罪學(La foule criminelle)和宗社心理學(Psychologie des Sectes)來代表。照西格耳的意思，永久的團體即是宗社、世閥、階級或國家。（註三八）所謂宗社(sect)即是諸分子具有共同理想和信仰的團體，例如宗教派別和政黨。所謂世閥(caste)即是從同一業務中興起來的。階級則是因利益關係而強固地團體統一。至於國家則擁有語言、文字、國家價值和國家威勢等公共聯繫物。

同類意識

「同類意識」（consciousness of kind）這個概念，會由吉丁斯（Franklin H. Giddings）在他的社會學原理（一八九六）一書中加以發揮。同類意識在社會中是原始的和重要的主觀因素。（註三九）吉丁斯教授對於這個名詞的意義解釋爲「任何有生物能認識其他自覺生物與自己同類的意識狀態」從最廣泛的意義來說，同類意識即是表明有生界和無生界之區別。在人類中這種意識將社會行爲與純粹經濟活動或純粹宗教活動相區別。所有人類的其他動機之表現都以同類意識爲中心而視爲決定原則。

人們團結之類別，可依照他們的同類意識之發展程度，粗淺地說，有四種這樣的人羣：（註四〇）（一）有一些人是沒有社會性的，其同類意識仍不發達——他們的同類意識雖不是退化了，然而乃是不完全的表現，而別些階級是從他們裏面發展出來的。（二）反社會的階級或犯罪階級，其中分子的同類意識是幾乎喪失了。他們是痛恨社會的。（三）表面上彷彿有社會性的階級（pseudo-social classes）或者貧窮階級，他們眞正同類意識是會退化的。（四）有社會性的階級是同類意識最高發達的分子所集合的；他們是社會上積極的和建設的人員。更有社會性的分子，其地位是更重要的。這種人貢獻其畢生之精力以求社會之改良；他們可被稱爲種族上的天然高貴分子，眞正的社會精華。

合羣人口之集合，是由於生育增加而形成的，或者是由於外來移民而聚積的。集合以後卽易於這一步彼此發生聯絡關係——這是同類意識發生的適宜的媒介。

集合卽發生社交關係，而這種社交關係是衝突的一種形式。照吉丁斯教授的意見衝突是成爲社會發展的基礎。（註四一）最初的衝突是彼此對敵者極力相應付，而至於勝者則殘害失敗者。其次的衝突，卽是多少近乎勢均力敵者的爭衡。最初的衝突是侵略克制的；而其次衝突則是有發生性的。在一般人民中第二種的衝突，經過交通、模仿、忍耐、合作聯絡等等繼續步驟，卽引起同類意識之發展。其最優良的結果卽產生最富有社會性的階級。對於這些原素，吉丁斯特別着重模仿。他說：「模仿這個要素在衝突現象中是有同化作用和調和作用的」。（註四二）

聯絡作用影響各個人而產生自我意識，同時這種意識又產生社會自我意識（social self-consciousness）或團體本身的意識。這種社會自我意識，現而爲理性的討論。有了討論以後社會傳說纔是可能的。再者，社會價值的意識也由此產生了。輿論之發生是從團體分子對於公共利益的事件加以判斷而來的。（註四三）

社會傳說日趨於分化。（註四四）牠包含那些關於感覺界、神祕界以及概念界之印象。任何一方面的傳說加上這方面流行的意見卽形成當時的標準、理想、信仰或主義。例如經濟傳說與流行的經濟觀點相結卽構成當時當地的普通生活之標準。美感的傳說與流行的批評觀點相結合卽成爲一種好尙。而傳說的宗教教義經過流行的宗教觀念所改變卽成爲一種信仰。

同類意識既然是社會現象之心理基礎，則主要社會價值，自然是同類意識本身或者是自覺的生活，這種意識或自覺生活是社會的特徵。（註四五）其次，社會黏性（social cohesion）是另一種重要的社會價值。社會黏性是任何團體結合的要素，因為有此黏性，所以團體尚願受許多犧牲以為牠自身的福利。團體或社會，其特殊的所有物和性質比如疆域、名勝、古蹟、英雄、儀式等等，即構成第三種的社會價值。至於第四類的社會價值則見於促進團體發展的原則中，例如自由平等和博愛。社會價值大可決定各團體的社會地位之高下以及決定社會組織之性質。

結構的二元論

瞿丁斯教授發揮了一個很有趣味的學說，這即是社會結構上的二元論（dualism），文明之表現是顯見於公私結合之同時存在。文明社會有四種主要的二元的結合：政治的、治安的、經濟的和文化的。在政治結合方面有私人的政黨和公家的政治。在治安方面，有私人組織的調解團體，同時亦有公家組織的警察、法庭和監獄。在經濟方面，有私人的工業、合股企業、大公司；而在另一方面，則有政府管理的鐵路、郵局、航業和幣制等等。關於文化方面，我們也可舉出幾種私人辦理的大學和國家辦理的大學，私人組織的教會和國立的教會，私人慈善事業和國家辦理的慈善事業。社會結構上的這種二元論為瞿丁斯教授所支持，他認私人的結合對於創造、實驗和鼓勵的目的是必要的；至於公共的組織則用以管理和維持各個相衝突的要素之平衡。

社會組織的最高表現即是社會人格之發展。有效率的社會組織即是其中各分子都成為很有理性的，很有

同情的，以及具有廣大超卓的同類意識。（註四六）

在他晚年的著作中，吉丁斯教授發揮了多元的行為(Pluralistic behavior)這個概念。『任何一種刺激或者任何一組引起行為的刺激，有時候不止為一個人所反應』。（註四七）多元反應的性質，無論相似不相似，無論同時不同時，無論平等不平等，都被兩個變異體(variables)所決定。這兩個變異性，即是：（一）刺激的強度（二）反應機體的類別性或相異性。（註四八）因此，吉丁斯教授認多元的行為是社會心理學或社會學的主要現象。

一八九七年鮑德文(J. Mark Baldwin)所著的社會觀與倫理觀(Social and Ethical Interpretations)刊行了；他的小標題為社會心理學之研究。社會心理學這個名詞在美國標為書名，這是第一次，雖然是前三年（一八九四年）司馬爾和文森特的社會研究導論(Introduction to the Study of Society)中有一部分命名為『社會心理學』以及包含了關於社會意識，社會理知和社會意志的討論。鮑德文的社會觀與倫理觀和吉丁斯的社會原理差不多同時出現的，前者是心理學家的著作，後者為社會學家的著作；前者是從發生觀點來敘述的，後者則從綜觀的見解來敘述的；前者大都討論個人的社會心理，後者則討論羣衆的社會心理；前者是以社會自我這個概念為中心，後者則以同類意識這個概念為中心。此二者都促進有機心理學之發展。

兩端的自我

鮑德文教授以為所謂自我(self)大部是社會生活所養成的產物，兒童略與其他人們分隔後，即覺知他的自我。作團體中與其他人相接觸後，兒童卽發展自我意識。

再者，自我是兩端的(bipolar)自我之這一端可用一個人想及他自己的情形來代表，而別一端可用他想及別些人們的情形來代表。（註四九）為我與為人對於我們的思想，是同一事物。（註五〇）

人們是很相似的，因為他們會模仿，模仿是使人們相似的。模仿是（一）一個人有意或無意去學別個人的一種過程，（二）楷式之仿學，卽是採取個人自己心中所湧起的楷式，以推廣應用。（註五一）鮑德文從社會文物積蓄之個別表現中以及從社會個別表現的事物概括中，發見社會發展律。這個過程前一種的本質，卽是發明，而後一種的本質卽是模仿，鮑德文認發明和模仿是社會發展的兩個基本過程。

本章關於用心理方法以求了解社會過程的要義業已陳述過了。在下一章中，讀者將找到更進一步的材料以表明最有生機的心理社會學之思想。

重複作用反對和適應（註五二）

「第一，人們於是在這些差異中，開始覺察幾個類似，在這些差異中覺察幾個重複作用。天空的同樣情形，在一定的時候，重復出現，一年四季之週而復始，生物界之有規則的世世相傳——由少而壯，由壯而老——同類的個體共有之特性，都是很好的例子。世上沒有將個體當作個體而加以研究的科學；各種科學都是一般的；就是說科學將個體當作重複的，或者將個體當作是可以無限制地重複的。

從現象的重複作用，而去研究現象的調整，這就是科學。但是這個定義，並不是說對於科學的腦筋辨別不是一個重要的手續。科學的責任在乎辨別和同化；但是也有一個限制，就是所辨別的事物在性質上是一個模範，能夠產生許多副本，並且可以無限制地加以複製。一個特殊的模範可以經人們發見而詳細解釋，但是這個模範如果祇關於一個個體，而且是不能夠傳諸後世；那末除掉作為一個珍奇的怪物外，是不會引起科學家之注意的。重複作用，指一個事物的產生，同時並且保存原種而言；重複作用含有不用創造而有簡單的初步的因果之意。效果逐點模仿原因而加以複製，正和動作從一個物體傳給另外一個物體，或者生命從一個生物傳給牠的後裔兩件事，完全一樣毫無二致。

但是除掉複製問題之外，科學也要注意到在變中之現象。因此在牠所注意到的事實之中，科學必須努力去偵察許多反對，這些反對生存在事實之中，並且是適合於科學之目標的。所以科學必須考慮勢力的平均形式的勻稱，有機體的奮鬬和生物的競爭。

但是這並不是包括一切，也不是最重的要素。現象的適應，和現象在創造的生產上之關係，都須先行研究的。科學家時時努力去偵察、解除、說明這些和諧。科學家既經發見這些和諧，就成立一個更高的適應，就是（一）他自己的觀念和假設系統，及（二）事實的相互關係兩者之間的和諧。

所以科學包括從三方面觀察任何事實，這三方面可以說是等用重複作用、反對和適應，並且包含在事實一內，不過給許多變化、不相稱和不和諧以掩蔽。的確，因和果的關係，並不是組成科學知識的唯一要素。

重複作用、反對、和適應，是三個鑰匙，是科學用牠們去開啓宇宙間之神祕的科學最先搜尋的，不是僅僅乎原因，而是支配現象的重複作用、反對、適應之定律。這裏所謂定律，是指不同的三種定律，牠們是各不相混的，但是牠們的關係，卻是很密切的。例如在生物學中，種族依照幾何級數而增加（重複作用定律）的趨勢，是物競天擇（反對定律）的基礎；個體變化之出現，各個個體的性癖及和諧之產生，和在滋長過程中各部分間的相互關係（適應定律），對於兩者間之適當作用，都是必不可少的。

所以重複作用定律——這裏所謂重複作用，或者指自然界之起伏的旋轉的重複作用，或者生物界之遺傳的習慣的重複作用，或者指社交界之模仿的重複作用——是沿着不變的滋長路線前進的，從比較極小的規模，走到比較廣大的規模。反對定律也是這樣的；牠包含一個逐漸擴大的範圍，這範圍是從生物界中一點開始的；而這一點是一個個體的腦筋，說得更明確些，是這個腦筋中一個細胞，在這個細胞中外界的模仿射線（imitative rays）互相衝突，引起兩種信仰或者兩個慾望間的抵觸。主要的社會反對，是這樣的，並且是最殘忍的戰事之主動力，其情形正和主要的社會重複作用是第一個模仿者的存在，這個模仿者就是一種風俗的創始者。最後，適應定律是同樣的；主要的社會適應，是一個個體的發明物，而這個發明物必定受到其他個體之模仿的，就是兩個模仿的巧妙干擾先發生在一個腦筋之中；這個和諧，雖然起源於內部，不特在傳播的時候，使自己表現於外，並且因爲模仿的傳播等等和其他發明物聯合，結果因爲許多和諧得到成功的混合和調節，人類思想的共同作品——文法、神學、百科全書、法典、自然的或者人爲的勞工組織、審美計畫、或者倫理學系統——就成立了。

所以，總而言之，世界萬物無疑地開端都是極其微細的；我們並且可以說萬物的歸宿也是極其微細的；這就是萬物的起始和終結。在這個可見的宇宙——就是人們觀察力可以達到的宇宙——之中，據我們所知道的，無論何物都是從不能看見的和不可思議的產生出來的——從虛無的產生出來的——從這裏一切眞實連續不絕地出現」。

模仿（註五三）

社會關係，是比在職業和教育上相似的許多個人——即使他們是敵手——來得更爲密切，是比互相需要甚殷的人們來得更爲密切。律師、記者、長官和自由職業者，都是適切的例子。所以我們可以用普通言語來解釋社會，說社會是一羣人們，他們在觀念和情操上，雖然不相符合，但是因爲他們所受的教養是相同的，他們仍有公共集合之所，大家可以晤面而互相取樂。至於同一商店或者工廠之僱員，爲了互助和合作而聚在一起，他們組成一個商業的或者工業的社會，而這個社會不是單純的社會，也不是普通所謂的社會。

所以社會可視爲一羣人們，他們是容易互相模仿的，或者雖沒有實在的模仿，仍有相同之特徵的，而這些特徵，是同一的模範之古代副本。

他們切不可將一個地方或者一個時代之社會式樣——因爲牠是從社會羣之各個會員中多少不完全地產生出來的——和社會羣本身混爲一談。組成這個式樣的是什麼呢？是歷年累積的幾千個發明物和發現物所造成之許多需要和觀念。社會羣的需要，有幾分是一致的，就是這些需要是都有益於一個主要的慾望，而這個慾望是一個時代或者一個民族的靈魂。觀念或者信仰也多少是一致的；就是這些觀念或者信仰，是互相有關的，或者至少並不互相矛盾的。這個二重的一致性——總是不完備的，有時並且是不和諧的——是逐漸成立於偶然產生並和在一起的東西之間的，實在可以比爲生物中之有機的適應。但是這個一致性，有一個長處，就是牠並沒有有機的適應之神祕性的；牠很明晰地指出方法和目的之關係，或者原則和結果之關係，這兩種關係，實在等於一種，而後者實是二者之一。從兩個不同的種類，各取一個器官、形狀或者特性，那末這些器官、形狀或者特性間的矛盾或者衝突，究有什麼意義呢？這個我們不知道，但是我們卻知道當兩個觀念是矛盾的，就是說一個是否定的，一個是肯定的，爲了同一理由，當兩個觀念是一致的，就是說沒有——或者表面上沒有——這種糾紛的。最後，兩個觀念多少是一致的，就是一個觀念，在牠的許多狀態中，暗示對於另一觀念所承認的許多論點，也加以承認。世界上沒有什麼比這些有形的舉動——承認和否認——來得更深奧難解，也沒有什麼比這些舉動來得更增益智慧。思想的全部生活，完全給這些舉動所包圍。世界上更沒有什麼比這些舉動的反對，來得更加明白。在這個反對中所表示的，是欲望和厭惡間的反對，是 velle 和 nolle 間的反對。所以一個社會式樣或者所謂一個特殊的文明，是一個眞實系統，是一個多少合理的學說，這個學說之內在的矛盾，最後愈加顯著，或者最後爆發起來，將學說打破。在這種情形之下，我們容易知道爲什麼有些文明是純粹的有力的，有些文明是混合的柔弱的；爲什麼最純粹的文明，加上了新的發明物——這些發明物刺激欲望和信仰，並且擾亂舊的欲望和信仰之平衡——會起變化而日就衰微；換一句話來說，全部發明物爲什麼不能加起來，爲什麼有許多發明物祇可替代別的發明物，就是那些能夠刺激許多矛盾的——不論是包含在內或者顯示於外——慾望和信仰之發明物。所以在歷史上的變動中，除掉大宗信仰或者慾望之無窮盡的加減外，沒有別的東西，而這些加減都是發見物所引起的，並且互相衝突，互相消除，像交叉的震動一樣。

「這一種是屬於民族的，並且在許多民族中屢次出現。牠像一顆大的圖章，這顆圖章蓋在小塊火漆之上，祇留下一個不完全的痕跡，但是如果不將牠的零碎痕跡細細比較，這顆圖章是決不能完全重鑄的。」

總而言之，我們要回答這個「什麼是社會？」問題，可說：「社會是模仿」。

最易受到模仿的東西實在是當前的許多東西內一個最優秀者。的確，一個作爲模範的例子，其影響之效力，是和例子的距離成反比例，而和例子的卓越成正比例。這裏所說之距離，是包含在例子的社會學意義之內。一個異鄉人的空間距離，不論怎樣遙遠，從這一點看來，倘使我們和他能夠有許多的每日的接觸，倘使我們能夠滿足我們自己要模仿他之欲望，那末他仍是在左近的。這條模仿當前的——或者模仿距離最近的——定律，對於社會最上層階級所立之模範，所以能夠逐漸地連續地傳播開來，完全說明無遺。從這裏我們可以推定當一個比較低的階級第一次去模仿比較高的階級，這兩個階級間之距離，就縮減了。

各階級間的距離，因爲各種原因，而着實縮小，使最下層階級，在外表行爲上，可以限制最上層階級，那末這個時代可稱爲平民主義化。在每個民主政治——像現代所有者——之中，主觀的和客觀的同化之狂熱，是很劇烈的。因此一定有一個已成立的或者剛發端的社會分級政治(hierarchy)；參加這個政治的人們，都是公認的能力較優者——從遺傳或者公舉而來的能力較優者。就我們的情形而論，古代的貴族政治因爲所有文雅的風度大部分已經消失，就被取而代之至於誰去取而代之，我們是不難知道的。第一，行政的分級政治愈趨愈複雜，行政人員的數目也愈變愈多因之複雜的程度更加深刻。我們的軍人分級政治，也是這樣的，其理由就是那些逼迫現代歐洲國家成爲黷武國家的理由。主教、皇族、僧侶、武士、寺院和城堡，都被消滅而讓位給政論家、財政家、美術家、政治家、戲院、銀行、市場、軍營、官舍和京城之內其他紀念物。各種有名人物都會集在這裏。從社會的立場而論，祇須有一個顯赫的分級政治，其中的位置，或者有人，或者空着，而這個政治，大衆是有權——或者自以爲有權——處置的，至於社會所知道的光榮或者惡名，是屬於那一種和達到什麼程度，有什麼關係呢？

這個屬於地位的貴族政治——顯赫地位的黨綱——並不愈變愈簡單愈謙遜，反而因爲民主政治的變化，愈變愈莊嚴動人，這些變化，能够消除民族的階級的畛域。並且以逐漸推廣之普遍的國際的參政權，給與爭名的候補人。一齣戲所受到的光榮，就是可以分給各伶人者，其增加之程度，完全由客座中拍手的或呵叱的觀衆之數目來決定，而一個最低微的觀客及一個最受歡迎的伶人間之距離，也同樣增加。

在巨大的生長物中，在大城市的過分發達中，尤其是在京城的過分發達中——在大城市或者京城中，令人難堪的特權確立了之後，再行分出而過去的特權之最後痕跡，也一掃而空——我們可以找到現代生活所造成的不平等，而現代生活在處理和提倡工業產銷大潮流——就是大規模的模仿——的時候，覺得這種不平等是萬萬不可少的。恆河當今之水道，必須一個喜馬拉雅山。巴黎的法國的喜馬拉雅山。無疑地，巴黎的統治各省分，比往昔朝廷統治這個城來得更威嚴更專制。電報及鐵路每日將巴黎的現成觀念、志願、會話、革命和衣服器具，散布法國全部。巴黎對於這塊廣大的土地立刻會有一種誘惑的專橫的魔力，而這個魔力是這樣強烈、完全和持久，因此不能引起人們的驚異。這種吸引力已變成恆久的。牠的名字是自由和平等。城市的工人，自認爲一個主張民主政治者，從事於毀滅中等階級（他自己正努力於升入中等階級），這是大可不必的；並且他自己也是一個貴族——是農民很欽佩的很羨慕的貴族。農民之看待工人正和工人之看待僱主一樣。遷出農村就是這樣情形」。

個性滋長階段（註五四）

「極小的嬰孩，有許多很饒興趣的趨勢，其中一個是認識個性的差異。他對於所謂「個性的暗示」，會發生感應。他在生出後兩個月，就能辨認母親的或者乳娘的撫觸。他知道特殊的抱持、舉起、輕拍等方法，並使自己順應這些個人的差異。這件事和嬰孩對於非人的東西之行爲，是大不相同的。這件事可說是嬰孩認識性質——卽表示人們所以不同的——之第一步。他在和人來往交接中，發生了半信半疑的意識，而這個意識又逐漸增強。一個人代表一羣經驗，這些經驗從這個羣的預言和歷史意義而言，是很不穩固的。假定這是發展中的第一步，那末爲了簡略起見，我們可稱牠是嬰孩個人意識的滋長中之「設計」階段。

從設計的個性意識，過渡到主觀的個性意識，所需的工具，就是嬰孩之活動的具體的自我，這個方法，就叫做

「模仿的功用」。當一個生物能利用新的適應，來擴大他的活動範圍，他對於「計劃」，對於默想，就感到不滿，就開始模仿。他所模仿的，當然是人。

再者，人是能夠行動的固形體。在這些能夠行動的固形體——都有某種設計的特質——之中，有一個是很奇異的很有趣的，就是他自己的身體。這身體是和幾個內在的特點有關係的，而這些特點且是其他身體所沒有的——性情、努力、抵抗、痛苦等等，就是新的模仿的系上再加內在的感覺系。祇有在一個特殊的經驗——就是我們稱為努力的——發生的時候，他的經驗中方纔發生大的裂痕，而這個裂痕表示意志的擡頭，並且將現在第一次可稱爲眞正主觀系統劃開。以前關於設計的，現在變化爲主觀的了。這個我們可稱爲自我意識滋長中之主觀的階段。這個階段將別的要素很迅速地完全同化，這些要素就是嬰孩自己身體在經驗上和其他活動的固形體所以不同之點——消極的內在的痛苦、快樂、性情等等。又結果是怎樣，是容易料到的。兒童之主觀的意識，因爲利用一種回歸辯證術（return dialectic）去解釋他人之主觀的意識，就此消滅。早先時期之「計劃」，現在出現了，且含有自我之性質，和主觀的意識有幾分相似。主觀的變成了投觀的（ejective）；就是兒童對自己說：別人的身體所有之經驗，正和我自己身體所有的一樣。別人的身體都是我由牠們和我自己的模範（me-copy）同化。這個就是第三個階段；投觀的或者社會的自我就此產生了。

所以「自我」（ego）和「別人」（alter）是同時產生的。兩者都是粗野的淺慮的，而且大部分是有機的。因爲設計和自我間的及自我和投觀間的雙重反應作用，兩者都同時變成純粹澄淸了。我對於我自己之意識，因模仿他人而增加，而我對於你自己之意識和我對於我自己之意識同樣增加。但是「自我」和「別人」根本上因此是社會的；每個是一個社會我（socius），每個是一個模仿的作品。

這種個人和同伴間的互相遷就，由大體上說來可叫做個人發展之辯證術。牠是轉入下列幾頁中重要論點之出發點」。

自我觀之人格

「這個結果是一個出發點，從這裏起，我們可以從一個人在社會裏自視怎樣的立場來考慮這個人。如果這是眞的——我們有許多證據來證明牠是眞的——就是一個人自以爲所處地位，是一個反對——就是一般人所稱爲人格者——之一極或者一端而在另一極或者一端者，則是他對於別人的觀念，那末不論在什麼時候，他對於自己的觀念是不能隔絕的，我們也不能說他在想到自己的時候他並不想到別人。現在他所謂他自己，大半是許多要素的混合體；在他先前所抱人格觀念中他叫這個混合體爲別人。現在對於他是可能的動作，就是他想到自己時候用以描寫自己者，在以前祇有對於別人是可能的；又他在模仿別人的時候，將這些動作帶到相對的一端，覺得牠們——有更豐富的意義和更改的價值——可以用作自己的形容字」。

同類意識（註五五）

「因爲契約和同盟兩個現象，是顯然地比聯絡或者社會來得更特殊，而模仿和意想兩個現象，是顯然地比聯絡或者社會來得更普通，所以我們對於處於中間的一個現象，必須找到牠的心的(psychic)資料，原動力，或者社會的原則。因此社會學的假定說，不過是這樣的，就是社會中之原始的初步的主觀的事實，是同類意識。所謂同類意識，是一種意識，在這種意識之中，一個生物，不論牠在生命階段上是高等的或者低下的，能夠知道別一個有意識的生物，是和牠屬於同類的。這種意識，或者竟是意想和模仿的結果，但是決非意想和模仿的唯一結果。同類意識可以產生契約和同盟，但是也能產生別的東西。所以同類意識是不及意想和模仿來得普通，而意想和模仿是比聯絡來得更普通。同類意識比契約和同盟來得更普通，而契約和同盟則不及聯絡來得普通。同類意識有許多方法來轉移行爲，而我們所謂社會行爲，是由同類意識來決定的。總而言之，同類意識適應社會學的需要；牠和可能的社會是等廣的，決不和別的東西是等廣的。

就牠的最廣的外延而論，同類意識區別有生界和無生界。在廣大的有生界中，牠又區別種和族。在人類系統中，同類意識是更確切的人種的或者政治的集合之原因，牠是階級區別(class distinctions)各種同盟、交際規則、政策特點等等之基礎。我們的行爲，對於我們認爲最和我們自己相像的人羣，和對於我們認爲和我們自己不大相像的人羣，是出於本能極端兩樣的。

再者，用以區別社會行爲及純粹的經濟、政治、或者宗教行爲者，是同類意識，而不是別的東西；因爲在實際生活上，繼續不停地千變經濟、政治、或者宗教原動力之完備運用者，是同類意識。一個工人在追求自己的經濟利益之時候當然接受能够得到的最高工資加入自己並不了解或者自己並不贊成的罷工，並且不情願脫離同伴去做一個破壞罷工而獨去工作之人。為了同一理由一個製造人，雖然對於牠的工業所受到之保護，有所懷疑不信，但是仍舊捐助保護運動之基金。一個美國南方人，雖然深信北方聯邦政府的主張，只因為他覺得自己是南方人，在北方人看來是一個異鄉人，因此就加入南方同盟政府的陣線。有許多人已經不願再接受世傳的解釋，但是仍要維持那些聯絡——就是他們必須忍痛方能捨棄者——因為這些人的力量，宗教信條就得到解放了。

總而言之，在社會選擇、社會意志、或者社會政策中，同類意識是一個決定一切的原則，別的動機都是附隸於這個原則而組織起來的。所以研究同類意識在牠的社會表示中之運用，就是解決社會之完全的主觀的說明。

討論要目

（一）亞理斯多德對於善良的政府之試驗。

（二）福布斯的良好公民觀念。

（三）休謨怎樣是社會心理學的始祖。

（四）亞當斯密對於人民的四種分類。

（五）華德對於心理社會學思想的貢獻。

（六）塔德怎樣是社會心理學的創始者。

（七）塔德的社會過程觀念。

（八）模仿範圍的意義。

（九）邏輯的和非邏輯的模仿之區別。

（一〇）民主的國家集團之要素。

（一一）模仿的副趨向。

（一二）裝飾的模仿之民主化影響。

（一三）「反對」的三種方式。

（一四）發明的性質。

（一五）模仿生長的方法。

（一六）每種發明與將來的發明之關係。

（一七）發明性與忸怩性的關係。

（一八）勒邦對於羣衆的懷疑。

（一九）同類意識之意義。

（二〇）非社會的、假社會的和超社會的人之區別。

（二一）合羣的兩種形式。

(二二)主要的和次要的衝突之分別。

(二三)吉丁斯的二元論的結合概念。

(二四)兩端的自我。

(二五)人們大都相似的理由。

附註

(註一)休謨著:人類通論(A Treatise of Human Nature),一八九六年,牛津大學出版,第三六二頁。

(註二)休謨著:人類通論,一八九六年,牛津大學出版,第三六二頁。

(註三)休謨著:人類通論,一八九六年,牛津大學出版,第四九九頁,又第五〇〇頁。

(註四)休謨著:人類通論,一八九六年,牛津大學出版,第五二一頁。

(註五)休謨著:人類通論,一八九六年,牛津大學出版,第五七五頁。

(註六)休謨著:人類通論,一八九六年,牛津大學出版,第五三五頁。

(註七)塔德著:模仿的定律(The Laws of Imitation),派森斯(Parsons)譯本,一九〇三年,好脫公司出版,第一七頁。

(註八)塔德著:模仿的定律,派森斯譯本,一九〇三年,好脫公司出版,第五九頁。

(註九)塔德著:模仿的定律,派森斯譯本,一九〇三年,好脫公司出版,第一四六頁。

(註一〇)塔德著:模仿的定律,派森斯譯本,一九〇三年,好脫公司出版,第七四頁。

(註一一)塔德著:模仿的定律,派森斯譯本,一九〇三年,好脫公司出版,第七八頁。

（註一二）塔德著：模仿的定律，派森斯譯本，一九〇三年，好脫公司出版，第八七頁。
（註一三）塔德著：模仿的定律，派森斯譯本，一九〇三年，好脫公司出版，第一一四頁。
（註一四）塔德著：模仿的定律，派森斯譯本，一九〇三年，好脫公司出版，第三九頁。
（註一五）塔德著：模仿的定律，派森斯譯本，一九〇三年，好脫公司出版，第一四一頁。
（註一六）塔德著：模仿的定律，派森斯譯本，一九〇三年，好脫公司出版，第二一三頁；又塔德著：社會律（Social Laws）華倫（Warren）譯，一九〇七年麥梅林書局出版，第六五頁。
（註一七）塔德著：模仿的定律，派森斯譯本，一九〇三年，好脫公司出版，第五頁。
（註一八）塔德著：模仿的定律，派森斯譯本，一九〇三年，好脫公司出版，第一一一頁。
（註一九）塔德著：模仿的定律，派森斯譯本，一九〇三年，好脫公司出版，第一〇四頁。
（註二〇）塔德著：模仿的定律，派森斯譯本，一九〇三年，好脫公司出版，第二八八頁。
（註二一）塔德著：模仿的定律，派森斯譯本，一九〇三年，好脫公司出版，第三四一頁。
（註二二）塔德著：模仿的定律，派森斯譯本，一九〇三年，好脫公司出版，第三六九頁。
（註二三）塔德著：模仿的定律，派森斯譯本，一九〇三年，好脫公司出版，第三〇頁。
（註二四）塔德著：社會律，華倫譯本，一九〇七年麥梅林書局出版，第一三二頁。
（註二五）塔德著：模仿的定律，派森斯譯本，一九〇三年，好脫公司出版，第一六九頁。
（註二六）塔德著：社會律，華倫譯本，一九〇七年，麥梅林書局出版，第一九五頁。
（註二七）塔德著：社會律，華倫譯本，一九〇七年麥梅林書局出版，第二〇四頁。
（註二八）塔德著：社會律，華倫譯本，一九〇七年，麥梅林書局出版，第一七一頁；又塔德著：社會的邏輯（La logique sociale）一八九八年，巴黎出版，第四章。

(註二九)塔德著:模仿的定律,派森斯譯本,一九〇三年,好脫公司出版,第八七頁。

(註三〇)塔德著:模仿的定律,派森斯譯本,一九〇三年,好脫公司出版,第一三八頁。

(註三一)塔德著:模仿的定律,派森斯譯本,一九〇三年,好脫公司出版,第三四四頁。

(註三二)塔德著:模仿的定律,派森斯譯本,一九〇三年,好脫公司出版,第三四四頁。

(註三三)塔德著:模仿的定律,派森斯譯本,一九〇三年,好脫公司出版,第三八七頁。

(註三四)洛斯著:社會心理學,一九〇八年,麥格林書局出版,第八頁。

(註三五)法利斯著:模仿的概念(The Concept of Imitation),見美國社會學雜誌,一九二六年十一月號,第三六七頁至第三七八頁。

(註三六)法利斯著:模仿的概念,見美國社會學雜誌,一九二六年十一月號,第三七七頁。

(註三七)台維斯著:社會的心理觀,一九〇九年,朗曼斯格林(Longmans, Green)出版。

(註三八)塔德著:輿論與羣衆(L'opinion et la foule),一九〇一年,巴黎出版,第一七七頁;又西格耳著:宗派心理學,一八九八年,巴黎出版,第四五頁。

(註三九)吉丁斯著:社會學原理,一八九六年,麥格林書局出版,第一七頁。

(註四〇)吉丁斯著:社會學原理,一八九六年,麥格林書局出版,第七一頁,又第一二六頁。

(註四一)吉丁斯著:社會學原理,一八九六年,麥格林書局出版,第一〇一頁;又吉丁斯著:描寫的和歷史的社會學(Descriptive and Historical Sociology),一九一一年,麥格林書局出版,第三章。

(註四二)吉丁斯著:社會學原理,一八九六年,麥格林書局出版,第一〇九頁;又吉丁斯著:描寫的和歷史的社會學,一九一一年,麥格林書局出版,第一五七頁。

(註四三)吉丁斯著:社會學原理,一八九六年,麥格林書局出版,第一三八頁。

(註四四)吉丁斯著:社會學原理,一八九六年,麥格林書局出版,第一四一頁。

（註四五）吉丁斯著：社會學原理，一八九六年，麥梅林書局出版，第一四七頁。

（註四六）吉丁斯著：描寫的和歷史的社會學，一九一一年麥梅林書局出版；又吉丁斯著：歸納的社會學（Inductive Sociology），一九一四年，麥梅林書局出版，第三段。

（註四七）美國社會學雜誌，第二五卷，第三八七頁。

（註四八）美國社會學雜誌，第二五卷第三八八頁。

（註四九）鮑德文著：社會和倫理之解釋（Social and Ethical Interpretations），一九〇六年，麥梅林書局出版，第一五頁。

（註五〇）鮑德文著：社會和倫理之解釋，一九〇六年，麥梅林書局出版，第一八頁。

（註五一）鮑德文著：社會和倫理之解釋，一九〇六年，麥梅林書局出版，第五二九頁。

（註五二）特許轉錄自塔德著：社會律，華倫譯本，一九〇七年，麥梅林書局出版。

（註五三）特許轉錄自塔德著：模仿的定律，派森斯譯本，一九〇三年，好脫公司出版。

（註五四）特許轉錄自鮑德文著：社會和倫理之解釋，一九〇六年，麥梅林書局出版。

（註五五）特許轉錄自吉丁斯著：社會學原理，一九一三年，麥梅林書局出版。

第二十三章　心理社會學的思想(續)

一九〇二年庫勒教授的人類與社會制度(Human Nature and the Social Order)這部著作刊行問世了。這本書立即被大家所歡迎而認爲是討論個人自我和社會過程二者關係的權威著作。稍後在一九〇九年他復發表了社會組織(Social Organization)，一九一八年又發表了社會過程(Social Process)。這三部書對於心理社會學思想的邏輯系統，敍述了一個歷史的發展。

第一部是討論自我對於團體生活之反應。第二部解釋原始團體的性質。例如家庭、娛樂團體和鄰里鄉黨等團體，並且解釋民治心理和社會階級的性質。第三部分析社會過程中許多要素。這些要素是表現社會特徵的。這三部書的主要論旨即是：個人與社會是同一現象的兩面觀，個人和社會是雙生的(twinborn)並且是相並發展的(twin-developed)。(註一)

個人是不能單獨生存的。他一生中受着社會各方面事物之影響，是不可分離地緊繫於社會中。(註二)他不能認爲是可離羣索居，甚至稱作個人一己的現象也常常是有社會意義的。只要我們認識了這些現象是表現普通社會生活所形成的趨勢時，即可以得此結論。(註三)所謂個人形成社會，固是不錯的，然而社會形成個人也是同樣眞實的。

庫勒教授很好地申述了所謂鏡中自我(the looking-glass self)的現象。在這種現象中，有三種顯著的心理要素：（一）一個人的表現在他人心目中的想像；（二）別人想像地估量那種表現；（三）自己驕傲或憤怒時的感覺。鏡中自我影響各個人的日常生活。我們在正直人的面前，似乎覺得慚愧，在勇敢者的面前似乎覺得怯懦。在文雅者的面前，覺得粗魯，以及倘有同樣的情形。（註四）甚至一個人對於他自己的感覺，也大都是他所相信別人對他的意見和批評之直接反映。（註五）

庫勒教授對於自我意識、社會意識和公衆意識有一個很清楚的區別。第一種是我想及我自己的感象；第二種是我想及他人的感象；第三種是對於自我作綜合的觀感，並且他也是團體各分子相組織和相溝通而形成的社會意識。（註六）再者，這三種意識是有機全體的三部分。甚至人們的道德生活也是社會有機統一體的一部分。社會知識是道德的基礎。向上的努力是道德進步的本質。

庫勒教授所稱爲主要的三種團體，是因爲個人藉着這三種團體，即獲得他的最初和最完全的社會統一體的經驗。（註七）家庭、遊戲團體和鄰里鄉黨，籠罩了全部的生活，有如經驗的基礎，由此可以解釋比較複雜的生活情形。

庫勒教授對於人性有一個無限的信仰。他認爲人性是包含一些情操和衝動，很顯然地，這些情操和衝動是勝於高等動物的情操與衝動，比如同情、慈愛、憤怒、野心和是非之感覺，是動物所不及的。（註八）照庫勒教授的意

（註九）」

在庫勒教授的社會思想系統中，社交(communication)是一個基本概念。社交是人類關係藉以存在和發展的要素。(註一〇)庫勒教授指示不僅語言是構成心理的符號，並且一切的人事和行動都是心理符號。社交是心理藉以發展真正人性的一種過程。我們的社會環境的各種符號供給刺激和形式以促進我們的一切發展。因此社交這個概念是用以了解心理社會現象的眞實基礎，而這些心理社會現象卽是普通所稱呼的暗示和模仿。

人格之起源半由於遺傳半由於社交關係，此二者都從種族團體生活發生出來的。研究社交的作用卽將表明個人的心理並不是孤單獨自生長的，乃是一般心理所完成發展的。(註一一)

社交的途徑到了十九世紀卽特別發達，其主要情形有下列諸方面：（一）表現力增大，卽是說，適於傳播的觀念和感情很發達；（二）社會人事的記錄趨於永久化；（三）交通方法迅速化了；（四）各階級的人民互相融合。(註一二)因此，社會之組織卽能建築於知識理性和善感的基礎之上，而不會建築於權勢貴族和世閥之上。

觀念之自由交換並不產生一致性。自我的感情將找尋大機會以圖表現。社會交通的程度增加了，使各個人能夠感覺自己對於社會全體之改進，應負重大的責任。反之，社會交通過於自由發達，也易於產生「時代病」，卽是出現放縱、工作過勞、長期苦悶以及人們未有充分準備的競爭現象。(註一三)

照庫勒教授的意見，輿論不僅是各個人意見的集合，而且是社交和互相影響的融合產物。(註一四)牠是各種意見之結晶，結果成爲相當固定的思想，牠是由討論而產生的。從有力者方面來說，輿論通常是比社會各分子的普通意見更佔優勢的。

羣衆之於輿論，有基本的資助，這不是由於通行的觀念，乃是由於他們的情操在他的日常經驗中羣衆是接近於突現的人性。他們並不爲成見所煩擾而致妨礙他們間的友誼。他們也不會被那種注意所拘囿而致限制於亟謀私有財產之積蓄，這種私產足以妨礙有錢的人與公共生活的事物相接觸。（註一五）

社會過程的重要結果，卽是人格之發展。社會過程供給一些機會，各個人在適當刺激境況之下，卽可接受這些機會。教育擔負了一種很有效的任務，使個人與機會相適合。然而教育有時常流於失敗，因爲牠命令太多而鼓勵的作用太少；牠着重機械的知識而沒有去把握精神。

社會階層（social stratification）是有妨礙的。（註一六）牠阻滯人們之社交。牠使社會權力流於少數活動分子之手中。而大多數人則浸沈於昏昧無知的池沼中。忽視鄰里鄉黨之聯絡，父母惡劣之行爲，輕視種族間的結合——凡此種種均足以產生社會階層以及妨礙進步。

庫勒教授主張：在社會過程中，制度這種東西和人一樣，同是重要的。（註一七）制度將過去的標準文物傳於人們；制度使社會固定化。同時卽使加以理性的控制，而那些制度也會遺棄一些活動力不用以謀新發展。個人強健的體魄精力，常常使他不滿意於制度。有氣魄的人們，反抗制度的形式主義，由此卽產生社會瓦解的現象，這種情形可視爲個人與制度間缺乏溝通作用的原故。形式主義只代表在某些特殊事象，流於過度的溝通。

會而產生的。金錢的計較大都是團體情形和團體活動的產物。

在理性的公衆意志中，庫勒教授看見了社會過程的上進。當他再三申述對於現在這種人性非常相信時，他即期待在將來總有一天，社交和教育將使一切的人們能够大大地操持人類生活，並且根據這種操持，能够表達有實效的社會目的。不自覺的適應將代之以各個團體縝密周詳的自治自主，順着擴大的同情心和超卓的理智力之途徑而進行。

庫勒教授博得了一個健全的清明的和深刻的社會學思想家之頭銜。他對於社會思想的貢獻，表現於他對於社會過程（人格和社會組織是從這種過程產生出來的）的明白敍述中，表現於他對於社會的銳敏分析中（視這種社交爲進步的基本原素）並且也表現於他着重用社會標準以進行合理的控制之態度中。

麥獨格

一九〇八年在社會心理學的思想史上是一個紀念年。在這一年中刊行出兩種重要的著作，一種是麥獨格（W. Mcdougall）著的，另一種是洛斯（Ross）著的。前者是從心理學立場發揮的；後者是從社會學觀點發揮的。

麥獨格把社會心理學大體看作個人的社會本能之研究；洛斯教授則注意於社會生活之暗示及模仿的各方面。所以在一種意義上，洛斯教授開始分析的地方，正是麥獨格結論的地方。

麥獨格認本能是社會生活之基礎。他看待這些本能幾乎是一切人們活動和社會活動的根據。(註一八)本能是生理遺傳的個人並不能把牠們歸於消滅。本能構成那些養成習慣的材料。只有當到本能或習慣(改形的本能)不足以適應人類需要時，纔會出現意識。

主要本能是兩性的、父母的、合羣的、好奇的、逃避的、抗拒的等本能。各個本能都伴有牠的特殊情緒；例如逃避的本能卽伴有恐懼的情緒，好奇的本能卽伴有好奇的情緒。雖然這種本能情緒的學說(instinct-emotion theory)推論到極點，卽似乎流於學究式的而不甚眞實的。

麥獨格教授指出本能是一切社會制度所根據的基本原素。(註一九)例如兩性本能和父母本能是家庭的基礎；求得的本能是積蓄物質財富的主要條件，並且是私有財產制度興起之主要條件。而好鬬本能則引起戰爭。

在特洛頭(Trotter)所著的和平與戰爭中的羣衆本能(Instincts of the Herd in Peace and War)一書中，對於本能之着重算是達到了極端的形式。在此書中，認爲羣衆的本能是駕乎一切之上的。照特洛頭的意見，羣衆的本能引起個人的恐懼心，並藉着嚴厲的習慣方法(大部分對他不利的)以支配個人。

和他的本能說相關連的，麥獨格也發揮了一個值得注意的概念，這卽是情操(sentiments)。情操的三種主要表現，卽是愛、恨、敬。而情被視爲基本情操，事實上是被視爲最簡單形式的情緒。情操是情緒趨勢集中於某個對象的有組織的系統。情操是包含一個重要方面的自我，並且對於決定社會行動，是有很大力量的作用。

一九〇一年，洛斯教授對於社會心理學的思想上已有創始的貢獻——這是在他發表社會心理學這部書前七年的事。他的第一部大著是社會制裁（Social Control）。在這部書的附註中他對於社會心理學的定義，認為牠是研究人類及其環境社會二者間的心理交互作用(註二〇)。這種交互作用是兩重的：社會支配個人（社會優勢）和個人控制社會（個人優勢）。社會優勢可以是無意的（社會影響）或者也可以是有意的（社會制裁）。照洛斯教授的意見，社會心理學是討論心理的常態和趨勢；牠並不討論團體，牠乃是心理社會學的一部分的領域。

社會心理的支配根據，即基乎同情心、社會性、公道意識等要素，並且特別是基乎團體之需要。有些人的行為往往觸犯團體羣衆。在這種公衆憤怒和公衆要求報復的情形中，即潛伏了對這種人加以社會制裁的動機。（註二一）

洛斯教授討論社會制裁的最出色的地方，大概即是他分析制裁的機關這方面。(註二二)輿論和法律是制裁個人的兩個最重要的方法。然而這兩種方法，前者的弱點即是時作時輟不能經常維持；後者的弱點即是過於機械嚴厲。人們的信仰和理想有很大的作用，這是由於他們主觀性的原故。一個人也許可以逃出法律的干涉；他也能避免輿論的指摘；但是他不能避免自己的觀念和良心上的不安。因此原故，宗教信條是很有大勢力的。藝術是

一種社會制裁的方法，但普通總是被忽視。牠足以激起情感，把握同情，創生美妙完善的社會象徵物之感覺。（註二三）

社會制裁的制度是政治的或者是道德的。(註二四)制裁的政治形式多少是有點客觀的，牠易流於少數人之手，並且易於利用以謀階級之福利。制裁的倫理形式，是從情操方面發生的，而不甚是由功利方面發生的。牠多少是有點主觀的；在個人空間獨居的生活也會發生倫理的意識。這種倫理體系，常常是溫和的、啓迪的和文雅的，而不甚是勇敢的和威嚴的。各個人通常都知道政治之制裁，但是他們卻幾乎不會顧慮倫理制裁的大影響。

關於社會制裁社會所要解決的困難問題有二，這卽是：（一）那些制裁力的方法可以用之而無弊害；（二）如何應用這些制裁方法。(註二五)社會所應用的各種懲戒法，是酌量情節而變異的，從名譽申斥以至大辟之刑，都會採用的。這些懲戒法之變化，從社會審判的平民化的處置，以至於專制政治的直接處置。過分的制裁不是產生社會停滯，卽產生社會革命，這是有賴於社會各階級分子所具有的力量之多少以爲轉移。過於微弱的制裁易流於紊亂狀態，至少將走到自私自利的情形中。父權的社會制裁也許引起個人的憤恨或喪失自尊的。

暗示或模仿是社會的要素，這是洛斯教授所已經詳細敍述過的。(註二六)他說明比較富於合羣性的種族，是更富於暗示的，而多少有點離羣索居性的人們，是比較不甚富於暗示的；南方民族比較北方民族更富於暗示性；而兒童比成人又更適於暗示的，這是因爲兒童所擁有的事實不多，以及所賦有而未發展的批評力不大；神經質的人們，比較冷靜性的人們，更可以暗示的，這是因他感覺力不相同的原故；婦女比較男子是富於暗示性的，因爲

她們沒有像男子一樣享受着外界很廣大的影響力比如高等教育旅行、自治動作、職業選擇參與理智的和公衆的生活。(註二七)

塔德最初所略舉的模仿律（特別是時尚模仿律和理性模仿律，）洛斯教授曾加以解釋和說明。洛斯很勇敢地拋棄時尚風俗習慣諸方面的虛飾事象而極力辯護在這幾方面的理性。他表明暴民心理和狂妄熱烈的舉動如何地不僅掃蕩了昏昧輕浮的人們並且也排斥神志清楚富於感覺性的人們。事實上，他已表白得很清楚：甚至頭腦最清晰的人們也常常盲目地或者俯首帖耳地受支配於風俗或時尚或此二者，然而他卻沒有主張模仿是同類意識和公共社會刺激之結果。他認爲暗示模仿現象之起源，與其說是團體，寧可說是個人的。

洛斯教授認爲人們對於事物之互相討論可以透露着進步的一線主要希望。(註二八)討論足以與領袖人物相衝突，以及引起團體進步。討論是會轉變個人的意見。適當的討論，足以解決衝突以及產生固定的輿論，這種輿論發生效力，直到新發明出現爲止。因此新衝突隨之而起，新輿論也發生權力。

一九二〇年，洛斯教授對於社會思想有一個最偉大最重要的貢獻，這即是他的社會學原理（Principles of Sociology）。雖然這部著作可以說大部分是社會心理學上的論文。最基本原始的社會是人類性向——本能。(註二九)隨之而來的社會力即是易於滿足本能要求的社會複合事象（societal complexes）。洛斯教授對於派生的社會力（或興趣）認爲大概可類分爲四種。這些基本的興趣即是財富的、政治的、宗教的和知識的這四種。這種類分只包含兩種或者最多三種興趣，是司馬爾教授陳述的六種興趣中所具有的。

洛斯教授關於社會化過程的分析已經陳述於第二十一章。這種現象是要很清楚地與社會生活嚴格形式相區別。(註三〇)團體往往變成不適當的凝固化。這種情形之得超度，在乎社會分化，使社會全體分爲許多微小部分，並放縱社會各分子之行動。(註三一)發展人們自由精神的任何運動，都易於引起社會分化。

社會工業化是使任何職業或職務受制於謀利的動機。(註三二)抑止謀利動機的要素，即是：(一)創造活動的愉快；(二)完成自己的作品之驕傲心；(三)要求依照業已公認的優越標準而生活的慾望；(四)對於虛僞工作之厭惡；(五)謀他人福利的興趣；(六)社會服務的動機。雖然，謀利的動機也得着許多社會趨勢來支持，其顯著者爲：(一)生活者和消費者的距離漸次增加；(二)上層人物和下層人物二者日趨分化；(三)資本這種東西在專業或職業之進行中日趨重要。

洛斯教授發表了一些有價值的社會改造之原則。(註三三)(一)改革方案不要干犯了人性。(二)那些方案須與社會主要實際情形相符合。(三)在未有計劃那些方案之前，應當先親切地研究所要改造的事象。(四)改革方案在未大規模採用之前，應當先作小規模的嘗試。(五)改革方案應當是社會運動之產物。(六)在平民政府之下，改革方案應當依照法律手續和憲政方法而進行。

關於社會制度的改進，洛斯教授的理論根據於生活標準之要義。他說：「生活標準大概是社會中最重要的事物。」(註三四)這種東西雖然是視而不見，觸而無感，但是牠們卻更適宜於啓示社會的性質。

風氣輕視那些昏昧的和無價值的婚姻理想。(註三五)少年人可以好好地教以愼重離婚，視之爲道德的敗壞，對於國家或社會的忠心，其源起在於兒童服從父母。因此，洛斯教授視健全的家庭生活爲社會的保障。

關於工業，他指示蘇維埃原則完全是與布希札維克主義(Bolshevism)偶然地聯絡。(註三六)根據蘇維埃本身的成績，牠是可以博得好批評的。然而公民用以互相團結，以求保持在政治上的代表權之原則，則尙未得成立。對於施行人民在政治上的代表制度，以地理區域爲單位，是否優於以職業分劃爲單位呢？這是尙未得到解答的。

洛斯教授是反對國家社會主義的；他認爲這種國家社會主義使公民離棄他自己的有生機的業務（即是自己經營工業）過於遙遠了，以致於他每年投票選舉這種動作，只成爲一種游戲的事情，他差不多只是國家的一個奴隸。(註三七)在另一方面，基爾特社會主義則主張各種工業之組織其本身應將是民主化，國家之組織不要以省區或地方爲自治單位，而須使工業能運用相當的自治權。洛斯贊成現在所出現的一般改變，即是從強迫的工業生活轉變到自願服務的工業生活。

洛斯教授推論了幾個重要的社會學的普通原則。這些原則他稱之爲期望的原則、刺激的原則、個人化的原則和均勢的原則。所謂期望的原則，他是指大家知道的一種制度之進行策略，爲某些分子所期待其實行，並且其結果將轉變人們的行爲。(註三八)人們往往根據這種原則以謀不正當的利益。例如兒童依賴恩愛與仁慈，乞丐的盛言哀訴常常是有效的。關於這方面，眞正的社會改良，大不同於普通的慈善概念，因爲社會改良的方法，是使人們適於前進，廓淸他們的道路，鼓舞他們作生活上之賽跑。(註三九)至於後者（慈善）則不足以資助永久的價值。

刺激的原則，卽是指通常有一種趨勢利用無價值的事物，刺激人們，炫惑耳目以博社會之贊同，由此以沽名釣譽。(註四〇)商業競爭往往流於賣假貨、冒牌商業。有一種職業上的競賣技者，他們有時假充是眞實謀體格發展的熱心家。一般政客也往往是專門的欺騙家。

個人化的原則，卽是指給個人以一適宜的發展機會。社會既是日益複雜，制度既趨於漸次殭化，以及生活既然更加標準化，所以普通人卽漸次有受傷害的危險；至少他的自我表現的機會，將漸次減少。在教育上，須有經常的注意，使各個人有特殊的表現；在工業上，需要保障勞工，使其人格表現於其工作中；在政治上，須允許大家能自由討論。

洛斯教授所陳述的均勢原則，卽是：『在社會前進的過程中，各個社會分子應當依照他們的智力和公衆精神而享受一切，不應當有人特別佔優勢。』(註四一)有一種悲慘的爭鬬出現於階級之間。要求某一階級支配其他各階級，這種情形古時曾經有過，並且就是現在也還出現於各國中。由此社會感受無限的痛苦。社會往往受犧牲於死者之統治、男性主義之統治、僧侶之統治、黷武主義之統治、商業主義之統治、法治主義之統治、有閒階級之統治，總之，凡此現象，都是一個階級把握政權，支配弱者階級，直到弱者階級獲得強力，足以推翻當權階級爲止。

洛斯教授的社會心理學的思想，通過了人類生活的最深處。牠是表現於淸明有力的文字中。牠喚起各地有社會思想人們的注意。牠確定了社會學的領域，貢獻了心理學的接近法。

瓦拉斯

現在我們且來特別注意到像瓦拉斯(Wallas)所用過的「大社會」(the great society)這個概念。大社會是對於現代人類社會稱呼的名字牠是機械發明、工業生產、商業發達民主進化的產物——高級的組織和複雜錯綜的關係。大體說來這種社會是被那些握有無限的社會權力而不用以謀社會福利的人們所統治，並且這種社會的構成分子，大都是那些對於社會權力認識不淸的人們以及一些往往以不信任和厭惡的態度對待社會的人們。(註四二)

瓦拉斯認「組織」(代替他人的有機體)是基本的社會概念。他區分思想的組織、意志的組織和幸福的組織。所謂思想的組織，即是社會中那些使思想得以發展的制度，例如各種討論的團體，從哲學研究會以迄通常從事計劃的各種委員會，都屬此類。關於此點，瓦拉斯申述他曾經出席過大概三千次各種組織各種目的的市政委員會議，並且他認定至少有一半到會的男女，完全不知覺自己所爲何事以及應當如何努力。(註四三)他們到會與許多到教堂中的精神是相同的，卽是大家認爲他們之出席，只是盡自己的責任，並且由此或者可以得到某種利益。

關於意志的組織則是由於不完善的社會機關而出現的。在工業方面，有三種意志的組織是在積極的表現中——私產制度，個人主義者爲之代表；國家集體主義者爲之代表勞工組織，大槪可以工團主義者爲之代表。在合國中，須要發明一種方法，以調劑其中個人間和階級間的衝突意志，這種調劑法之發明，比較任何單純原則（無論是代表制、財產制或職業制，）都更有效的。（註四四）

對於幸福的組織則倘進行求適。凡事求效率已排擠了求幸福的意念，而以效率爲近代之神，賺錢發財的觀念矇蔽了使人們幸福的理想。根據幸福所組織的社會制度，足以免除過貧與過富的現象，應用中庸之道爲標準以表現一切社會利益以及同樣地發揮各個人的一切能力，並且可避免一切事物中的極端現象。（註四五）

愛爾烏德

愛爾烏德（Ellwood）的著作是特別根據心理學說以討論社會學的思想。愛爾烏德教授認爲社會是『藉着心理交互作用以經營共同生活之人羣』（註四六）心理交互作用之結果即影響各分子的活動之互相調和與互相適應。

社會交互作用的心理基礎即見於個人的自動本能、情緒、意識、心向這些特質中。有機體是賦有一種無外界原因的顯著幫助而得自ivg種種運動。（註四七）雖然有機體也大大地有賴於環境以發展其潛伏的能力，但是開始活動的主要基礎，則存在於牠內部的有機需要中。本能是天然選擇的產物，牠是代表那種適應過去生活需要的業已完成的神經作用。情緒也是遺傳的，牠是感情和感覺的複雜體。慾望則是感情和衝突的複合與慾望相伴而是具有選擇作用的活動。然而稍後，牠則發展而為高度的複雜作用以應付人生和宇宙的各種問題。心向是社會生活過程的產物，牠是從社會聯絡境況之下發生出來的。

有一個最基本的社會聯絡之過程，這即是社交，人羣集合在一個地方，以便共同動作，這種需要即發生互相交通的種種符號。

米德（Mead）教授澈底討論了社會、語言和意義之覺識。（註四九）他開始注意於人們的動作互相刺激互相反應底社會情況。比如所謂生活乃是一組動作，刺激反應，和應付反應而產生的刺激——這些活動即構成具有意義的姿勢或符號。符號以及了解符號的意義之覺識，是社會中的主要成分。

愛爾烏德教授說：社交是在相區別而又互相作用的各個人中，推進普遍生活過程的一種方法。（註五〇）這個定義似乎是不適當地着重個人。無疑的，個人乃是社會生活大潮中的產物。暗示是一種基本的（但是倏忽間的）社交形式，牠多少有關於同情的情緒作用。模仿是傳播動作與觀念的普通機關。語言文字的社會交通是促使社會變遷的主要因素。

華德認為初民是反社會的，這種主張為愛爾烏德教授所拒絕，愛爾烏德指明照社會人類學來說，所謂初民的反社會特徵，在野蠻人中並未完全發達，然而在稍後的人民中，卻更有這種反社會的行為。不過我們只可以這樣說，初民的社會性是很狹小的，大都限於家庭和小團體中。（註五一）

愛爾烏德教授的社會變遷說，是有兩種特質：無意的和有意的，——前者是低級社會進化的特質，而後者則為高級社會進化之特質。(註五二)無意的不自覺的社會變遷之形式有許多。

天然選擇易於使較弱的分子和較弱的團體受壓迫和受摧殘，另一種的無意的社會變遷則由於某些文化原素之漸次廢棄而發生的。某一代的人們並不見得能夠把前輩人的一切特殊事物都完全仿學保留下來。尚有一種無意識的社會變遷即是各個人的關係發生變化，這是由於人口增加，新物質環境，新文化接觸，新發見或新發明而產生的。事實上，愛爾烏德教授陳述一切社會變遷之起點都是無意識的不自覺的。(註五三)

有意識的社會變遷，其起始即由於一個人或許多人感覺某種社會風俗習慣不適宜。藉着社會的過程，這種感覺即傳播到大家。討論遂繼之而起。其初，討論大都是對於不滿意的社會情況加以批評。社會中無益有害的事物首先為人們所注意。討論既然進行了，牠即具有比較近於建設的性質，即是說牠變成建議的、有計劃的、積極的。牠暗示正待進行的變遷。牠轉變而成為多少有點固定的輿論，要求有一種代替舊事物的新途徑。助長有意改變之主要原素即是自由社交、自由批評、自由討論，易於轉變輿論，自由選擇社會政策和社會領袖。(註五四)有意的社會變遷中之選擇過程即是輿論，輿論之作用即在介紹由某一種社會風習變遷到別一種風習。

西洋文明中的有意的社會變遷，一方面為過度的個人主義所危害，他方面也受着那種壓制個人創造力的和輕視心理德性的社會主義所恐嚇。愛爾烏德教授極力申述教育之重要，教育須使個人社會化，同時須發展高尚的人性。

社會既不能使其風俗制度維持高度的適應性，則在此變態的社會境況之下，也發生社會變遷。(註五五)專制獨裁者，資產階級，僧侶階級，特權團體，一般人的知識停滯無進步，這些情形都是易於阻滯制度之適應性。如果這種適應性沒有了，則社會境況即將產生革命。如果統治階級濫用大權力使一些反對者的生命，隨意被摧殘，則革命將無定地延展時期。如果社會中精明分子的能力大受阻撓，無積極表現的機會，則他們即不滿意於現狀而成爲反叛之主動力。如果革命來到了，則社會組織中許多有價值的事物也將隨無價值的事物同歸消滅，混戰盛行，因此，社會生活之流入於野蠻殘酷的階段，是很容易有可能性的。

愛爾烏德教授在他的社會問題討論中，指示前次世界大戰的好結果，被我們社會中那些特殊階級的盲目自私所摧殘了，被非特權階級的某些人物的過激主義所危害了。(註五六)使現今世界不得安全地實現民治主義的壓力，即是各個的帝國主義、商業主義，追求物質的生活階級衝突，宗教的不可知論，以及輕視婚姻與家庭的態度。(註五七)從某方面來說，社會問題即是要訓練人民能夠公平合作共同生活的問題。

照堵哥所指示的，避免社會革命的唯一途徑即是用適當而良好的社會改革。現今最迫切需要的社會改革有三方面：以大公無私的國際主義代替自私的國家主義，以精神文明代替流行的物慾生活，以及將自私自尊的民族，改變爲社會化的民族。促進這三種改變是一件大任務，是唯一的社會問題。

文明是社會價值的複合物。愛爾烏德教授對於價值之分類，大不同於瞿丁斯教授的分析（見前一章）。照愛爾烏德教授的意見，西方文明可用下列這幾類的社會價值（這是歷史產物）來代表：（一）精神的和倫理的價值，——古代希伯來人所敍述的；（二）希臘人所發揮的美學與哲學之概念；（三）羅馬人所創倡的政治組織與法制形式；(四)初期條頓民族所表現的人類自由的信仰；(五)文藝復興時代所起源的科學精神與技術；(六)工業革命所發生的經濟效率；(七)廣泛的人道主義的價值——這是十九世紀的產物。雖然，這種廣大而複雜的西方文明是需要從牠的結構方面，除去極端的個人主義、物慾主義和自私的國家主義這三個業已腐蝕的柱木，而一一代之以精神化的和社會化的事物。

人性是最可改變的東西，這是我們知道的。普通人類的行爲是一種不固定的混合物，所以把牠的構成要件改變了，則行爲本身即會發生變化的。『利用科學，人類即將能夠漸次了解大自然以及支配自己的行爲，』這是愛爾爲德陳述於人類社會心理學(The Psychology of Human Society)這部書中的信仰，這本著作包含著者過去曾經發表的許多心理觀點之修改和成熟底敍述。(註五八)

海斯

照海斯(Hayes)教授的分析，社會制裁的性質是要使人類的優良經驗得以完全的和諧的實現。(註五九)社會制裁應當禁止那些不合乎理性的活動，應當鼓勵那些合乎理性的活動，所謂不合理性，即是用活動本身的內在價值及其效果來判斷。關於社會制裁的目的，這種說法，和別些人對於這方面的解釋很相似。

社會制裁有二種：第一種即是賞罰的制裁，第二種則是社會暗示的制裁。社會賞罰即是對於善者予以褒賞，對於惡者予以懲罰。雖然，海斯教授並不以法律爲社會秩序的最後基礎。乃是以人格爲社會秩序的最後基礎。對一問題，即在乎選擇各個人（當他是在幼年時）的本能趨勢，並使那些本能趨勢有一種好傾向而表現下列四種特徵：（一）忠厚誠實；（二）有節制的飲食動作等等動物性；（三）堅毅耐勞；（四）社會精神或社會公道。（註六〇）

海斯教授關於社會制裁方法之陳述在意趣方面有似於洛斯教授所建議的綱目。教育被視為社會制裁最重要的方法。教育能够左右人們努力的方向；教育能够轉變關於社會評價的注着點。海斯教授承認遺傳之重要，以及認識個人之成就是如何地比較更有賴於遺傳而不甚有賴於努力之方針。雖然，社會也大有權力以決定其中那種人物能够盡量把他們的先天能力充分發展，並且社會也有權力以決定其中各分子活動所應採取的方向。（註六一）

在社會制裁的教育任務中，家庭是佔有首要的位置。（註六二）家庭養成人格的力量，足以與其他諸方法連合的作用相比擬。做母親這種職業，在社會上，比較其他任何職業都更重要。

韋伯倫

企業的、有閒階級的、機器過程的、工業和工作的社會心理學曾由韋伯倫（Veblen）加以申述。韋氏精銳獨到的著作表現於幾部書籍中，其主要者是有閒階級論（Theory of the Leisure Class）、企業論（Theory of Business Enterprise)以及工作本能(Instinct of Workmanship)。最能表述韋伯倫的觀念的，要算是他的「諸原則」(canons)。

金錢競爭的原則(canon of pecuniary emulation)指寫某些人不停的努力，以求在財富擁有上勝過別人。(註六三)這種財富之擁有，被認為是對於擁有者足以發生莫大的光榮。金錢美麗的原則(canon of pecuniary beauty)是說及人們大都有一種印象，謂事物之美醜與其所花費的本錢成比例。(註六四)金錢花費之標記被認為是美麗的象徵。

顯耀消費的原則(canon of conspicuous Consumption)這個名詞是用以表述一個人很闊綽消費財物以顯示其富裕的方法。顯耀消費之表現於裝飾方面比較表現於其他任何方面都更顯見的。(註六五)顯耀空閒的原則(canon of conspicuous leisure)是指某一些人當其生活空閒無所事事時，即追隨這種法則而視為最足以表明經濟豐裕的方法。(註六六)有時候，男子使其妻在娛樂室中消磨其時間以求完成自己富家的地位。

有閒階級保守主義的原則(canon of leisure class conservatism)是韋伯倫標明資產階級有保守的趨勢。幸運的人見大都是滿意於現狀。他們之反對社會變遷，因為社會革新也許會推翻他們舒服的現狀。他們呈有優越的物質利益，其他當毋論焉。

韋伯倫的金錢效率的原則(canon of pecuniary efficiency)即是指許多對於效率之見解大都看重於價格。善於招攬主顧博得利益的人，即被視為有能力的和善為服務的。(註六七)以最小成本賺得大財富的人們，即大受鄰里親族所推重。發明家能夠親手獲得十萬元的報酬，卽大受讚揚。換言之，對於人們之評價有一種共同的趨勢，卽是直接與其所賺得的金錢總數成比例。

好戰的原則(canon of bellicoseness)卽是指有閒階級熱心於戰事。很有錢的人們，毋須努力工作以謀生活，他們卽感覺時間之冗長。所以他們卽去找求刺激與安慰以排遣無聊，並且向各方面去追求這些東西，特別是在戰爭這方面。

金錢教育的原則(canon of pecuniary education)是包括要求實用教育的趨勢；一加考察這種實用教育是資助個人將來成就事業的教育。教育所要使少年人將來追求的成功，在實際生活的人看來，卽是金錢上的成功。「實用」這個字乃是有利於私人利益之謂。許多人對於教育上所予以的考察，卽是：教育能使一個人得以賺錢麼？這個金錢打算的原則，表明有許多職業都產生金錢思想的習慣。就多數人來說，他們比較嚴重的思想之起點和終點都是帶有金錢意味的。

機器過程思想的原則(canon of machine process thinking)卽是近世機器之使用，產生了一種多少是根據於物質因果關係的思想。機器是不知道道德的，不知道尊嚴高貴的，也不知道正義公理的。機器過程而勞工操作於無人性的因果世界中，卽有喪失罪惡觀點之危險。

韋伯倫教授極力發揮了人類工作的本能，依照這種主張，各個人要去做事、去建設、去成就、去工作，這是天然的。各個人藉着活動以表現他自己，由此而獲得樂趣。每個人都是向前推進的活動之中心；他賦有要求工作有效果的嗜好。(註六八)然而勞動因不受尊重，遂令人發生厭惡。這一點應當歸咎於世襲的有閒階級。(註六九)然而使人類生活能够從禽獸界走到人類，卽是由於這種工作本能。

韋伯倫對於社會思想的貢獻都是具有激動思想的性質。他的貢獻有時流於不適宜的比較，往往發生衝突，然而大體說來，那也有創見的。像上面這幾段很簡單的引證文字，對於韋伯倫嚴厲地批評社會弱點之議論，並不足予以公正的評判。

好華德

我們討論社會心理學思想之性質，若是不說到好華德(G. E. Howard)的著作，那就非完全的討論。好華德是政治學家、歷史學家、社會學家，並且也是社會心理學家。關於好華德博士所藉以出名的各方面的研究，他所用的方法都是心理學的研究法。他建議了關於社會心理學領域的很優越的大綱，並附有社會心理學者的著作目錄。要討論好華德教授的社會心理學思想，其最好的方法，大概不如舉出一篇可充代表的文字，現在且用他在美國社會學會(當時他是此學會的會長)的演說辭來供我們觀察。那篇演說辭的標題爲『理想是未來國際社會制裁的要素。』這篇大作，好像是當時一九一八年社會學會年會中所宣讀的許多關於社會制裁的論文之導言一樣。這些論文(以及他的演說辭)業已彙集而爲此學會叢刊的第七卷。

所謂社會制裁，好華德教授是指估優勢的社會意識之標準概念。(註七〇)然而在同那一卷的刊物中，寇耳西韋伯斯特（Hutton Webster）教授則傾向於相信原始社會制裁的主要特點即是對於新事象的迷信恐懼心。

(註七二)查平(F. Stuart Chapin)教授則認爲原始社會有權勢的主要成分，如社會風俗習尙等，足以壓制個人。

(註七三)關於社會制裁之解釋現在毋須再加引述，讀者如有興趣，可直接參考該叢刊第七卷。

關於認理想是國際制度的一種方法，好華德教授也表明：有些理想將發生惡影響的。民族國家的理想即使不是反乎道德，然而也似乎是無道德的。(註七四)對於這四種現在流行的倫理標準，即個人道德、事業道德、國家對內的道德，以及用以對待外人的國際道德之標準，其大小限度是漸次低降的，而第四種爲最低國家主義過分發達了，而致於犧牲了所切要的國際主義。

有危害於社會本身的其他一種假理想，即是戰爭和黷武主義這種概念。戰爭本身即是不好的。這樣的戰爭也不是英雄的。種族的價値則構成第三種虛僞的理想，『每個民族都自以爲優於其他各民族，然而每個民族都錯誤了。』(註七五)民族自誇自大是與基督教的理想相違背，並且那種自大心理，是要以各民族能力平等的新學說來代替的。

在另一方面，民治主義的理想則產生眞正適於進步的需要。牠足以產生和平，雖然民治主義也必須使其自身除去那些缺點。世襲特權和階級特權，必須廢除的；政治之腐化和民族之不良分子是必須消除的；婦女是原始社會建設者，是工業之母，是首先發明和平方法的人，在社會制裁中必須允許她有充分的言論。

教育理想也是非常優良的，因爲牠包含了改變其他理想的過程。教育養成人民對專制政治去歌功頌德，也可以很適當地養成一般人民去建設自治的民主政治。

好華德博士很堅決地爲社會理想主義而辯護——這種理想主義是最有效果的。(註七六)「這種理想主義者是具有吸力的社會建築家，他夢想着使大都市道德化和衞生化的計劃；他籌措廓淸欺騙政治之運動；他要想計擬一種法律以救濟在工廠中或店鋪中受殘暴男子管理下的兒童；他計劃要使國民同意於除去那種製造罪惡的特殊享樂場所；他思考如何去拯救貪婪的人民以及如何利用全體人民和天然財物。理想主義者是大政治家——國家之首領——他想像着一種計劃以期保障民治主義以及全世界之和平。」

心理學家關於社會心理學的討論，是開始於『個人』等他把『個人』這個概念大加發揮後，即注意於在社會關係中的個人。本能的趨勢，固定的反射等等是主要的必需動作。社會心理學有一部分被視爲應用心理學的表現。(註七七)

在心理學上，行爲主義的運動是大有影響於社會心理學，行爲的模式(神經系統發生機械地刺激反應之作用)是有遺傳的和後獲的這兩種。無數的賦有潛力的反射作用，即構成遺傳稟賦。(註七八)

對於社會心理學思想，近來有一個綜合的陳述，這即是伯納德(L. L. Bernard)所貢獻的。(註七九)他敍述行爲的有機基礎，行爲模式的性質、習慣機體的性質，以及意識的機能組織之性質。人格是完成於心理社會基礎其團體調適或社會調適的科學。」具有傳統意義的「本能」這個概念是被棄置的。這個概念之應用有好幾百種的意義，所以牠是無價值的工具；因此，伯納德教授即主張過去所稱爲「本能」的，有許多現象都是習慣養成的，並主張以環境過程說代替本能說，這個環境過程說是根據於與客觀社會制裁的概念相聯絡的生物學公式。(註八〇)

許多學者都指斥「本能」而杜威爲尤著，他注重習慣，這是大家知道的。習慣與衝動在人類行爲中佔有重要的作用。在社會刺激之下衝動即組織而爲習慣。習慣的性質是固定的、一致的、持久的。(註八一)甚至思想也是習慣。

湯麥斯(W. I. Thomas)曾用社會態度和社會價值的名詞去分析社會過程。因此對於社會心理學的思想即給予了一種新着重。態度是用個人意識的過程，在社會界中，牠決定個人實在的或可能的活動。(註八二)在另一方面，社會價值則是具有經驗內容與活動意義的任何事件。因此，活動是社會態度與社會價值二者的結合物。價值是物質的或精神的事件所具有的意義。態度是追逐價值的趨勢。社會心理學是社會態度的科學。

照帕克和柏嘉斯在他們的社會學概論所說的，社會過程通常是包含四階段：(一)競爭，或無意識的衝突；(二)鬬爭，或公開的衝突；(三)順應，或有意的適應；(四)同化，或無意的統一。社會交互作用是社會過程的起點。

本章和前一章對於心理社會學的思想史已經介紹過了，再補助以前面社會衝突論和社會合作論那幾章的材料，由此可知心理社會學的思想在社會學的領域中，是佔有首要位置的。在社會思想上，牠將很適宜地成爲中心力，並且也適宜於領導社會科學。牠討論了一些最有生機的概念，即是團體、人格、行爲、衝突、合作和過程。應用這些概念，對於社會問題之了解，可以有最好的研究方法。

大社會(註八三)

「在過去一百年中，文明生活的外表情形，因爲許多發明物的影響，而產生變化。這些發明物，將昔日機械力的創造、人和物的運輸、和語言文字的溝通三者所受之限制，一網打盡。社會階級的改動，是這個變化的效果之一。現在人們的工作，思想和感覺，都和環境有關。而這個環境，就牠的普遍全世界的範圍和牠對於人生各方面的密切關係而論，在歷史上是沒有先例的。

經濟學家對於這個社會階級的改動，擇定牠的一方面，在經濟學中加以研究，並且爲這方面創造一個新名字，叫做「大工業」；而研究所得全部結果，社會學家爲便利起見，可以叫做大社會。在上述變化發軔的國家，大多數人民或者住在大的商業城市中，或者住在人煙稠密的工業區中。這些工業區佔地幾百平方英里，並有機械的交通工具。城市和工業區，都是組織很完密的民族國家之一部，每個國家的人口或者是五千萬，或者是一萬萬。這些國家，在國際關係上，每年愈趨愈密切的。

大社會的每個會員，不論是愚蠢的或者敏慧的，不論有天生的政客或商人之廣大好奇心，或者有天生的工匠對於所見所觸事物之專心，總避不了這個愈變愈大愈變愈緊的束縛。一個人對於一個財政家，儘管從未聽他的名字，但是這個財政家的突然之決斷，不論在什麼時候，竟能使這個人所服務的公司、礦場或者工廠，立刻倒閉，而這個人也就此無法謀生，或者不得不攜眷遷往一個新中心點。這個人和他的同事，對於本國政黨和本國或者國際商業聯合會(trade unions)所提出的難題，如果大部分能夠評判適當，惟有在這個時候，他們方能維持他們的標準工資，或者維持他們地位的穩固。在「大工業」的勢力尚未達到之英國村莊，社會階級的改動，已經發現。一個代人洗衣的寡婦，她的成功或者失敗，完全要看在六七種互相競爭的宣傳計劃之下，她選用漿粉、蘇打(soda)，或者絞衣機的技巧而決定。在草地上踢足球的孩子們，自以爲將來或者成爲英國代表隊的隊員。戴眼鏡的青年教員，那時站立一旁，念及自己將來的幸福，就想到自己在特蘭斯凡爾(Transvaal)或者澳大利亞西部(West Australia)兩處的擢升機會，或者想自己的宗教意見和德國某教授所著希伯來死後情形論之分析兩者間的關係。

英國工廠女工被迫加入工會；疲倦的老年蘇格蘭看門人，有幾英鎊的積蓄；加利西亞(Galicia)的農夫聽到了移民發起人的呼聲；法國城市的工匠，其職業受到一個新發明物的威脅；這些人都知道除非他們能夠從聽到的傳來之世界時事中，自己設法前進而不受到障礙，他們一定要被打倒的。他們原欲住在熟悉的環境和親密的友人之中，但是決不敢這樣做。至於他們的子孫，生長於支加哥(Chicago)之郊外，或者生長於託頓漢(Tottenham)和密德爾斯堡(Middlesborough)的陋巷中，對於昔日的生活情形，就作爲他們願望的目的，也已經不存在了。

在全無意識的社會不平等之中，我們覺得比較的有希望。對於排列成行等待監守室開門之犯人，或者對於馳驅於華貴的汽車中之癡肥婦人，我們能够想法應付。但是我們所想的法子，引起書記、工匠和教師數目的增加，而他們的生活狀況，幷沒有重大變化。就是公園、圖畫陳列室、圖書館和新環境的其他緩和物，在其餘的時候，我們爲了牠們工作和選舉，但是牠們似乎總是非常不適宜的。

有許多人留意於東方的從舊變新之迅速變化，也說有同樣的但更加厲害的感覺。印度（Hindoo）農夫，放棄了農村的貧困和不可靠，跑到孟買紗廠求比較穩妥的工作和比較大些的工資，但自稱心靈的需要，幷未因此得到更大的滿足。西曆一八九四年，日本人民開始堅決地加入「大社會」，小泉八雲（Lafcadio Hearn）曾經說過：「新日本是更富饒、更強盛，並且有許多地方，是更聰敏，但是就快樂和慈善而論，則萬萬不及老日本。」

社會遺傳物（註八四）

「我們的教養，也可分做二部。第一部包括各人自己獲得而非從他人學得者。第二部包括知識、策略和習慣；這些原是個人獲得的，但是後來利用社會過程——教學法——由一代傳給後代。我們所謂社會遺傳物，就是指教養的第二部而言。

就我們所知道的而論，社會遺傳過程，對於野生的非人的種族之生存，是非必要的。燕子或者倫敦的老鼠，均使將從父母所學得的完全忘卻，那末牠們的數目經過幾代，或者會減少到現在數目的一半或者四分之一。在人類中，倘使社會遺傳中途停止，那末就是最重要最進步的人種，或者要完全滅亡的。倘使地球和章爾斯（Wells）所講的彗星之一互撞一下，倘使現在的人因此將前代遺傳下來的知識和習慣完全忘卻（雖然他的發明力、記憶力和馴熟力（habituation）仍舊保存而毫無變化）那末倫敦或者紐約的居民，在一個月之內，十分之九必定死亡，在其餘的十分之一中，百分之九十九在六個月內一定死亡。他們沒有言語可以表示他們的思想，而且除掉模糊的幻想之外，沒有思想。他們不能讀通告，不能開車騎馬。他們或者聽從幾個天生佔優勢的人們之含糊呼聲，到處遊蕩，口渴的時候，在河邊碼頭上喝水，溺死了幾百個人，或者嗅到了腐爛食物的氣味，就去搶劫那些店鋪，最後或者竟會實行食人主義。

幾年之後，南北兩温帶的人類，差不多一定消滅。白種人或者到處滅絕。有幾個原始人種，在人類發軔的肥沃熱帶地方，或者可以賴菓子和小動物為生，再慢慢地積成一個新的社會遺傳物。經過幾千代之後，他們或者纔有我們所謂言語、和養馴禽獸、耕種土地等方法。至於我們所謂宗教，至於我們比較簡單的機械發明物和政治手腕，他們或者已經有了，或者仍是沒有。他們雖然不會再造成「法律」或者「自由」普遍觀念；但是或者會創造其他我們視為新奇的普遍的觀念。

自從日用言語和燧石取火術開始以來——就是說大約五十萬年以來——人類依賴社會遺傳物的程度是逐漸加甚。這件事使我們生物學上遺傳的天性，發生重大的變動。就生物學而論，我們的生活有了社會遺傳物，是更加適宜，沒有牠就不大適宜。可以說我們人類已是寄生於社會遺傳物了。」

社會心理學的性質和範圍(註八五)

「人類的交際產生心的常態和趨勢，研究這些常態和趨勢的科學，叫做社會心理學。社會心理學的目的，在乎明了和解釋感覺、信仰或者意志——所以和舉動——中的一致性。這種一致性是從人們間相互作用——就是社會原因——生出來的。人類的天賦，沒有兩個人是相同的。就遺傳性而論，人類的不同和特性，應該比我們所看見的更加顯著。交際的聯成一線的力量(aligning power)，打倒性情和經驗的分歧。宗教信條的數目本應該和人類的數目一樣；但是世界人類所擁護的宗教，祇有幾個。衣服、飲食、娛樂或者道德觀念也是這樣情形。人們往自然得到的個性，大部分被消除了，所以人們就歸入幾個有一致性的常態。

當人們的注意，從人們所信賴的一致物(agreements)——例如語言、宗教和文化——移轉到吸引人們的激動(agit:tions)，那末我們所用的比喻，自然要從常態一變而爲趨勢了。一個羣衆見了一個兇惡的罪犯，會一致有處死該犯之心；一個軍隊戰敗之後，兵士會一致驚惶無措；宗教情緒之傳播，罷工風潮的擴大，這些都引起趨勢觀念，而所謂趨勢，鼓動人們於一時，後來就停止了。

社會心理學和純粹社會學之不同的地方，在乎前者是研究常態和趨勢的；後者是研究團體和機構的。人們的利益，使人們或者互相合作，或者互相衝突。人們爲了合作或者奮鬬起見，分別結成團體，又想出機構，藉此調整利益和達到實用目的，社會心理學以爲人們在這個時候，不過參加一致的常態或者趨勢，並不是聯合成爲團體。因爲前者（參加常態和趨勢）決定後者（聯合成爲團體）的力量，比後者決定前者的力量要大些，所以就研究的次序而論，應該社會心理學在前，純粹社會學在後。

社會心理學，對於人類中非心的(non-psychic)類似物（例如低地最初居民中之疾病的傳染，或者傷風和熱病的流行，）或者對於從這些類似物產生的心的類似物（例如憂鬱病或者對於永久的懲罰之信心）是毫不注意的。人類中有許多一致物，是從普通的自然界環境（例如水手之迷信，戶外人們之快樂，平原居民的暗示性，山居人民的獨立精神）直接作用產生出來的，或者是因爲受制於相似的生活狀況（漂泊印刷人的放蕩，牧童們的鹵莽，年長的學校教師之拘謹，農夫們的多疑）而產生的，社會心理學對於這些相似物也完全忽視的。

直接或者間接從種族的天資——黑人的善辯，吉布西人(Gypsy)的流蕩，馬來人的復仇心，錫蘭人(Singhalese)的奸詐，馬扎兒人(Magyar)的愛好音樂，斯拉夫人(Slavs)的神祕性，條頓人(Teutons)的冒險性，美國人民的好動性——產生的一致物，社會心理學是置若罔聞的。這些公共的性質之來源有多少是確實屬於種族的，有多少是屬於社會的，這個問題還待日後解決。牠們的先天性，或者比我們所想像的比較少些。許多初學者，對於任何集合的特性，或者因爲生性愚笨，或者因爲生性疏懶，不能或者不肯在自然環境中，在社會環境中，或者在歷史的狀況中去招尋這個特性的來源，就拿「種族」來搪塞一下。

從社會原因——就是心智的接觸或者心智的相互作用——產生的一致物，是社會心理學要研究的。每次我們一定要問：「這些人們是否給他們的公共的本能和性情，公共的地理位置，相似的生活狀況，或者相互心理學——就是他們間相互影響，或者從一個公共的人類來源所得到之影響——列成一線？」心智的一致，伸展於全社會，使許多人參加一個公共的常態，但是這件事並不是社會的。如果這件事是從心智間相互作用產生出來的，那末牠是社會的了。

社會心理學對於感情、信仰或者目的中許多常態，說明牠們在人類中怎樣成立和怎樣供給牠們的分類、合作和衝突之根據，因此擴大了我們對於社會的認識。如果沒有許多過程，將意見、信仰和取捨的模型灌輸給許多人們，偉大的社會是不能持久的。一個團體，除非為社交的快樂或者合作的必要所維繫着，也是不能經久的。民族的特性不會發生，而在受到同樣特徵化的人們之外，爭鬬就此變成常事了。

社會心理學要斷定個人的心智內容和選擇有多少是從社會環境得來的，因此擴大了我們對於個人的認識。每個人都喜歡自以為是無比的、自立的、行動自由的。實則他的一舉一動都效法別人，但是他自以為他走這條路因為這條路是對的，並不是因為這條路已經有人走過。所以古萊（Cooley）（註八六）說：「倘使一個人愈是像美國人，愈是看不出美國人的特性。他將這個特性具體表現出來，不論在他所做的、所說的或者所寫的之中，都充滿了這個特性；但是祇因為他沒有外在的觀察點，可以察看這個特性，所以他永遠不會看見牠。」社會心理學既然證明在我們的生活中，毫無疑義地到處有社會要素，就督促我們推廣和建設一個眞正的個性，使我們變成一個聲音而不是一個回聲，使我們變成一個人而不是一隻鸚鵡。他使我們知道我們對於自己今日的地位，貢獻是怎樣小，在我們的觀念中可以稱爲我們自己的，是怎樣少，我們自己想出信仰，是絕無而僅有，我們的選擇，是怎樣不能表示我們天性的眞正願望！那末這個知覺先使我們感受痛苦，後來又使我們打破風俗習慣的束縛而過到一個接近現實的戶外生活。只有脫離了數目、時代、社會特殊地位和人格的束縛，零數(ciphers)方能變成整數。

社會心理學分成兩個很不等的部分，叫做社會權力和個人權力，就是多個(the many)決定一個(the one)，和一個決定多個；平常人們給他們的社會環境所甄陶，社會環境給特別人們所改變。所以武俠模範，離奇愛情的標準，威思敏士問答教授法(Westminster catechism)和對於公共教育的信仰，都是出類拔萃的人們之事業，並且是無數平常人們的社會環境中之要素。」

個人(註八七)

「一個沒有軀殼的個人，是一個抽象的觀念，是經驗所不知道的，如果社會脫離了個人，也是這樣的。眞實之物是人類的生活，這個生活有兩種看法，一種是從個人的立場，另一種是從社會的（就是普通的）立場；但是這個生活，實在既是個人的，又是普通的。換一句話說，「社會」和「個人」並不指可以分離的現象，不過是同一事物之集合的和個別的狀態，其間的關係，正和其他表示(expressions)間的關係相同；至於所謂其他表示，其中有一個代表整個的團體，另外一個代表這個團體的團員，例如軍隊和兵士、學級和學生等等。不論在那一個社會集合體——或者大的，或者小的——之中，都有這種情形；在一個家庭中，在一個城市中，在一個民族中，在一個種族中，亦然如此；就是在整個的人類中，仍是這樣；一個團體，不論怎樣廣大、複雜或者經久，我們是沒有理由可以說在這一點上，牠是和最小的、最簡單的和最不久的團體，是兩樣的。

自然，我們以為正確的見解是這樣的：以時間而論，個性既不在交際之前，以道德而論，個性也不在交際之下；但是牠們一直並肩存在着，好像是同一事物的補充狀態，就以進步的方向而言，兩者都是各從低級種類進展到高級種類，並不是從一個進展到別一個的。

原始人羣（註八八）

「原始人羣，在這裏是指有親密的聯合和合作之人羣而言。查這些人羣在幾個意義上，是原始的，而最重要的是在組成社會的性質和個人的理想中，牠們是不可少的。就心理學而論，親密的聯合之結果，是許多個性融合成為一個公共的全體，所以一個人的自我——至少有許多人——是這個全體的公共生活和目的。我們如果要描寫這個全體，最簡單的方法是說牠是一個「我們」；牠包含「我們」所表示的同情心和互相確認(identification)。一個人生活於這個全體意識之中，而且在這個全體意之中，他可以達到他的意志之重要目的。

原始人羣的統一性，並不是僅僅和諧及愛好，這個統一性，是一個分歧的而且常常是競爭的統一性，牠承認自我主張和各種合宜的情緒；但是這些情緒給同情心社會化了，並且要受到公共精神的訓練。個人將變為曖昧不明，但是他的希望之重要目的，是在他人的思想中得到一個所要的地位，他對於服務和公正的公共標準，將發生順從心。所以一個男孩要和他的同伴互相爭奪運動隊中一個位置，但是在這個爭端之上，他仍想到他本級或者本校的公共光榮。

這個親密的聯合和合作之最重要活動範圍——雖然不是唯一的範圍——是家庭、兒童遊戲團體、四鄰、或者年長人之大衆團體(community group)。這些範圍是差不多普遍的，就是牠們關於各時代和各發展階段的；所以是人類天性和人類觀念中普遍性的重要根據。最好的合作研究，例如威斯德麥(Westermarck)和好華德(Howard)二人的研究告訴我們，牠不特是一個普遍制度，並且在全世界不論什麽地方牠比最初學派使我們假定的奇異風俗更加相似。兒童喜歡結隊遊戲，年長的人們喜歡各種非正式集會，這是誰都不能否認的。這種聯合顯然是這個世界上培養人性的處所，而這件事不論在什麽地方或者不論在什麽時候都是這樣的。

原始人羣所以稱爲原始的，有兩個原因：(一)這些人羣將社會統一性之最初的最完備的經驗給與個人，(二)這些人羣的變化，不像更精緻的關係之變化同樣劇烈，牠們做成一個比較穩固的來源，而這些關係便是從這個來源產生的。這些人羣自然不能脫離更大的社會而獨立，但是有幾分反映牠的精神；例如德國家庭和德國學校，都多少含有德國黷武主義的色彩。

現在再論原始人羣：我們以爲人類天性，並不是單獨生存在個人中的東西，而是一個人羣天性(group nature)，或者社會之原始狀態，就是社會心理之比較簡單的普通情形。從一方面講，人類天性超過我們天生的本能——雖然本能加入天性——從另一方面講，人類天性是不及觀念和情操之更精緻的發展，這些觀念和情操就是做成制度的人類天性在那些簡單的親密的人羣中發展和表示出來，這些人羣在各社會中，在家庭集團中，在遊樂場中，在四周鄰里中，大抵是相似的。在這些團體間之重要相似性中，從經驗上我們可以找到人類心理中類似觀念和情操之基礎。在這些團體中，不論牠在什麼地方，人類天性就成立了。人類天性，並不是人們生來就有的；祇有從交際人類方能得到牠，人們如果孤立，牠就消滅了。」

多元的行為（註八九）

「在著者的窗外，有七隻麻雀，為了爭奪一塊麵包皮，互鬬起來。當著者正在窺視的時候，一個乘機器脚踏車的警士，衝到街中，截住一輛疾馳的汽車，車上掛着藍色的旗幟，車中滿載紫羅蘭和女童。在兩分鐘內，左近的男童，羣集攏來，探詢汽車可否開往紐海文（New Haven），正好趕到參加「競技。」」

根本上生命包含類此的許多事件。有生之物，繼續生活，目的在維持本身，使不消滅。有的時候，這些生物要爭鬬起來。但是牠們的活動，並不限於奮鬬以求單純的生命。牠們的活動在乎努力使生命擴大和充實。有意識的生命，是一個求滿足（包含社會分化）和事業的奮鬬。

生命在維持本身的時候，更使本身蕃殖，而個體生命的蕃殖，使生存競爭更為複雜和緊張。在這個競爭裏，犧牲是不可勝計的。祇有那些最「適宜的」生物——就是那些最能順應環境和最能應付危機的生物——能够繼續生存。這就是自然淘汰。

一個生物的活動是對於刺激物的反應，而反應就是行爲。

行爲的總和，就是生存競爭和事業競爭的總和。行爲的大部分，包含努力應付急迫的需要。較小的——但是仍舊大的——部分，包含努力求得所希望的但非必要的滿足。其餘部分則屬於自由的消耗，使用的目的，完全出於一時高興，並不求任何效果，所以有變成實驗的趨勢，探查環境是一個例子；實驗引起發明，沒有發明，當然沒有事業可言。

在這個世界中，可以居住的地方是有限的，所以個體——不論是細胞或者生物，都依賴試誤法而生存，並且探查牠們的環境——的蕃殖，產生接觸，並且使有生命的個體，結成團體。

最初的和最簡單的團體之結合，是誕生附帶而來的(an incident of birth)。

一個生物，一生要生殖好多次，這是很普通的。牠的許多子孫，在分散之前，在形式上總是一個團體。這些子孫，對於患難和安樂，都是相共的。

所以生命的蕃殖，不特使個體的生存競爭加緊，和使生存的狀況更爲複雜；並且有幾處給同類的個體全部——或者差不多全部——創造一個身體上的集體生活，而在別處則使行爲複雜化和組織化，更給同類的個體全部——或者差不多全部——創造一個行爲上的集體生活。

組成羣隊、衆或者團的集體生活之行爲，是多元的。鼓勵行爲的刺激物，不論一個或者許多，有時會得到不出一個個體的反應；例如麵包屑得到七只麻雀的反應，巡警和街車得到當地許多男孩的反應。

一個團體，受到一個公共的刺激——就是這個刺激的勢力，達到這個團體的全部——各個團員所發生的反應，或者是相類的，或者各異的。對於相同的或者相類的刺激物，相類的生物平常總是有相類的反應，例如稻田中的烏鴉，聽到鎗聲同時振翼飛去，街中的男孩，追逐於救火車之後。

多元的反應——不論是相同的或者各異的——或者是同時發生的，或者是從迅速的而至遲延的。以力而論，牠們是相等的或者是不相等的。以持續性而論，牠們也是相等的或者不相等的。

不論牠們是各異的或者相同的，對抗的或者聯合的，同時發生的或者相反的，相等的或者不相等的，對於一個公共的刺激之多元反應，使嚴格的利己主義之生存競爭，成爲不可能。這個情形，在人類的事業競爭中尤是確切不移。這種事業競爭，是一個多元競爭。

多元行爲和個體行爲是不相同的，自有牠的條件、形式和定律。

著者在少年的時候，常常沿着大路驅取家畜，因此知道使牠們行列整齊地向前進行的祕訣，在乎著者所用的刺激物——就是揚鞭所作之噼啪聲。後來著者又辦理一所鄉村小學校，並且在校中擔任教職，因此也知道整齊的合作之祕訣，在乎所用刺激物之使人信服力。這個刺激，不論是屬於物質的、功利的或者道德的，一定要是適宜的。雖然從這許多經驗，著者卻又知道一件事牠的興味正和上述的一樣。牠是：許多神經系中相似性（或者差異性）的職務，總是重要的，而且是可以限定的。在一羣牡犢之中，假使有二三只是蠻悍的，那末定能使牧童費盡心機。一所學校之中，倘使有二三個驕傲的而智力發達至八歲爲止的兒童，那末不論那一個教師必定用盡機敏和堅忍。

上面所舉的幾個例子，並非奇事，牠們是象徵的關係。多元反應的性質（例如相似的和各異的，同時發生的或者相反的，相等的或者不相等的，）總是給兩個易變之物所決定的，這兩個易變之物，是（一）刺激的強度和（二）互相反應的機械之相似性（或者差異性）。

多元行爲是社會的心理學之主旨，社會的心理學又叫做社會學，是一種應用統計方法的科學，目的在乎（一）分析多元行爲，和（二）利用易變之物——（甲）刺激，（乙）互相反應的機械之相似（不論多少）——來說明多元行爲的原始、完成、區別和功用。」（註九〇）

心理文化的社會（註九一）

「我們離開動物階段愈遠，那末我們研究團體生活，愈可少用純粹有機的或者生物學的方法。我們所知道的人類社會之進化，大部分是屬於文化的，而人類文化根本上是心理的。我們早已知道，人類團體中之連續性，是利用言語，將心理的模型——就是知識、觀念、標準和價值——從一代傳給另一代，這樣維持不墜的。這些心理的模型，是從原始時代以迄今日，逐漸累積和發展的。牠們是一套歷代養成而愈變愈爲複雜之內在的心理習慣。牠們也變成一套客觀的習慣和制度。所以人類的社會生活，是一個在發展中的文化，而人類的歷史，是一個在增長中的傳說，這個傳說如果離開了牠的內容——就是具體的觀念、態度和組成一個特別文化的價值——我們是不能了解的了。

這個根據歷史和文化而研究人類社會生活的方法，有許多人以為是和心理的方法相反的，但是這是錯誤的。就牠的構成要素而言，文化是心理學的，且一經分析到最後一步，牠是從個人心理而來的。假使我們將文化分析起來，我們就會發現其中每個要素，都是從個人心理的創造行為而來的，戈登威綏(Goldenweiser)教授實在早已說過了（見一九二四年出版之 Amer. School. Soc.）。但是從另一個意義來講，文化是累積的、歷史的組不屬於個人的。牠是給個人吸收了，並且調整個人的性質和行為。但是牠的傳播者，卻是團體。牠供給人類團體組織、團體行為和個人行為三者的模型。所以有許多人類團體，完全是文化的產物。雖然一般羣衆是天生的原始的團體，而我們所知道的全部人類羣衆，是給牠們自己的文化大大的改變了。

所以研究人類社會生活的文化論和心理論——除掉心理論的基礎是比較廣大些，心理論承認社會進化是比文化進化來得更廣大些外——是並不相反的。社會生活固然給文化所改變，但是牠在文化開始以前，已經存在了，並且是文化的傳播者。社會進化有一部分是從有機進化中幾個要素——變化、遺傳和選擇——的作用而來的，倘使我們將那一部分忽略了，那末社會的過程，就變成了個人和個人間的，及個人和物質環境間的關係中之連續不斷的適應和再適應，而這些適應和再適應都是個人心理過程所造成的。社會過程是一個互相刺激所調解而成的行為過程。有許多適應，繼續生存在團體之中，就變成我們所謂團體習慣，又叫做民間習俗，後來這些習慣又變成法律、政府、宗教、道德、工業等制度。這些制度改造人類團體的生活和行為。自然，和這些制度同時存在的還有團體中思想和感覺的一致方法，從一代傳給另一代，我們叫牠團體的傳說，或者叫牠文化的內部。但是這些都需要一個連續的心理社會的過程，就是一個團體中個人間互相刺激和感應的過程。所以社會相互作用、相互刺激和感應都是文化過程之基礎，也是人類團體的行爲和行爲中的變化之基礎了。

所以我們如果從人類社會之文化觀察點——就是從人類社會之民間習俗習慣法(mores)、傳說、風俗和制度等觀察點——來研究人類社會，又我們如果承認上述種種根本上是人類行爲，並且是從社會各個會員之心的生活和發展而來的，那末這個觀察點可說是根本上心理的。除非我們使我們對於人類社會的全部意見脫離了其餘公認的科學知識，這件事是免不掉的。我們不能以爲人類文化是脫離生活的其餘部分之抽象觀念。人類文化是人類團體之全部生活過程的結果。這個我們一經承認人類社會的文化觀察點，就和心理的觀察點混合了。

本書的主張是：人類社會的心理學——就是人類團體行爲的研究——對於許多人類社會論中眞理要素的綜合，供給一個科學的基礎。例如契約論和有機論中眞理要素的眞正綜合，全賴這心理學而成功，因爲利用團體行爲的客觀研究，這心理學引起一個更廣大的概論，而這個概論包含契約論和有機論所着重的社會生活中許多事實。人類社會生活的心理論之解釋，可於三套事實中求之：(一)有機進化給與人類之基本的特性和性情；(二)環境的影響，尤其是對於個人柔順性格發生影響之心理社會環境；和(三)個人啓發之合成的習慣、態度和價值。

人類社會之心理學論，以爲社會是羣居產生的行爲過程。在這個行爲過程中，衝動、習慣、感覺和想像等心理要素，和這些要素在社交、模仿、暗示、同情和其他心理相互作用中的社會表現，都是重要的組成要素。這個過程，在牠的心理和物質方面，是一定聯合一致的。因爲人類團體生活，是這些心理過程所造成的，所以要解釋——照科學的方法來解釋——這個生活，必須用到這些過程。換一句話來說，必須用到心理學。因此，社會之社會學論和社會之心理學論，是完全一致的。常常有人誤認心理學論爲模仿暗示論、同情論或者——著者曾經見過——契約論。科學的心理學，不特考慮人類行爲中純粹心理的要素，並且考慮生物學的過程和環境的情形。牠不特重視生物，並且重視生物的環境。所以一個理論，如果是屬於一個心理要素的——例如模仿或者同情——或者是屬於一全級心理要素的——例如本能或者智力——決不能視爲一個人類社會之科學的心理論，否則，便要自相矛盾了。社會的心理觀念，是一個特殊的觀念，既不可和這些片面的觀念相混，也不可和契約的或者有機的觀念相混。社會的心理觀念給與有機的要素一個基本地位，正和有機觀念一樣，但是當我們在社會進化階段上前進的時候，社會的心理觀給與心理過程一個巨大的而日趨重要的地位，這和有機觀念正是相反。社會生活之心理觀，以爲社會生活根本上是集體的行爲過程，而這個過程是從有意識的互相刺激和感應造成的，所以這個心理觀供給了綜合其他理論之基礎，自己本身也變成了社會學觀。心理觀是一個綜合的社會過程論。

人類社會生活之心理概念所有的價值，並非僅限於理論的。我們一知道人類生活是一個行爲過程，我們就知道這個過程怎樣可以改變。我們知道這樣的行爲過程，與其說是天生的特性之結果，再加上物質環境的影響，毋寧說是團體中各個人之心理模型的結果。我們知道這些心理模型都包含在風俗、傳說和制度之中，並且是從以前幾代傳給團體中之現在團員。這些心理模型是個人用學習方法所獲得的，所以我們如果改變學習方法，就可改變這些心理模型。社會學和心理學都表示人類的制度，是學習而得的調整。所以大部分團體行為，和更有意識的個人行為，也是學習而得的。倘使我們能夠控制學習方法，這些行為是可以改變的。倘使我們有更好的方法，可以教授人們，假使我們能夠改變原來維持制度的物質情形，並且使個人或者團體在維持這個制度而獲得利益，那末組成制度的社會風俗或者傳說，是很容易改變的。這件事在實際上或有困難，但是在歷史裏我們可以找到很多的實行例子，所以我們斷定人類的社會和制度生活，是非常地可以改變的，就是依照社會生存的需要而達到更合理的調整。

依照心理觀而論，改變社會生活問題，根本是一個改變大批羣衆的習慣和信仰問題。解決這個問題的最容易方法，是利用青年的教育。所以改變人類社會的最便利之途徑，是改變團體的心理文化環境——就是文化。欲迅速地大規模地改變團體的心理文化環境，當然是很難的，但是可以先在小的挑選的團體中實行之，而這些團體就產生新的習慣、觀念和比較大些的團體之標準。因此利用學校和教堂，我們可以操縱個人的——尤其是青年的——觀念、態度和價值。假使個人的觀念、態度和價值，能夠得到合理的指導，那末比較大些的團體——或者竟是全體人類社會——之全部習慣、社會態度、風俗和制度，也當然因之而改變了。

改變人類社會問題，既然是一個改變文化問題，那末社會變化的可能性，我們是不能限定的。按照人類學，人類文化的發展，仍在初期，這是可以相信的。文明——比較高等的文化——剛在開始。當科學使我們完全認識人類心理學和社會學兩者的原則——尤其是科學創立了科學的社會學——教化的過程(ivilizing process)就得到合理的指導，而社會的進步也就超過現在人類以爲可以達到的程度了。」

輿論的形成(註九二)

「不負責的權力，是和民主主義相反的。輿論的權力，在現代要算權力中之最大者。牠是大部分不負責的，靠報紙，必定是資本家的企業，因此——當然還有別的原因——報紙的權力，自然和財富的權力是聯盟的。或者竟可說報紙的權力，是財富的權力之一種。倘使財富的權力吸收了報紙的權力，那末財富——牠是有各種權力的——是權力中之最大者了。

財富祇有一個勁敵，就是觀念的權力，或者觀念和情操的權力。民主主義的進步，根據於這種權力的優勢。倘使只有一個階級的觀念和情操，得到自由的適當的表現，那末觀念和情操的權力，或者要變成專制的。但是倘使各個階級都有適當的表現，這個權力決不會是專制的。的確，從自由討論而生的觀念和情操之統治，正是民主主義的標準。倘使輿論是自由的，那末事實就變成辯論中決定勝負的要素了。

民主主義的成功，並不需要平常人們能夠創作明哲的政治。倘使牠的需要是這樣的，牠或者要失敗了。牠祇要平常人們，經他人明白解釋後，能夠辨別何者對於他們自己和社會是有益的。但是他們必須有人解釋。倘使民主主義要是成功的，那末解釋者既爲了大多數和全部人類的利益着想，必須有適當的溝通意見之方法。

凡根據於物質力量的各種虐政，我們已經打倒了，這是一個大進步。但是因爲溝通人們思想之途徑，是受着操縱，我們還未打倒根據於財富權力之虐政。財富權力之虐政，必須打倒，以便第三種權力——從自由討論產生的觀念和情操權力——可以佔着優勢。

人們想出自由的普遍的祕密的投票法，這是達到民主主義的大進步。有許多人以爲這就是民主主義，但是這個見解是錯誤的。除非我們要表現的輿論有自由的形成，即使輿論有自由的表現，又有什麼用處呢？所以輿論的自由形成，是發展民主主義的第二重要步驟。牠是和打倒武力虐政同樣重要，也和投票法中輿論的自由表現同樣重要。在民主主義的技術中，這個問題要是不解決，民主主義決不會成功的。

民主主義是一個社會組織，是爲了參加這個組織的全部人們之利益而想出及造成的；和爲了組織者的利益而想出及造成的組織，是完全不同的。除非受到組織影響的利益，都有自由表示之媒介，可以感動參加組織的各方面，組織者自然爲了自己利益而組織。最重要的，凡不主張特殊利益而主張全部社會的利益或者社會各個會員的利益者，應有自由的適當的溝通全部人民的思想之方法。

這是很重要的，就是溝通一般人民思想的人，不特應該包括主張特殊政策者，或者主張特殊成見者，並且應該包括主張互相衝突之利益或者意見的各方面之代表。否則，即使一個團體、羣衆、黨派之作家，能夠自由溝通同派和利害相共之人們的意見，仍舊很容易將社會分成許多暴徒心理的部分。或者可以換一句話說，除掉一小部分不大有暴徒心理的個人之外，社會分成許多這種暴徒心理的部分，而這種情形是容易繼續存在的。即使全部人民能夠適當地得到陳述和曲解及不含惡意的但是偏袒的辯論、選文、事實之描寫——這些都是從一黨之領袖而來的，但對於反對黨之報紙，則說「我黨不願有此」——這個情形仍是免不掉的。輿論是從自由的公平的討論產生的，且對於民主主義的成功，是不可少的，但是用這個方法，是得不到輿論的。

民主主義的一切制度，既然應該使輿論能夠形成，也應該使輿論能有自由的表示，這兩件事是同樣重要的。要達到這個目的，美國四十八州的憲法，都要修改一下。因爲報紙擁有這樣偉大的權力，也應該負起同樣的責任。因爲報紙顯然是公衆(the public)，所以應該受公衆的節制，使能得到公衆幸福。純粹的食物定律，對於心所進的和對於胃所進的，是同樣必要的和正當的。報紙既然享有溝通公衆思想之不能估價的特權，應該出代價以獲得選舉資格，這個資格能達到必要的管理，並且使報紙能夠依照牠在民主主義技術中所佔之地位，而盡牠的不可少的功用。報紙獲得選舉資格之代價，不是金錢，而是「地位」(space)。不論那一種報紙，如果超過了規定的銷數，應該依照憲法修正條文，每期劃出某種大小地位，供給上次國家選舉中得到票數最多的四個政黨——如果有四個——之用。

於是四個政黨都盡力向輿論說明自己的主張。如有欺人之談，則在並行之縱行中或者在下期報紙中許告之。如有辯論，則答復之。一個本來不備反對黨報紙的人，給好奇心和對於討論之興趣所激動，就在本黨報紙中去讀自己不知道的意見，則當溝通公衆思想之專利權，就此打消。這個辦法，在報紙方面一無損失，報紙反而能夠宣無所費而獲得最佳之材料。報紙的利益和銷數，要增加起來。報紙的權力，也是這樣。但是這個權力，既不擁護特殊階級的利益，也不利用偏袒的宣傳來麻醉和欺騙民衆心理；牠是主張平等待遇和自由討論的，而自由討論是民主主義的生命線。因此在自由制度的發展中，我們已經是大大的進步了。」

社會態度和價值（註九三）

「倘使社會論（social theory）變成社會技術（social technique）的基礎，而去澈底解決這些問題，那末顯然地社會論一定包含和這些問題有關的兩種事實——就是社會生活之客觀的文化要素和社會團體中各團員之主觀的特性——而這兩種事實一定要視爲互相有關係的。此刻和將來，我們要用到這些事實，所以稱牠們爲「社會價值」——或者單稱爲「價值」——和「態度」。

社會價值指一個事實，而這個事實必須有（一）社會團體可以得到的經驗，和（二）一個意義，對於這個意義，這個事實是——或者可以是——活動的目標。例如食料、器具、錢幣、詩歌、大學、神話、科學的學說等等，都是社會價值。其中每一個的內容，有的是肉慾的，例如食料、錢幣和器具；有的是一部分肉慾的，一部分想像的，例如詩歌，牠的內容不特包含口講的或者筆寫的字，並且包含這些字所引起的意象，又例如大學，牠的內容包含整個的人們、房屋、物質的附屬物和代表大學的活動之意象等等之複合物；最後有的是完全想像的，例如神話中的人物或者一個科學的學說。當我們將社會價值和人類行動一起研究，社會價值的意義，就顯明了。食料的意義，是指牠的最後的消耗器具的意義，是指設計這個器具所欲做的工作；錢幣的意義，是指買賣的可能性和消費錢幣所得的快樂；詩歌的意義，是指牠所引起的情感的和知識的反應；大學的意義，是指牠的社會活動(social activities)；神話中人物的意義，是指禮拜牠的儀式和人們以為關於牠的舉動；科學的學說之意義，是指觀念或者動作，依照科學能夠節制經驗的可能性。所以社會價值是和自然事物(natural things)相反的，自然事物有一個內容，但是自然事物如果作為大自然的一部，對於人類的活動是沒有意義的，就是「無價值的」；自然事物一有了意義，就變成了社會價值了。因為社會價值可以指許多種活動而言，牠自然可以有許多意義了。

態度是指一個個人意識(individual consciousness)的過程，這個過程決定個人在社會中的真實的或者可能的活動。例如引起消耗食料的飢餓；工人使用工具的決心；浪子耗費金錢的傾向；詩人在詩中表示出來的感觸和觀念，及讀者的同情和讚揚；制度設法來滿足的需要，及制度所引起的反應；宗教儀式所顯示的提倡和虔敬；造、了解或者應用一個科學學說所引起的興趣，及這些過程所包含的思想方法——這些都是態度。所以態度是社會價值的個人的配合物；而活動——不論牠採取任何形式——是兩者間的束縛物。價值是涉及活動的，因而更涉及個人意識，所以價值和自然事物是有分別的。態度是涉及活動的，因而更涉及社會，所以態度和心的狀態是有分別的。在上面所舉的例子中，關於觀念和意志，我們不得不用許多文字，這些文字原來是應用於客觀的社會的實在物，後來脫離了實在物而變成個人心理學的名詞，牠們的目的，原來在表示態度，而非表示心理學的過程。一個心理學的過程是一個態度，這個態度本身是一個實物，注意的反省動作使牠孤立，並且須和一個個人的其他狀態一同研究。一個態度是一個心理學的過程，這個心理學的過程最初是對於社會表顯出來的，並且須和一個社會價值一同研究。個人心理學後來可以恢復心理學的過程和客觀的實在物之間的關係——就是反省所隔斷的個人心理學更可依據世界上事實所受到的束縛來研究心理學的過程。同樣社會論者才可聯接一個個人的各種態度，更決定他的社會性質。但是決定這兩種科學所應用的方法者，仍是原來的（常常無意識的評估的）觀察點。心理學的過程根本上永遠是一個人的狀態；態度根本上永遠是對於一個事物的「態度。」

討論要目

（一）庫勒對於社會學思想的主要貢獻。

（二）『個人不能單獨生存』這句話的意義。

（三）自我意識與社會意識的區別。

（四）『主要團體』的概念之重要性。

（五）社交的重要性。

（六）怎樣是『時代病』

（七）公衆輿論優於個人意見。

（八）公衆輿論的貢獻。

（一九）教育偶或也會失敗的理由。

（二〇）『社會階層』的弱點。

（二一）庫勒對於經濟定命論的態度。

（一二）麥獨格所主張的社會心理學之性質。

（一三）本能與社會制度的關係。

（一四）洛斯所主張的社會心理學。

（一五）社會優勢與個人優勢的分別。

（一六）社會制裁的兩種最困難的問題。

（一七）社會制裁的過與不及的弊病。

（一八）骨幹化與個別化的關係。

（一九）營利的動機的限制法。

（二〇）營利的動機的促進法。

（二一）洛斯所主張的社會改造之三原則。

（二二）期望的原則。

（二三）刺激的原則。

(二四)個人化的原則。

(二五)均衡的原則。

(二六)大社會的概念。

(二七)大多數的思想組織。

(二八)三種意志的組織。

(二九)社會的幸福組織。

(三〇)有意識的社會變遷的來源。

(三一)輿論的作用。

(三二)免除社會革命的主要方法。

(三三)社會制裁的基本問題。

(三四)社會中最重要的職業。

(三五)金錢競爭的原則。

(三六)金錢美麗的原則。

(三七)顯耀消費的原則。

(三八)顯耀有閒的原則。

(三九)有閒階級保守主義的原則。

(四〇)金錢效率的原則。

(四一)好戰的原則。

(四二)金錢教育的原則。

(四三)機械方法思想的原則。

(四四)人類工作的本能。

(四五)四種流行的倫理標準。

(四六)好華德所陳述的社會理想主義的任務。

(四七)「多邊行爲」這名詞的意義。

(四八)海斯所主張的輿論的組成。

(四九)態度與價值的區別。

(五〇)社會心理學最近的趨向。

附註

(註一)康勒讚：社會組識，一九〇九年，斯克列勃納出版，第五頁。

（註二）庫勒著：人類與社會制度，一九〇二年，斯克列勃納出版，第三頁。

（註三）庫勒著：人類與社會制度，一九〇二年，斯克列勃納出版，第五頁。

（註四）庫勒著：人類與社會制度，一九〇二年，斯克列勃納出版，第一五二頁。

（註五）庫勒著：社會組織，一九〇九年，斯克列勃納出版，第一一頁。

（註六）庫勒著：社會組織，一九〇九年，斯克列勃納出版，第一二頁。

（註七）庫勒著：社會組織，一九〇九年，斯克列勃納出版，第二六頁。

（註八）庫勒著：人類與社會制度，一九〇二年，斯克列勃納出版，第二八頁。

（註九）庫勒著：人類與社會制度，一九〇二年，斯克列勃納出版，第三七頁。

（註一〇）庫勒著：人類與社會制度，一九〇二年，斯克列勃納出版，第六一頁。

（註一一）庫勒著：人類與社會制度，一九〇二年，斯克列勃納出版，第六三頁。

（註一二）庫勒著：人類與社會制度，一九〇二年，斯克列勃納出版，第八〇頁。

（註一三）庫勒著：人類與社會制度，一九〇二年，斯克列勃納出版，第一〇三頁。

（註一四）庫勒著：人類與社會制度，一九〇二年，斯克列勃納出版，第一二一頁。

（註一五）庫勒著：社會過程，一九一八年，斯克列勃納出版，第六八頁。

（註一六）庫勒著：社會組織，一九〇九年，斯克列勃納出版，第一八章又第二五章至第二七章。

（註一七）庫勒著：社會組織，一九〇九年，斯克列勃納出版，第三二〇頁又社會過程，第二九七頁。

（註一八）麥獨孤著：社會心理學概論（Introductiorn to Social Psychology）一九一四年，路斯公司出版，第二三頁。

（註一九）麥獨孤著：社會心理學概論，一九一四年，路斯公司出版，第二六八頁、第三二二頁、第二七九頁。

（註二〇）洛斯著：社會學原理（Principles of Sociology），一九二〇年，紀元印書局出版，第三四章，又第三五章；又洛斯著：社會制裁（Social

Control)一九一〇年，麥梅林書局出版，第七章，又第八章。

（註二一）洛斯著：社會制裁，一九一〇年，麥梅林書局出版，第四九頁。

（註二二）洛斯著：社會制裁，一九一〇年，麥梅林書局出版，第一〇章。

（註二三）洛斯著：社會制裁，一九一〇年，麥梅林書局出版，第二五七頁。

（註二四）洛斯著：社會制裁，一九一〇年，麥梅林書局出版，第四一一頁。

（註二五）洛斯著：社會制裁，一九一〇年，麥梅林書局出版，第三一章。

（註二六）洛斯著：社會心理學(Social Psychology)一九〇八年，麥梅林書局出版，第二章。

（註二七）洛斯著：社會心理學，一九〇八年，麥梅林書局出版，第七〇頁；又麥獨格著：社會心理學概論，一九一四年，路斯公司出版，第四章。

（註二八）洛斯著：社會心理學，一九〇八年，麥梅林書局出版，第一八章。

（註二九）洛斯著：社會學原理，一九二〇年，紀元印書局出版，第四二頁。

（註三〇）洛斯著：社會學原理，一九二〇年，紀元印書局出版，第四二章。

（註三一）洛斯著：社會學原理，一九二〇年，紀元印書局出版，第三六章。

（註三二）洛斯著：社會學原理，一九二〇年，紀元印書局出版，第三八章。

（註三三）洛斯著：社會學原理，一九二〇年，紀元印書局出版，第五四九頁。

（註三四）洛斯著：社會心理學，一九〇八年，麥梅林書局出版，第五六四頁。

（註三五）洛斯著：社會心理學，一九〇八年，麥梅林書局出版，第五九〇頁。

（註三六）洛斯著：社會心理學，一九〇八年，麥梅林書局出版，第六二六頁。

（註三七）洛斯著：社會心理學，一九〇八年，麥梅林書局出版，第六二六頁。

（註三八）洛斯著：社會心理學，一九〇八年，麥梅林書局出版，第六三二頁。

(註三九)洛斯著：社會心理學，一九〇八年，麥梅林書局出版，第六五二頁。

(註四〇)洛斯著：社會心理學，一九〇八年，麥梅林書局出版，第六五三頁。

(註四一)洛斯著：社會心理學，一九〇八年，麥梅林書局出版，第六九三頁。

(註四二)瓦拉斯著：大社會(The Great Society)，一九一四年，麥梅林公司出版，第一一頁。

(註四三)瓦拉斯著：大社會，一九一四年，麥梅林公司出版，第二七〇頁。

(註四四)瓦拉斯著：大社會，一九一四年，麥梅林公司出版，第三一九頁。

(註四五)瓦拉斯著：大社會，一九一四年，麥梅林公司出版，第三六八頁。

(註四六)愛爾烏德著：社會學的心理方面(Sociology in its Psychological Aspects)，一九一二年，阿普勒登公司出版，第九章。

(註四七)愛爾烏德著：社會學的心理方面，一九一二年，阿普勒登公司出版，第一〇〇頁。

(註四八)愛爾烏德著：社會學的心理方面，一九一二年，阿普勒登公司出版，第一一七頁。

(註四九)米德著：社會意識與意義的覺識(Social Consciousness and the Consciousness of Meaning)，見心理學公報(Psychological Bulletin)，第七卷第四〇五期。

(註五〇)愛爾烏德著：社會學的心理方面，一九一二年，阿普勒登公司出版，第一五三頁；又愛爾烏德著：社會心理學概論(Introduction to Sceial Psychology)，第一四九頁。

(註五一)愛爾烏德著：社會學的心理方面，一九一二年，阿普勒登公司出版，第一三八頁。

(註五二)愛爾烏德著：社會心理學概論，第一四九頁。

(註五三)愛爾烏德著：社會心理學概論，第一四七頁。

(註五四)愛爾烏德著：社會心理學概論，第一五一頁。

(註五五)愛爾烏德著：社會心理學概論，第一七〇頁。

（註五六）愛爾烏德著：社會問題（The Social Problem），一九一九年，麥梅林書局出版，第二頁。

（註五七）愛爾烏德著：社會問題，一九一九年，麥梅林書局出版，第四頁。

（註五八）愛爾烏德著：人類社會心理學（The Psychology of Human Society），一九二五年，阿普勒登公司出版。

（註五九）海斯著：社會學研究概論（Introduction to the Study of Sociology），一九一五年，阿普勒登公司出版，第五八六頁。

（註六〇）海斯著：社會學研究概論，一九一五年，阿普勒登公司出版，第五八六頁。

（註六一）海斯著：社會學研究概論，一九一五年，阿普勒登公司出版，第六六四頁。

（註六二）海斯著：社會學研究概論，一九一五年，阿普勒登公司出版，第六六九頁。

（註六三）韋伯倫著：有閒階級論，一九一二年，麥梅林書局出版，第三一頁。

（註六四）韋伯倫著：有閒階級論，一九一二年，麥梅林書局出版，第一六九頁。

（註六五）韋伯倫著：有閒階級論，一九一二年，麥梅林書局出版，第六八頁。

（註六六）韋伯倫著：有閒階級論，一九一二年，麥梅林書局出版，第三六頁。

（註六七）韋伯倫著：人類工作本能（The Instinct of Workmanship），一九一四年，麥梅林書局出版，第三四九頁。

（註六八）韋伯倫著：有閒階級論，一九一二年，麥梅林書局出版，第一五頁。

（註六九）韋伯倫著：有閒階級論，一九一二年，麥梅林書局出版，第一七頁。

（註七〇）美國社會學會刊物（Publications of the American Sociological Society），第七集，第二頁。

（註七一）美國社會學會刊物第七集，第二七頁。

（註七二）美國社會學會刊物，第七集，第五九頁。

（註七三）美國社會學會刊物，第七集，第六八頁。

（註七四）美國社會學會刊物，第七集，第三頁。

(註七五)美國社會學會刊物第七集第六頁。

(註七六)美國社會學會刊物第七集第一〇頁。

(註七七)高爾特(R. H. Gault)著社會心理學，一九二三年，好脫公司出版。

(註七八)渥爾泡(F. H. Allport)著社會心理學，一九二四年，孚登密弗林公司(Houghton Mifflin Company)出版。

(註七九)伯納德著社會心理學概論，一九二六年，好脫公司出版。

(註八〇)伯納德著本能(Instinct)一九二四年，好脫公司出版。『本能』這名詞的各種意義，經過了多方的研究，其所得的結果就在這部書中詳細記述。

(註八一)杜威著人類的性格與行為(Human Nature and Conduct)，一九二二年，好脫公司出版，第五八頁。

(註八二)湯麥斯和石蔫基(Znaniecki)合著歐洲與美洲的波蘭農民(The Polish Peasant in Europe and America)，一九一八年，支加哥大學出版，第一章第二三節。

(註八三)特許轉錄自瓦拉斯著大社會，一九一四年，麥梅林書局出版。

(註八四)特許轉錄自瓦拉斯著我們社會的遺傳(Our Social Heritage)，一九二一年，雅魯大學出版。

(註八五)特許轉錄自洛斯著社會心理學，一九〇八年，麥梅林書局出版。

(註八六)庫勒著人類與社會制度第三六頁。

(註八七)特許轉錄自庫勒著人類與社會制度，一九二二年，斯克列勃納出版。

(註八八)特許轉錄自庫勒著社會組織，一九〇九年，斯克列勃納出版。

(註八九)特許轉錄自吉丁斯(F. H. Giddings)著社會原理的研究(Studies in the Theory of Society)，一九二二年，麥梅林書局出版。

(註九〇)美國科學雜誌(Science)一八九九年一月六日號，鮑茄德斯(Bogardus)論文『社會的心理學』(The Psychology of Society)，曾經討論到『社會的心理學』與『社會心理學』(Social Psychology)這兩個名詞的意義是不相同的，因為前者就是與社會學相同的，而後者確與社會學不同。

（註九一）特許轉錄自愛爾烏德著：社會的文化原理與心理原理(The Cultural or Psychological Theory of Society)，美國實用社會學雜誌(Journal of Applied Sociology)，第十卷。

（註九二）特許轉錄自推斯著：輿論的組成(The Formation of Public Opinion)，美國實用社會學雜誌，第十卷。

（註九三）特許轉錄自湯麥斯與[illegible]合著：歐洲與美洲的波蘭農民，第一冊。

第二十四章　實用社會學的趨向

上面各章大都討論着哲學的和心理學的社會思想。此外還有一個廣大的社會學領域，就是通常稱為實用社會學。實用社會學最先的正式定義也許是華德所擬訂的。他說：『實用社會學不是行政學、政治學或民政和社會的改革。它本身並不含有社會學的原理，而只是表示那些社會學的原理怎樣可以適於實用……它最多也不過釐定相當的原則，作為社會的和政治的行為的指導』，（註一）純粹的社會學是討論事實、原因和原理的，但實用社會學是討論對象、結果和作用的。前者是關於社會學的本質，而後者是關於它的運用。簡言之，實用社會學是『討論那些加速自然的過程的人為方法』。（註二）

直接研究社會問題的人們，從自己的經驗上，獲到很有價值的教訓。有些時候他們照着虛妄的學說去研究，可是時常也譏笑着整個的理論。在另一極端，大家也時常接受良好的理論，但是在這種理想的職業上發生很可憐的錯誤。

社會的技術論

就實用社會學的名詞的含義說，它也討論着改良人類生活的技術。最好的技術是從試驗而發展的，但是由於人們將社會學說的優點與實際活動的程序合併起來而獲到的社會技術論的概念，也許是比較實用社會學的名詞更來得確切些，是亨德生(Charles R. Henderson)所貢獻給社會的。他有適當的思想清醒的判斷，以及重要的改良的活動，因此成爲社會科學這一支派的創始者。亨德生對於民主主義和基督教兩方的實際解釋，刑學上勇敢而慈祥的改革精神，慈善事業上的預防的概念以及人類事業中的公道和博愛等，都有相當的貢獻，因此他的名字與這些都有聯繫。此外還有許多重重的人物對於建立社會技術論都有幫助。這些個人是巴納特(Canon Barnett)、道恩比(Arnold Toynbee)、利斯(Jacob Riis)、亞當斯(Jane Addams)和許多其他的社會幸福論者。

貧窮

貧窮與犯罪是社會幸福工作上有關係的兩種主要現象。在二十世紀以前，應付貧窮問題的努力大都是補救式的。耶穌說過窮人在任何時代的社會中總是有的。阿西錫(Assissi)的聖佛蘭西斯厭倦於寺院生活的時候，就找到了各種自然生活中的窮人，獻身去謀他們的幸福。

英國經過了幾百年的實驗解決貧窮和乞丐問題的方法。她知道一旦過於賙恤窮人，就足以鼓勵乞丐化的精神，而增加依賴分子的人數。當她寬待私生子時，就足以助長非法的性交。

英國有許多重要的文學領袖，對於窮人和被棄者表示同情。狄更斯(Dickens)維妙維肖地描摹貧窮者的

(Ruskin)用美麗的文字爲社會的公道立言。同樣地，法國有嚣古(Hugo)和巴札克(Balzac)；德國有霍卜特曼(Hauptmann)；俄國有托爾斯泰(Tolstoi)和高爾基(Gorky)；斯干狄那維亞有波昂生(Bjornson)、易卜生(Ibsen)和斯特林堡(Strineberg)。但是這些個人不能算是社會技術家。他們指導了輿論注意於特殊的社會問題，而從未貢獻有實際價值的技術計劃。

一九〇〇年以後，社會技術論的領袖們，例如亨德生、（註三）雪特尼(Sidney)、韋勃(Beatrice Webb)、（註四）以及地凡恩(E. T. Devine)等，（註五）很明白地規定了在什麼情形之下，纔能對於窮人予以永久的援助。（註六）救濟是任何時候都需要的，但施濟的方法一定要不會鼓勵任何人依賴求乞爲生活。現在大家對於貧窮的思想，大都以激勵人格爲標準。並且指導個人怎樣去自己調劑經濟，同時教育的過程和人格糾正的方法是受人注重了。

總之，社會的技術論主張在經濟條件之下，應該有一種公道成立起來。前面第十四章中已經敍述過，亨利喬治在他的進步與貧窮一書中，將貧窮的各種原因作了基本的分析。這些原因是他在經濟制度上的不公平的因素裏面找到的。他說明土地所有權是怎樣發端於強力。第一個人取得了一塊土地，將它用籬笆圍起來，不許旁人佔用，除非是付以相當代價，而這種代價又是與人口的增加一樣迅速地高漲，這情形是否可以容許呢？（註七）爲什麼窮苦的一天一天更窮苦，而財富的一天一天更財富呢？都市愈大，惡濁的程度也愈高——這是亨利喬治很迷惑的觀察。物質進步並不改善最低階級的生活情形，在現經濟制度下的繁榮，好像是一個大木楔插進社會的腰心。凡在楔尖以下的人們是被搾壓下去了，在楔尖以上的人們是愈舉愈高而躋於奢侈富麗的地位。

亨利喬治的觀念在目前雖有很多信徒，但他認爲用單稅制將土地所有權從私人手裏拿出來，就可以防止貧窮，這一點未免有些錯誤。同時，大家也不能忽視事實，就是有時地價的增高完全是因爲人口加多的關係。生殖率或移民都是以加多人口和增高地價，而跟着地租就昂貴起來，生活程度也被提高了，貧窮的情形也厲害起來。

現在許多人認爲貧窮是社會失掉調整的結果。有許多歷史的制度都是爲了救濟貧困而發展的。特殊的依賴階級是從無家可歸的孤兒以至刁然一身的老者。救濟的機構或方法包括社會化的睦誼、社會化的教育和社會化的宗教。（註八）關於貧窮的研究現在已採取個別考察的方法。這種歸納法的科學的調查一定可以產生一種新的貧窮社會學。（註九）

關於犯罪的人類思想史已經經過許多變遷，直到好華德（John Howard）和柏卡略（Beccaria）的時代，纔有眞正的科學研究法來討論這問題。好華德——西曆一七二六年至一七九〇年——是百特福特(Bedford)的警察長，對於罪犯很有研究的興趣。他參觀了全英國的監獄，他也旅行於歐洲各部，大都自己出錢，以研究傷寒症的原因，努力設法給犯罪者以更合人道的待遇。

柏卡略——西曆一七三五年至一七九四年——是意大利的犯罪學家，在一七六四年出版了一部有名的著作，就犯罪與刑罰（Crimes and Punishment）。柏卡略反對用恐嚇的方法來遏制犯罪行爲。他認爲以報復的方法懲治罪犯是不正當的動機，慘刑是不合人道的，報復和遏制兩種方法都不能應付問題。柏卡路主張改過的概念，這一點差不多使歐洲各國覺得驚異，他認為刑罰的執行是要使罪犯改過為目的。

在近代的犯罪學領域中，朗柏羅梭(Cesare Lombroso——西曆一八三六年至一九〇九年)是一位很負名望的學者。(註一〇)朗柏羅梭是定命論者，他在遺傳和環境兩方找到了犯罪的一切原因，而減除個人的道德責任。心理缺憾者、酒徒醉漢、和暴躁易怒者對於自己所犯的罪是不負責任的。朗柏羅梭派將各種不負責的犯罪敘述臚舉，事實上差不多包羅一切個人的行為，都可以自己不負責。

照朗柏羅梭一派的意見，犯罪的救濟是在乎社會。社會對於內部個人的犯罪行為是應該負責的。如果社會使個人自少及長有一個優良的環境，犯罪行為就不再發生了。加洛福羅（Garofalo）、費利（Ferri）、魁洛（de Quiros)、格洛斯(Gross)和其他大陸的犯罪學者的著作中，普通都抱着比較廣泛的觀點，認為犯罪的責任應該歸咎於三種因素：就是遺傳、環境和個人道德。這些因素的區別，以及個人的責任問題，通常總是很不容易分辨的。歐洲的犯罪學專家，或甚至美國像巴美利(Parmelee)一些學者，也將道德性的重要和個人應負的責任減輕到最低限度。

刑罰

美國各方面的注意大都傾向於刑罰的研究。從威廉潘(William Penn)在英國被拘於監獄的時候起，美國的思想界就集中注意力於改良監獄的問題，包羅斯(Barrows)和柏洛克惠二位學者終身致力於監獄手續的改革，溫納斯(Wines)和蘭恩(Lane)對於刑學思想上也闡明這種改良監獄的趨向，並且將柏洛克惠(Z. R. Brockway)的成就加以推行，而設立紐約城的安密拉感化院(The Elmira Reformatory)。(註一一)

安密拉院的感化方法是根據於下面幾種基本原則：(一)普通的獄犯都可以感化的。(二)感化獄犯是國家的責任。(三)獄犯應該被視為個人，享有各人的需要，使他對於人生維持正常的態度。(四)獄犯的感化一定要他自己對於這過程加以合作。(五)監獄必須有權可以依照罪犯的感化程度，延長或減短拘禁的時間。(六)感化的整個過程是教育的，所以應該給以機會去謀心理和道德的長進。(七)懲治犯罪是要施以強迫的訓練和勞工。

近幾年來，奧斯本(T. M. Osborne)已經在研究着獄犯的『榮譽制度』(Honor System)和自治方案。(註一二)這種觀念是波力(Burleigh)和柏斯塔(Bierstadt)所著的刑罰論(Punishment)中已經加以描寫的。(註一三)這概念是要用溫和的管理以及仁愛的態度以感動罪犯的心靈，而收感化的效果。

最近二十年來，預防犯罪的概念已有顯著的發展。但是這種學說將問題追溯到青年時代、少年時代、幼年時代，或甚至追溯到某一個人的出生以前的時代。由於林德叟(Judge Ben B. Lindsay)的努力而設的兒童教濟院使大家注意到普通的罪犯是在未滿二十一歲以前已經養成的了。

近來對於過失的研究有貢獻的學者，例如亞當斯、希爾(Healy)、柏勒金列其(Breckinridge)、阿博特(Abbott）喬治(W. R. George)林德叟包文夫人（Mrs. Louise de Koven Bowen）佛勒克納（Flexner）和包爾文（Baldwin）等大都同意於過失的原因，也就是犯罪的原因，有下述各種：

（一）不良的家庭——其所以不良，是由於疾病、貧窮、懶惰、無知識、不道德、遺棄、離婚、死亡等——是主要的原因。差不多一切的罪犯，其開始時都是在家庭中倔強不悛。子女漸次對於父母不尊敬，年青人從事於新運動，以及父母不去約束子女（特別是富貴之家），這些都是應該愼重研究的趨勢。蔑視前代的經驗而一味胡作，完全不理會自制和服從等概念，專以追求娛樂爲主要目的，以及毀棄一切道德與理想——這種種流行的趨勢並不是由來已久了，其結果可想而知。

（二）情感失調是過失的主要因素。反常的環境的壓迫與遺傳的偏性相結合，就產生缺憾的人格。兒童時代失於正當的教養，即易發生性情乖戾的趨勢，醫治神經錯亂的方法正在進行中，而且是了解過失的最有效果的方法。

（三）心理缺憾也時常會引起過失的。心理缺憾的兒童，如果是體力充實，就很難抵抗生活上的罪惡的引誘。他或她的情慾是比較心理的克制力更爲發達。關於這一層，學校是負有重大的任務，要察別心理有缺憾的兒童，使之隔離而給以特殊的教育。他們男女兩性也應該使之隔離，以免生殖同樣不健全的子女；並且他們終身都應該受教育的和制度的監督。在杜防的環境下，他們也能夠爲成有益社會而且快樂。

（四）社會的疏忽是過失與犯罪的第四項原因。年青人從學校出來，時常沒有適當的家庭教育和監督，以致漂流於情形錯雜的市場環境中，各種商業化的和罪惡的花樣都足以使意志薄弱和認識不淸的靑年墮落。

（五）社會的不公道，例如工業方面的情形，足以引起階級間的仇恨，而致造成犯罪的行爲。

（六）缺乏道德觀念和宗教意識也是很普通的犯罪原因。一種積極的道德和宗教態度足以養成健全和服從的美德，以及完善的人格，對於公衆幸福抱有深刻的、繼續不斷的和堅固的興趣，也是預防罪惡和犯法的最良方法。

關於兒童救濟院問題上，現在有一種新發展的概念，認爲這些兒童救濟院所有大部分的工作是屬於學校的範圍以內的。強迫上學、兒童幸福和繼續升學這些學校部門都可以負責指導那許多在救濟院中的靑年。在學校監督下的有完善組織的積極工作和遊戲活動，足以多量地減少兒童的過失。

「過失」和「犯罪」是被「行爲問題」的概念所替代了。希蘭博士的首創工作，已經運用科學的方法來解釋人格的各種問題。關於行爲問題的個人生活史和個別研究方法是將行爲的科學方面與道德方面分開來。這科學的方法是摹仿醫生的辦法，就是醫生處治疾病，不認爲一種道德的現象，而是自然現象。精神病學是搜求情感失調的所在而加以糾正——假定情感的疾病就是行爲問題的中心。

勞工

工資，但同時這些兒童就失掉心理和身體的正常發育機會了，兒童當然應該去學習或作甚麼不大喜歡的工作但是在幼年時就離開學校，出去謀生，就會喪失正常的幼年生活，以致兒童本身和社會兩方面都受到損失。（註一四）

婦女從事於工業的問題，是因爲幾百萬的婦女從家庭走到工廠裏而發生的。婦女雖則應該與男子享受同等的機會，但她們時常沒有顧到婦女在生理上是不適宜於做男子的工作的；如果她們不盡育養子女的合理責任，人種就會衰滅；如果她們忽略不去將家庭處理得好好的，那末成爲社會制度的基本的家庭就會破壞的。

關於男子方面的勞工問題，也引起了種種矛盾的意見。工業平民化的觀念是風潮的中心。社會技術學者雖讚美現代資本主義對於發展工業的促進，以及它的偉大企業在各方面都有利於社會，但他們又認爲現代的資本主義是不平民化的。社會技術論者宣稱資本主義必自行澄清一下去，否則就有另一種工業制度來替代它。資本主義也應該認識社會的變化而適應一切，不然也會被淘汰的。

工業方面的共同管理是一種發展得很快的概念。可是只有少數的雇員願意去擔負這種責任的，而更少數的雇員是能够擔負這種責任的。但這些事實是很自然的，並不足以推翻共同管理的概念。時間、經驗和實驗是共同管理能够收效的主要條件。（註一五）

現代資本主義的不公平現象是社會技術論的思想方面所時常注意的。在業務的管理上只有財富者一方是有處理的權利。至少技巧的或不技巧的工人雖是時常爲業務最辛苦的分子，反而沒有這種權利。如果資本主

義要證明自己並非是不平民化，那末董事會中勞資兩方都應該有代表參加。（註一六）

三方管理法是工業制度上很流行的一種思想。雇主和雇員兩方一旦互相通力合作以後，他們就會聯合起來壓迫大衆和消費者。雇主方面允許增加雇員的工資，而雇員方面假定同時自己可以獲到相當利益，也贊成增多雇主的盈利，那末大衆就不願意或徒然的發怒了。所以目前最新的主張認爲任何工業的董事會或執行部必須由有關係的三方都參加，這有關係的三方就是勞工、資本家和消費的大衆。

現在一般的意見認爲資本主義不能自己變爲平民化，結果一定會從革命的手段中發生社會主義。如果資方對於工業的偏面統制僅僅由勞工的統制來替代，是否可以獲到好結果，很可疑問的。勞工的立場已經在演成階級的立場，而且有些時候也是武斷式的。如果社會爲勞工的立場所支配，不論在那一種社會主義之下，恐怕不能保證有進步。勞工階級、資本階級和自由職業階級都應該合作地統治社會，以謀社會的幸福。

目前流行的社會主義思想，有激進的無產階級獨裁主義以至像斯派哥（John Spargo）所提創的保守的國家社會主義。布希札維克主義是階級專政的代表。在另一方面，國家社會主義運用政府統制生利的資本和生產地租的土地這種方法，也不見就能完全保證進步。人類的社會化運動纔是工業進步的一個必需的先決條件。

現在的趨勢是傾向於取消營利主義（profitism）主張這種消極的思想的人們認爲它可以消除資本主義的最壞的罪惡，推進個人社會化的教育過程。

一八八二年以後，社會保險的概念是被大家所注意。社會保險的方法是用以和緩勞工，使其在資本主義統治之下感到相當的滿足。它是由俾斯麥（Bismarck）採用爲政治經濟上，以爲抵制社會主義的工具。它的發展很是迅速。但社會保險也遇着兩種挫折：（一）第一種就是它的高度發展，被資本主義認爲它是眞正社會主義的先鋒。（二）第二種就是社會保險對於工人保證很多的安全，以致工人時常犧牲了自己的創作力，甚至變爲懶惰，而自己安慰着說：『我是有依靠的。』這第二種情形是暴露着社會保險的眞弱點。最好是社會中的勞工階級能夠有充分的機會，或被大家鼓勵，去謀年老時或變爲殘廢時的依靠。至於個人的例外情形，可以特別設法。

失業問題也引起了許多改革社會的學說。目前正在試驗中的失業保險也許還沒有摸到失業的主要原因。這種原因是很多的，而且是根深蒂固的；從個人的惰性和心理缺憾以至經濟的不公道和社會的殘酷，都是原因的所在。（註一七）現在流行的思想主張對於個人施以更優良的教育；在勞工每日工作的時候，增加他提高自己人格的機會，發展工業的平民化和公道，以及一種完全社會化的計劃。

家庭

實用社會學正在努力解決的，還有一些問題，就是家庭、女權主義、婚姻、離婚和住居等問題。好華德教授（Professor George E. Howard）（註一八）和惠斯德麥克（Dr. Edward Westermarck）（註一九）曾經從人類的歷史上搜求家庭和婚姻制度的發展。原始人類的兩性關係已有許多人類學者加以敍述了。柯爾洪（A. W. Calhoun）曾經撰著了一部美國家庭的歷史。（註二〇）伯山克（Bosanquet）（註二一）和古特塞（Goodsell）

（註二二）兩位學者也都將家庭成爲社會制度的問題，著爲專書來討論。這些作品在根本上大都同意認爲家家是進化的產物；原始的家庭是以母子的關係爲中心的；父權主義盛行後就增高於男子的獨斷性；以及家庭制度目前正在變化，而男女平權的精神也一天一天發展起來。

在這種新發現的自由精神中，婦女有時候很想跟男子擔任一切男子所有的工作。工作性的關係決定了婦女應該充任的主要職業就是做母親的工作。婦女隨了男子衝進工業界也許得不着自由，只是放縱和墮落罷了。現代的社會思想極力反對女子專在家中操作的觀念，也反對婦女們浪費時間去裝飾或終日在閨中偷懶，而同時成爲男子的依賴者。女子也應該學習職業，並且度着建設的生活，以適應高度自由的精神，合乎她們自己與種族的發展。在另一方面，任何運動如果要減弱家庭爲社會訓練的制度的地位，就是蔑視社會進步的定律。

建設家庭的科學基礎的運動，已經注意到家庭的預算問題。恩格斯是這種研究的創導者，他的研究至今還是很重要的。恩格斯對於家庭預算的研究，使他獲到了一些平均的觀察。這些平均現象普通稱爲恩格斯定律，例如：（一）進款愈小，食用物的百分率愈大。（二）衣服和房租的費用之百分比率直接隨着進款的大小而變更。（三）進款愈大，各項雜用費（包括奢侈品在內）的百分率也愈大。

住所的問題引起了迫切的研究。大都市繁興以後，一般的經濟制度就助長了土地價格的暴漲，以及地租的猛進。社會的利益流到少數人的手中，狹小的公寓生活使大家除了養隻喇叭狗玩玩以外，不敢生育子女；這樣生活就使家庭成爲社會制度的效率之減低了。這種乖戾的趨勢以外，大衆又是抱着漠不關心的態度。

實用社會學思想的另一方面，就是由種族問題、移民和入籍等名詞所指示的。這些概念是本書前面所討論的人口問題中產生出來的。人類的種族是共同發源的，漸次分化和流散到地球上一切可以居住的地方。氣候、地理和社會環境等都影響於各種種族的區分，使它顯著而互相差異。種族傲性和偏見就發生了牢不可破的種族隔閡了。

社會研究正從新的方面去討論種族問題。種族研究正在考察各種種族不同的和生活標準不同的人民怎樣很難——也許不可能——參加個人主義的和民主主義的社會互相競爭和合作，而不發生衝突。這一個問題，上述的社會就是指一個沒有階級或閥閱的分別，不致限制自由競爭的社會。這裏所說的競爭是廣義的，不但包括經濟的競爭，而且連這名詞的間接意義——種族和種族間、人民和人民間的生存競爭——也在內。（註二三）有了那些參加種族衝突者的生活史，以及應用區域學的研究，纔能明瞭種族問題的性質。

在美國方面，主要的種族問題是有關黑人的。華盛頓（Booker T. Washington）（註二四）主張如果黑人能夠自己表示在工作上很有能力而且在道德上也很良善，那末大家對於黑人的偏見就會消釋了。杜包斯（W. E. B. DuBois）（註二五）請求白種人對於有色種人的偏見應該放棄，使黑人有一個良好的機會去表示自己的能力。美國南部的白種人宣稱有色種人應處於較白人低的地位。北部的人民則主張一切的問題是由南部白人對於有色種人的不平民化的態度上發生的，這樣，大家對於黑人的思潮就發生了衝突，但是並未組成一種共同的行爲。

種族問題的另一方面，就是從相互利益(hyphenated interests)的概念所表示的。因爲需要全國更一致的精神，所以美國化運動就發揚起來了。雖則有些提倡美國化的人們運用了專斷的手段，但一般的意見都漸漸地認爲要想使移民變更其忠順祖國的心理而爲忠順於僑居的國家，最好的方法是在一切接觸——工業的、社會的和政治的——上，以同情的和平民化的態度對待。美國化、意大利化和俄羅斯化，都是同化作用的外貌，但同化是不能勉強的。它是一種不知不覺的社會過程，由「適宜」的社會刺激力所促成。使移民的生活情形、工作情形，以及發展個性的情形，都變爲優美，那末他們在不知不覺中間就會發展新的忠順心了。

其他社會思想的趨向

公衆衛生運動已經很有力量了，因爲大家相信只有大衆的和普遍的行動纔能消除許多疾病的原因。例如肺癆就是因爲黴生菌繁殖於易感受的和羸弱的有機體中而發生的疾病。肺癆與不衛生的住屋是有密切的關係。個人往往是無能爲力的，所以現在有一種主張，認爲公衆的行動可以毀滅結核菌的窠穴，使人民避免這種傳染病，對於沒有技巧的勞工和他的家庭提高其經濟的和教育的地位，也足以改善全國人民的健康程度。現代的社會思想贊同一種議論，就是主張醫生的眞工作，在乎保持人民的康健而非待其患病後給以治療。社會技術論者極力提倡預防的藥和公衆衛生運動。

實用社會學另有一種重要的方面是由「公共的社會組織」(community organization)(註二六)造名

詞來代表這種運動的觀念是起源由一般人民未能發展平民化的意識，公共的社會組織在某種意義上就指社會上為互相便利起見而團結起來。如果某一個社會組織了自有的娛樂設備，其重要任務有二：（一）它可以除去那種以謀利為目的和敗壞社會的商業化娛樂品，而代以有社會建設性的和低廉的民衆娛樂。（二）人民參加建立像公共娛樂場所等的公共事業時，他們就會發展一種合作的平民化的意識。勞工階級每天的工作時間已經縮短了，那末，利用閒餘時間的問題也就跟着發生起來。除了公共娛樂場所以外，公衆衛生運動、公共閱報、公共合作社，以及爭取必需的立法和打倒經濟專利的公共委員會等，也都被大家所注意。社會單位和社會服務的典型制度等名詞，都表示公共社會組織的概念的變化。這種概念的起源是要應付利用閒暇的問題，以謀實現平民化。

在眞實的意義上，社會是包容着大量人民，他們在某一方面有着共同的了解和感覺。因此一個人的社會範圍，擴張到他的言語文字所能被人聽見和了解以及發生反應的地方。

為了同樣的理由，公共社會組織是應該被認為『社會過程中一個重要的和連續的部分，不只是行政上的一種策略』。（註二七）公共社會組織是社會變遷的一方面，而且在大體上『它是不自覺地進行，或至少是沒有理智指導的』——『並非大衆所要考慮的事情，除非是團體失掉處理而引起瓦解，以致有效的和聯合的行動是辦不通的話』。（註二八）在美國的中國僑民、墨西哥僑民和日本僑民的公共組織，彼此互相比較或與美國的公共組織相較，是很足注意的。第一種是家族村落式的，第二種是沒有組織的和簡單的工人組織，第三種是封建專制式的美國的公共組織是工業化和個人主義化的。（註二九）只是這種情形已經足以說明爲什麽種族的、政治的和其他社會的誤會很容易發生，而且無論什麽時候都可以出現的。

近年以來，實用社會學的領域中，社會的個別實行已經佔着很重要的地位。社會改進是關於改善全體民衆和提高整個集團的地位的各種方法，在另一方面，個別實行是督促個人改善自己的生活，使自己適應環境，以及改造自己的環境。社會的個別實行主張良好的社會改進只有根據親歷的經驗纔能知道個人在不完善的社會情形和個人的缺點中所需要的是什麽，再來加以改進。對於個人的社會工作已經供給了許多重要的特殊事實，以爲設法使社會改善和進步的基礎。它也反映出環境壓迫下的人類生活，以及描寫最殘酷的生活情形下的人類生活。

社會工作現在已在注重「人」——「人就是有社會地位的個人。人類踏進這世界時都是個人。後來獲到了社會地位而成爲社會的人」。（註三〇）幫助旁人以求獲到社會地位，成爲社會的人——這是社會工作的主要任務。

實用社會學就是社會研究的實際方法。它根據過去的社會經驗和現代的事實與趨向，爲社會設計，以求促成社會的進步。它履行着社會導進論的需要。

過失的社會學（註三一）學是從社會哲學漸漸地變爲社會科學，所以新社會學的旨趣已轉向於釐定實驗的觀點，區別各種調查的問題，以及發展一種研究的技術。

「不但是犯罪行爲，凡一切社會的問題，實際上包括整個的集團行爲和社會生活之範圍，都要受到社會學的描述和分析。對於個人的觀察，是注意於他與社會組織、家庭、隣居、團體和整個的社會之相互關係。他的行爲之解釋，是以人類的願望和社會的態度、動態和不寧、親密性和地位、社會接觸和社會相互行爲、以及衝突、通融、同化等名詞爲標準。

「研究過失的個人這一點，又開展了另一個豐腴的領域。個別案件、個人文件和生命史等材料，現在都可以供給大家的分析研究，精神病學和心理學對於從個人行爲的觀點上去研究犯罪問題，已經有了很有價値的貢獻，爲社會學的研究開闢一條大道。精神病學的、心理學的和社會學的研究方法，彼此並不衝突，而且是相互輔助的。社會學者將繼續地依賴於這其他幾種科學對於人類行爲之發現，以求關於個人在心理上和性情上的差別之知識；而同時社會學者也應該從社會學方面找尋光明，以糾正社會組織中的個人。

「總之，這裏可以提出一個問題，就是我們所要討論的是人格的社會學而不是過失的社會學。罪犯先是一個人，第二層纔是一個罪犯。所以，我們研究他的時候，主要的是認他爲人，然後再認他爲違犯有組織的社會之法律之罪犯。了解和制裁犯罪的基本事實，是在認違法者爲一個人，換言之，是有一切人類共有的願望的個人和對於他在集團生活中的地位有相當的概念之個人」。

「在社會學上，「個人」與「人」這兩個名詞之間，有着明顯的區別。研究個人和這有機體與其環境的相互行爲，是屬於精神病學和心理學的領域的。研究人和人類彼此的社會相互行動的結果，是屬於社會學的範圍以內。派克對於「人」會作下述的定義：

「人是有地位的個人，我們生下來的時候都是個人，以後漸漸獲到了地位而變爲人了。地位是處於社會的位置，個人在他的本位的社會中，無論怎樣總有着相當的地位，在每一個集團中，其每一個分子的地位，是以他與其他各分子的關係爲斷。同樣，每一個小的集團在其所屬的大集團中，也有它的地位；而這地位是以它與這大集團中其他的小集團之關係爲斷。」」

「地位的變換方式中，其最簡單的例子就是由行動所造成的，如住所的遷移。從某一個集團內遷移出來，以取得新的地位，是一種很普通的事實，一個「人」因爲在本鄉失敗、惡行和犯罪而失掉其所有的地位，也可以避到遠處去「改過」和「自新」。希蘭發覺在過失兒童的情形中，其家庭如果能遷地爲良，更變環境，是與增進感化的成功之速率相關連的。

「照前面的定義，人是有地位的個人。那末，人格就可以認爲許多決定個人在社會集團中的地位與任務之特質的總和。有些個人特質——例如他的軀幹、心理和性情——都足以切實地影響其社會地位。但是，主要的，他在集團中的位置，是取決於他本人的關係，例如他對於集團活動的參加、他的性格、他的行爲準則和他的社會性。

以下所有的敍述足供研究以個人特質爲標準的人類行爲之範疇。」

「個人行爲準則的三種分類，就是客觀的或直接的，內觀的或間接的，以及精神病的或怪癖的。這種分類是本文作者所擬定的。還許多不同的行爲方式，並不是人格，甚至也不是性情的隨時表演，或人類其他特質的表演。它們似乎是普通的一個名稱，個人行爲準則所含示的。換言之，就是人類自幼年和少年時期受社會關係的模型所薰陶的個人行爲之特色。當然，心理上、性情上和意志上原有的區別，也幫助着決定個人行爲準則的形式；但它的組成和固結是發生於社會的相互作用上的。

「心理（mentality）、感情（affectivity）、性情（temperament）和意志（will）也不是不受社會經驗的影響的。它們大都多少受教育和社會接觸之調劑的。但個人的行爲準則，如自我中心主義、不穩定性和神祕性等，都形成於家庭和幼時遊伴中的社會相互作用。這些個人行爲的準則，不像性情那樣可以照生物學的方式而互相傳遞。它們也不同社會形式或人生哲學一樣可以由模仿而形成的。個人對於社會的反應行爲，是他在幼年和少年時受了社會勢力的作用之結果。人對於社會環境的固定的反應，是否爲（一）直接，（二）間接，和（三）怪癖的三類中每一項，顯然是取決於他所擔任的職務，或在他早年的社會相互作用所迫他擔任的職務，在形成社會式的人格和接受某種人生哲學時，集團的影響是很有關係的。同時，個人對於他所採取的社會形式就是他所認爲他的最熱切的願望之實現。」

「個人在社會集團中的地位，依照最近的研究看來，是社會態度的問題：就是（一）個人對於本身職務的概念，而更爲重要的是（二）他的組織、團體和社會中許多同伴對於這個人的態度。

「許多旁人們對於某一個人的態度是會變化的。這種變化有時是漸漸的，也有時是突然的。社會地位之取得和喪失，當然是個人很關心的。既然我們大家的生命都是從幼年開始，而且每一個人至少在某一特質上是較遜於同伴，所以遜人的意識是一種普遍的經驗，事事覺得遜人的習慣漸漸地形成無能力而對於社會上就發生了特徵的價值。凡是有這種特質的人，就以較優的地位犧牲給團體了。愛特勒（Adler）在神經系組織（The Neurotic Constitution）一書中，曾分析心理上覺得及不上人家的情形之補充現象。」

「上面已經說個人的地位之研究，必須從社會態度、社會勢力和社會過程各方面着手。社會正常發展的有利情形，需要一個同類的社會，其中個人的願望都可以表現出來，如果對於這種願望加以絕對的遏止，勢必使它們在邪曲的形式之下表現出來。由常識的觀察中產生的社會工作之技術，時常欠於精細，不能適合於各種民俗和風化的情形，不能偵測微妙的個人態度，也不能了解個人願望的交流和變化。文藝對於人類各種各式的表示所給予的同情之內視，並不是從個別研究的原則的典型的訓練中產生的。這種表示在表面的變化上是綜錯複雜的，而在根本的簡單模式上又是十分相同的。社會事業的機關又時常「責備」個人或家庭雖有許多很好的「機會」而拒絕合作。在一個被救濟機關認爲有過很多機會去「自新的過失女子，而且她所得機會完全與它以前救濟的其他女子相同。但是關係這案件的一個同情的分析，證明所謂的「好機會」沒有一個是眞實使她有自新之機會。後面說到的一件事是十足表現着大家對於過失女子的「好」環境，其表面和實際是怎樣的差異。」

「最後有一件關於某種情形的事件是引起很多注意的，就是一個過失者的行爲，被認爲有地位的人所作的，而不是無地位的個人的。地位的突然喪失，或一個的「社會工作的失敗」，也許是人生最大的不幸事件，在完全失掉了地位以後，很少人能够復原，或「捲土重來」的。」

社會問題與社會距離（註三二）

「一切社會問題都可以用社會距離的原則來研究，而實用社會學也可以用減短社會距離的原理來加以考核，社會距離是討論着誤會的發生情形，所以也就是造成許多社會間的眞實的因素。資本家反對工會人員的時候，就表現着社會距離的特質。一位富裕的地主仲斥着他的惡濁和擁擠的房屋的住戶，也是表現着社會距離。凡調查任何不良情形，不論是客觀的或具體的，例如工資問題、罷工、種族的偏見、幼年者的過失等，都應具有社會距離的分析工作，纔能充分明瞭內容的情形。在實際上，對於社會距離的各方面之分析，時常可以闡明某種問題爲什麼要存在的理由。

「在種族關係的問題上，社會距離漸漸變爲遠了，大家就認爲誤會和偏見加深。譬如，英吉利人、蘇格蘭人和威爾斯人將他們本族的人民，歸入親善範圍的尖頂，而對於東方的種族則歸入親善範圍的底層。同樣，東方的人民也看高東方人而看低諸特種族。學生遇到校中有糾紛的時候，就將自己一黨的學生們看得高，而將教員看得低。在任何一方面社會距離總是一個重要的因素。

『社會距離與社會問題的關係，也可以從我們對於種族關係的研究中找到許多例子。種族的衝突，猶似其他各種衝突，是有衝突者之一方或兩方發生不利的反動之特徵。要了解這些不利的反動，就得了解這種問題所以存在之社會距離。

『（一）表示最大社會距離的反動之人們的生命史上所供給的材料，其最要和最大的一部分是傳統和公認的意見。一個人得到了他的朋友和他心目中認爲有地位的旁人們之傳聞的證據，就很足以發生社會距離；看到這一點，即可明白了。

『一個人供給第二次傳聞的證據時，往往猜像地加以附會，而這些證據時常完全變爲他個人親歷的情形一樣。傳統和陳見有三種趨勢足以發生錯誤：（一）原有的觀察是有不確實的可能的，（二）輾轉相傳時也會發生錯誤的，（三）個人有了特殊的偏見或經歷而對於以他人爲中心的事情也有作猜象的解釋之可能。就是因了上述這些關係，所以傳聞的證據是民刑法庭上都不承認的；但是在研究種族對抗的來源時，傳統與陳見都佔着重要的地位。

『我在小孩子的時候，有一天晚上，父親在食桌上講述土耳其人的種種殘暴行爲，就給我一個深刻的印象，而且從此就使我對於土耳其人發生仇視。

『另外有一次是我看見了父親的一本書上有張圖畫，畫着一個土耳其人正在揀選婦女以充其嬪妃。父親

對於士耳其人之偏見的態度和這張圖畫給了我深長的印象，永久不會忘掉。

「在學校裏讀地理的時候，我又知道了一些士耳其人對於婦女的態度，益使我深恨那種人民。在中學讀歷史的時候，我又看到十字軍的故事而士耳其人的殘酷又給我很大的印象。後來，我更讀到了士耳其人所有的各種慘殺的事件。

「我的父親、師長和讀物都是使我懷恨着士耳其人之主要原由。

「我對於士耳其人的一切不良的反應，並不是根據個人對他們的經歷。我甚至沒有認識這種人民的任何一位代表；也從未見到，不論是溫雅的或粗暴的士耳其人，除非猜象的。但是我有的是人家的傳說。我從報紙的標題上，關於半政治性質的陰謀之雜誌論文中，以及各種神祕的小說中，得到許多人家的傳說，在教堂裏面，我又聽到士耳其人對於傳教師的種種暴行。我也時常在宴會上、俱樂部內和街道中，聽到人家說士耳其人嫌惡我們的文化和理想。到了現在，我又聽到青年的士耳其人，雖是有理智的外表，而他的內心仍是莫名其妙的，和舊時的士耳其人一樣。」

「（二）幼年時期和青年時期所親自經歷的，不快之感的印象，是很多很多的。有時候就引起了恐懼，也有時候引起了憎惡。恐懼是比較的更厲害和重要的因素，但不論是恐懼或憎惡，總有一種意識的偶像，通常被認爲有「可怕」的影響。在幼年時期對於這偶像有了經驗以後，就會給它多少永久的性格。

「我們住居在西方中部的一個市鎮上，一天父親正在想法修葺房屋，他雇了一個黑人來工作。這個黑人大約是五十多歲的老頭兒他孑然一身住在近郊的一所小屋中。我們小孩子都叫他「黑馬丁」，而我們的年齡較大的哥哥和姊姊在想哄我們的時候就利用他這名字。「你們不好好的，那黑馬丁就來抓你了」這句話，是對於我們小孩子比較普通的話要有力得多呢。

「這黑人馬丁在我們房屋的四周挖着一條很大的溝。當然，我們是小孩子脾氣，就站着看他工作。隔了一會兒，我們覺得厭倦了，就想找些新鮮花樣。這黑人一鏟一鏟將汚泥抛起時，我們就拾了泥塊擲他。他當然是發怒了，並對我們說要是給他捉到以後，一定要懲罰我們。當時我們就紛紛跑開，不再去驚擾他了。

「第二天他又來繼續工作。我們又去看他工作，忽然他出其不意地將我抓到溝裏去。我是害怕極了，就大聲叫起來而其他的小孩都去報告我的父親。後來父親走來給我「救」了，我是十二分愉快，但不免仍有些害怕。從那天起，提到任何「黑人」的名字就會使我害怕。這一次的事情和關於黑人的一切教育自然地使我嫌惡和恐怕他們。

「我在八歲的一年，有一天到山林中去散步，回家走過一所中國人的種菜園，有中國人在園內擷草梅。我走近這菜園的時候，那中國人突然躍起，想抓住我，我就拚力逃奔，而他在後面追着，口裏用中國話對我叫喊。結果，我跑到家中了，但從此以來，我總是很怕中國人。

「（三）不快的種族印象也是在成年時期中所時常親歷到的。照例，在這方面仇視種族的態度是對於某種民族中少數人的經驗之普遍化。雖然大家也許承認這種經驗只是關於某種民族中那些沒有充分社會化的分子，或關於那些不能代表一般人的個人，但由此發生的憎惡很易容推及該民族的全體的。成年者的經驗與幼年時期的反應適成反比例。成年者偏重憎惡的情感，雖然有時也引起恐懼的。

「五十多年以來，英國人有句成語就是：「讓中國人的身體和靈魂都墮落罷。」英國雖是世界上最古和最大的基督教國家，但她用鴉片烟去𢚩毒中國人的身心，已經好幾十年了。目前這種害人的勾當依然在盡力推行。這是不可思議的，因爲一個信奉上帝，純粹的基督教國家，竟然在現世紀的今日販售這種性質的毒藥。我對於任何個人的欺詐，總是不能忍耐的，那末對於這樣一個國家就能忍耐了麼？優良的社會處罰毒物的販售者，同樣優良的文明也應該抵制這樣的國家。」

這裏首先應注意的，就是社會接觸不一定可以消除社會距離；今天的親密不能擔保明天也是同樣的親密。親密以後，也許會發生社會距離和反對的感情。這就是中立的社會距離與反對的社會距離之主要區別。前者用不到先有社會接觸和親密，而後者是先有這些的。

「種族仇視之前時常會有兩三種顯著的不良經驗，這事實是很有趣味的，因爲這些經驗時常連帶發生有力的意識印象和強烈的反感，如恐懼、憎惡和反抗等。觸覺、嗅覺、目力和口味都會含有種族嫌惡的色彩的。「觸覺的嫌惡」("touching phobia")是特別有趣味的。它的生物學上之基礎，現在還得加以更精深的研究。

「在各種嫌惡的例子中，主要的反感並不是一種殘忍的意願，而只是想維持社會距離。一個人也許不一定與旁人表示同情。他不知道，或不管旁人在怎樣想。他甚至會自己想：「那些人的觀點與我不同，是多麼懦怯；他們應該受到淘汰呢。」這卽是社會距離。換言之，就是派克(A. E. Park)所說的：「社會是隨着你喜歡有其他人的存在而產生的，卽旁人的態度對於你是有相當的重要。社會距離在特殊意義上是測量你對於旁人的關係。」

『凡是個人關係存在的地方，「社會」和「距離」就連繫起來了。如果我對於旁人的態度漠不相關，或我完全無動於中，那末彼此之間，就有很大的社會距離。社會距離也可以用社會接觸來討論。如果沒有任何社會接觸發生，可以稱爲完全的隔絕，而這方面的社會距離是無法取決的。如果彼此個人之間有了最簡單的見面，他們中間的距離也是很大的，但如果這種見面變爲彼此情感、意見和觀念的交換以後，那末社會距離就縮短了很多。交接愈親密，社會距離愈短，但單是親密並不能保證社會距離會繼續短小，彼此憎惡和公然的交爭也許會隨着發生的。社會接觸的近密是可以產生好感，也可以產生惡感。其結果不是益趨融洽，就是起而反抗。

『社會距離有二種：第一種是由於缺乏見解和交通。另一種是由於相識和親密的反躍，因爲態度、意見和信仰之不同，在相識和親密中發現，而演爲衝突。這種衝突是由於感覺和明瞭不同，或由於不知道旁人的知識、經驗和態度的來源所致。

從社會距離方面觀察起來，個人是以其集團的特徵爲特徵。他的特質與其集團的氣味沒有什麼區分的。「一切中國人在我看起來都是相同的」——這是在社會距離上說。在另一方面，對於某一個人如果相識以後，就會發現他的個性，或他的特殊標記。但是這種個性足以產生良好的或不良的態度。親密可以引起憎惡，或由於厭倦的衝動之連續發生而引起倦怠。如果沒有了階級制度，在「某種人」看起來總是「失掉適當地位」，因此

在這「某種人」方面就會引起各種不良的反響的

「憐惜是表示一種社會接觸之矛盾的特性。在首先思考的時候，以爲憐惜存在的地方，社會距離就根本消滅了，但是這種考察是浮泛的。憐惜本身也就含示社會距離，只要自己設想爲一個被憐者就知道了。祇有假社會性的人纔需要被人憐惜。正常的人決不要人家來憫憐，事實上他還反對人家的憫憐，並反對對他表示憫憐的人。除非社會上有缺憾的人纔會接受人家的憫憐。

「社會距離在自成的貴族社會中是很自然地成立的。凡有權勢者總是深居簡出，並且維持各種禮儀，使其屬下不能和他接近親密，而作領袖者的腦中也不能對於屬下有所猜象。在另一方面，民主主義是理論上想克制那些造成和維持社會距離之因素。

「社會距離特別值得注意的一點，就是它與社會地位的關係。譬如日本的移民很想改善他們的社會地位，而愈是想得地位，愈是不能獲得地位。所以他們忿恨那些企願有穩定的社會制度之人民。但他們情願受人排斥，而不肯接受較劣的地位。從這情形中，我們說得到社會距離問題的一個總結。社會距離的意義即是較劣的社會地位，想從較低的地位之水平爬上來足以引起爭鬪和衝突。這方面的兩難情形，可以拿選擇較劣的地位和和平一途或平等的地位和衝突一途這問題來代表着。

「英國抵制日本人的禁止移民律，在日本的知識分子解釋，完全是想貶抑日本人在世界上的地位。他們沒有受到與其他民族同等地位的待遇，而是被置於較劣的地位。這種運用立法以增加社會距離是被認爲貶降其地位——非自傲的民族所能忍受的情形。

「社會距離也是由於維持社會地位——即社會關係中的現狀——之結果。一個人如果對旁人好像神聖不可侵犯的樣，足以維持其與同儕的地位。一個人的生命上以失掉社會地位爲最難忍受，因此就有維持社會距離的充分理由。

「地位是時常由於強力所產生；同樣地，社會距離也是由於強力、戰爭、欺騙和卑劣的宣傳方法所產生的。集團的地位往往也是同樣地造成的。而且一旦地位造成以後，任何集團或個人總是願意用武力去維持其地位，不論其所取得之地位是否出諸正當的手段。他們也時常努力於改善其地位，不過其所用的手段不完全是直接的。地位與社會距離的所以珍貴，一部分也許是因爲都由爭奪而獲得的呢。

「某一黨派的青年總是拚命爭取其集團的地位，或甚至維持其不正當的社會距離。一旦達到了目的，他們就盡力的保守其地位，一直給勢力更大者奪掉了爲止。但這是集團的不穩固的基礎，所以在較高標準的集團中，就可以看到用法律、傳統的成例、社會階級制度和風化等東西來保持其地位和社會距離。習用的倫理是爲接受社會準則與不接受者之間維持其社會距離而成立，並且是前者所造成的。限制性的移民律也是提倡社會距離的。愛國主義或集團的忠順，也促進社會距離，而同時又足以消滅社會距離。祕密的集會也維持社會距離。司法的賄賂是對於法庭中的一位朋友消除社會距離，以及成立親密的關係。凡社會距離較短的地方，就會有大量的偏私行爲發生。「幫忙」（'Pull'）的意義，就是說社會距離已經取消了。能夠明瞭社會距離，即等於明瞭社會間

討論要目

（一）實用社會學的意義。

（二）社會技術論的意義。

（三）英國對於處理貧窮問題所得到的主要教訓。

（四）應付貧窮的預防方法。

（五）地價增高與貧窮的關係。

（六）好華德對於犯罪問題的主張。

（七）柏卡略對於研究犯罪問題的貢獻。

（八）朗柏羅梭對於犯罪問題的主要學說。

（九）社會對於罪犯應負的責任。

（一〇）安密拉感化院的方法是糾正人格的步驟。

（一一）奧斯本關於罪犯的學說。

（一二）家庭與兒童犯過的關係。

(一三)社會的不公道與過失態度的關係。

(一四)道德的和宗教的理想與過失的關係。

(一五)兒童救濟院與學校的關係，兒童救濟院與家庭的關係。

(一六)實用社會學對於童工的態度。

(一七)對於工業中女工的科學化態度。

(一八)工業中三方管理法的價值。

(一九)工業中消滅了營利主義的結果。

(二〇)社會保險是勞工問題的解決辦法。

(二一)解決居住問題的主要困難。

(二二)社會化的藥劑的意義。

(二三)社會公共組織的性質。

(二四)社會的個別實行的趨向。

(二五)社會的個別實行與社會改進的區別。

(二六)社會問題中的社會距離學說。

(二七)社會問題中『八』的任務。

附註

（註一）華德著：實用社會學（Applies Sociology），一九〇六年，金恩書局出版，第九頁，又第一〇頁。

（註二）華德著：純粹社會學（Pure Sociology），一九〇三年，金恩書局出版，第四三一頁。

（註三）亨德生著：現代的慈善方法（Modern Metbods of Charity），一九〇四年，麥梅林書局出版。

（註四）韋勃著：貧困的預防（The Prevention of Destitution），一九一二年，朗曼斯·格林（Longmans Green）出版。

（註五）地凡因著：痛苦與其原因（Misery and Its Causes），一九一三年，麥梅林書局出版；又地凡因著：救濟的原理（The Principles of Relief），一九〇四年，麥梅林書局出版。

（註六）華納（Amos G Warner）著：美國的慈善事業（American Charities），一九一九年，克洛惠公司（Crowell）出版，第三版。

（註七）亨利喬治著：進步與貧窮，一九一六年，道勃台·潘琪公司（Doubleday, Page）出版。

（註八）吉林（John L. Gillin）著：貧窮與依賴（Poverty and Dependency），一九二六年，紀元公司出版。這部書對於各種貧困的情形都加以明晰的討論。

（註九）坤恩與曼恩（Queen and Mann）合著：社會病理學（Social Pathology），一九二五年，克洛惠公司出版。

（註一〇）龍勃羅梭著：犯罪與其原因和救濟（*Crimes, Its Causes and Remedies*），一九一一年，立德爾·勃朗公司（*Little, Brown*）出版。

（註一一）溫斯與蘭恩合著：刑罰與感化（Punishment and Reformation），一九一九年，克洛惠公司出版，第十章。

（註一二）奧斯本著：社會與監獄（Society and Prison），一九一六年，耶魯大學出版。

（註一三）波力與柏斯塔合著：刑罰，一九一六年，好脫公司出版

（註一四）孟各爾德（G. B. Mangold）著：兒童幸福的問題（Problems of Child Welfare），一九二四年，麥梅林書局出版。

（註一五）薩拉格曼(Ben M. Seleknian)著：工人參與管理(Sharing Management With the Workers)一九二四年，羅素山基金會(Russell Sage Foundation)出版。

（註一六）斯貝爾著：從資本主義時代到民主主義時代(Between Eras, From Capitalism to Democracy)，一九一三年，大學聯合印書局(Inter-Collegiate Press)出版。

（註一七）柏凡列琪(W. H. Beveridge)著：失業問題(Unemployment)，一九一二年，朗曼斯·格林出版。

（註一八）好華德著：婚姻制度史(A History of Matrimonial Institution)，一九〇二年，麥梅林書局出版。

（註一九）惠斯德麥克著：人類婚姻史(History of Human Marriage)，一九〇二年，麥梅林書局出版。

（註二〇）柯爾洪著：美國家庭的社會史(A Social History of the American Family)，一九一七年——一九一九年，克拉克公司(Clark)出版。

（註二一）伯山克著：家庭論(The Family)，一九一五年，麥梅林書局出版。

（註二二）古特介著：家庭成為社會的和教育的制度史(A History of the Family as a Social and Educational Institution)，一九一五年，麥梅林書局出版。

（註二三）派克(Robert E. Park)著：種族關係的檢討(A Race Relations Survey)，見美國實用社會學雜誌，第八卷，第一九七期。

（註二四）華盛頓(Booker T. Washington)著：奴隸階級的解放(Up From Slavery)，一九〇一年，道勃台·潘琪公司出版。

（註二五）杜包斯著：黑水(Darkwater)，一九二〇年，哈考公司(Harcourt, Brace & Howe)出版。

（註二六）斯迭納(J. F. Steiner)著：社會公共組織(Community Organization)，一九二五年，紀元印書局出版；又哈德(J. K. Hart)著：社會公共組織，一九二〇年，麥梅林書局出版。

（註二七）斯迭納著：社會公共組織，一九二五年，紀元印書局出版，第三二七頁。

（註二八）斯迭納著：社會公共組織，一九二五年，紀元印書局出版。

組織與輿論的分析」(Analyzing Community Organization & Opinion)。

(註三〇)派克與布格斯(Burgess)合著：社會學概論(Introduction to the Science of Sociology)一九二一年，支加哥大學出版，第五五頁。

(註三一)特許轉錄自布格斯著：過失的研究((The Study of the Delinquent as a Person)美國社會學雜誌，第十八卷。

(註三二)特許轉錄自鮑茄德斯著：新的社會研究，一九二六年，密勒公司出版。

第二十五章　現代基督教的社會學

希伯萊人對於社會思想之有價值的貢獻，已在本書開頭一章中加以敍述，其特色是在那些箴言之抨擊社會不公平，在另一章中也將耶穌注重博愛是動力的社會原則這點，加以描寫。從基督紀元以來的幾百年中，教會闡揚了很多的信仰、教條和教義。十九世紀末葉的時期，耶穌的學說方面發生了一種新的復興運動。

這種復興運動和其現有的結果，是實用社會學上很重要的一頁。宗教的衝動作用時常是獲到社會改善之有力的條件。科學化的社會學有了社會的基督教之臂助，其結果所達成的進步必是可觀。所以嚴重的問題是要將科學的社會學和社會的基督教駕御起來而通力合作。兩者彼此之間雖似不相同，但實是互相輔助的。如果它們能合作，一定會無形中造成聯貫的情形而達成進步。

社會的理想

十九世紀末葉，有三位學者將基督教的社會理想作新穎的積極的和興奮的敍述。這三位學者即是格萊登(Washington Gladden)，斯托朗(Josiah Strong)和伊萊(Richard T. Ely)。他們都在一八八五年前後開始著書討論基督教的社會性。他們感覺到在資本主義之方興未艾的勢力迫壓下基督教會顯然是無能爲力，就奮發努力。當時雖有很多的教會領袖自己甘心爲資本主義的勢力所包圍，但仍有少數人看到在資本主義的勢力壓迫下之人生是再可憐沒有了。這些少數的人也知道資本主義之社會的價值，但是與勞工階級時常接近，因此就把握了當前的社會需要。在社會危機中他們聽到歷代傳下來的，尙還微弱的呼聲，或甚至是耶穌爲貧苦者和落魄者仗義執言時的聲音。

格萊登反對大家接受『臭錢』(tainted money)的舉動，一時驚駭或甚至觸怒了整個的宗教和經濟思想界。他所說的『臭錢』是指資本主義制度下所賺的金錢，卽在工業的過程中剝削了男女和兒童的生命所賺來的金錢。格萊登雖被各方反對，而百折不回，並且給資本主義的世界以一種新的概念，這概念雖引起了一般的忿怒，但同時也促使許多基督教徒的反省以及造成一種新的社會良知。

格萊登主張雇主和僱員應該是做朋友的，因爲彼此都密切地關連的。雇主應負大部的責任，使得他與他的僱員之間維持同情的關係。(註一)如果一個商人不願意讓他的夥計分到一部利益，他自己也會受到夥計們苦痛之影響的。

格萊登對於牧師接受火車免費票之態度，引起了普遍的注意。他的結論說鐵路公司應該對於一切的人民予以平等的待遇；其業務是不應該對於宗教或慈善事業的代表加以優異的待遇。(註二)『人家不應該給我的東西，我就不能接受。因此好幾年以來，我總沒有接受過我和其他人一樣地付以車票的正當代價。』

格萊登主張用政府的力量廢除都市中之陋巷。這種陋巷既是藏汙納垢之地，及貧窮與罪惡的滋長所，那末都市的人應該像疏導沼澤一樣地去設法減去這社會的弊病。而且個人對於「滋育死亡和罪惡的房屋，不能享有財產權。如果個人缺乏能力去使自己的財產不變成這情形時，這種財產就應一起沒取」。（註三）

格萊登注重合作的概念，雖然同時他並不輕視衝突在社會進步的原則上之重要性。例如在工業方面，他提倡着眞實的工會辦法，卽是「雇主與傭員的組合——一方是指導者，一方是心服情願的手藝者——互相注意雙方之利益，互相謀幸福，以及努力於達成共同的滿足」。（註四）

格萊登在他著名的社會救濟論（Social Salvation）一書中，主張一個人爲求健全的轉變起見，必須明瞭其社會關係，並努力完成這關係，同時還要對於上帝也成立正當的關係。（註五）聖潔的行爲就是在履行一個人對於社會和上帝的任務，而其生活必須同乎人類社會之需要以及人類性靈之需要。一個人若只是會獨唱贊聖歌，不能就算是一位基督教徒。（註六）

格萊登所教導的並不是純粹的社會福音。他反對有些改革者所持的態度，卽認爲改變環境已足够了。他的這種反對是應該的。要想從人生道上除去引誘的舉動，有時是可能地過於偏重了；因爲大家不可忽視另一個問題，卽使人們有抵抗引誘之能力，藉以減輕道德的責任之意識。（註七）

在實際的社會改革方面，斯托朗曾完成了很有效力的工作。他也重行解釋了耶穌之社會的原理，而且勇敢地宣稱愛的精神是人類社會組織上之主要的原則。（註八）他指明大家已經適當地注重於信仰眞理，但卻輕忽於生活在眞理之中。（註九）他反對區分神聖的和世俗的兩方及隔離學理和行爲之趨向。他相信一般的勢向是格萊登和斯托朗對於社會思想之貢獻，經伊萊的社會觀念加以補充而益見完善，伊萊反對許多教會中人認爲他們可以不去尊崇服務而仍能皈依上帝之趨向。(註一〇)他極力表示同情於美國勞工之訴苦，即謂雇主們和地主們雖加入教會，但不一定保證他們能對於僱員和租佃者予以公平的和寬恕的待遇。(註一一)伊萊堅決地認爲『對於都市陋巷中之汚穢，罪惡，和疾病加以反抗，以及努力於廢除美國都市中可恥的特種房屋，其工作之可貴，實與派遣傳教師到異邦去相同』。(註一二)

格萊登、斯托朗、伊萊，和其他許多人，在十九世紀末葉時努力於闡揚基督教的社會意義之開闢工作，在本世紀中也有一些有能力的學者加以發揮光大。這些現代的學者之名單包含著名的社會宗教思想家庇包台(Peabody)，(註一三)馬休士（Matthews）(註一四)洛京蒲許(Rauschenbusch)，(註一五)巴登（Batten），(註一六)華德（Ward），(註一七)阿金生(Atkinson)，(註一八)雷安(Ryan)，(註一九)斯特茲耳(Stelzle)(註二〇)和泰勒(Taylor)。(註二一)洛京蒲許和華德的貢獻將予以特別的注意，因爲二人在社會宗教問題上各成爲中心點。

社會宗教

在他所著的基督教與社會危機(Christianity and the Social Crisis)一書中，洛京蒲許敍述了基督教及希伯萊的始源之簡史，首先表示『基督教之主要作用是在依照上帝之意旨而改良一切人類的關係，藉以改造入類社會變成上帝之天國」(註二二)然後他提出一個問題，即爲什麼基督教沒有負起建設社會之工作呢？他相信如果教會能够與所有的力量以糾正任何社會的弊病，也許是可以所向無阻的。(註二三)基督教雖然領導提高婦女之平等地位，使成爲男子之伴侶；雖然將父母的專制主義改變爲服務主義；雖然消滅了許多不合自然的罪惡，廢除奴隸制，遍設慈善機關，提倡學術組織，贊助公民的自由和社會正義之進步；雖然也對於人生予以柔和的安慰，克制自私心以及建立一種堅決的責任心，但並未使社會改建在基督教的基礎上。(註二四)它只是努力於取締當時社會系統中一部分的最顯著的罪惡。(註二五)

洛京蒲許指出許多歷史的因素，認爲這些因素是阻礙基督教不能從事於一種建設社會之計劃，但這些因素有一大部分已不再存在了。(註二六)洛京蒲許所指出的歷史因素是：(一)階級間之憎恨，其利益常因道德的衝突而危害；(二)相信基督之立即降臨，這種信仰足以妨礙人們之深謀遠慮；(三)對於國家尙抱一種原始的恐懼和不信任；(四)基督教中之消極性；(五)苦行的和修道的理想；(六)儀式主義；(七)獨斷主義；(八)教會之專制式的組織；(九)缺乏社會建設在理智上的先決條件。基督教能够不受這些特質之阻礙至若何程度，就是改造社會之工作可以做到若何程度。

引起社會的基督教之注意之現危機中，其主要的危險是由洛京蒲許在資本主義之專制的和不正當的情形上找到的，尤其是那非平民主義化的工資制度。在這種專制情形之表演上，有三重的階級反動。(註二七)第一就是那些擁有財富之管辖的統制之各階級；他們沒有改革的計劃，他們只想維持現社會制度，毫不更動。第二是中有力地加以改革他們所要求的是用和平的與漸進的方法以從事於改革的工作。第三是無產階級，他們看到本身與財富者之間有一條鴻溝，只有用革命的手段纔能通過它。社會的危機是依據大衆之情形和態度而旋轉着。這種社會態度是與一箱汽油相同，只要星星之火，就可使一輛車子爆炸而飛與天齊，或連續地利用這種爆炸的力量，將一輛車子送上高山之頂。(註二八)基督教想採取那一種方法呢？如果想採用第二種方法，那末基督教必須先使有錢階級和社會權力成爲社會化。可是不幸的，財富本身的力量總是比較擁有財富之個人的力量來得強；以致財富足以役人及侵奪其道德的和精神的自由。(註二九)基督教能否解決這個兩難的問題呢？

基督教徒想用苦行以逃世的主義，已經是不再適用了。他現在只有二種可能的途徑，他可以痛嫉世道而設法使之改善，或者忍受着和漸漸地同化。(註三〇)洛京蒲許引用這兩種截然相反的辦法，以喚醒基督教的世界。雖有很多的基督教徒不信局面有洛京蒲許所說的那樣嚴重，但也從道德麻木的狀態中興奮起來。

洛京蒲許在紐約之勞工羣衆中當了十一年的牧師，因此他能了解羣衆的心情之跳動與渴望，就自願獻身於基督教的服務，以減輕勞工階級之壓迫，以及鼓勵提高勞工階級之力量。他見到基督教的社會主義是解決社會問題之良法，因爲它可以破壞財富的專制而建設平民主義的工業關係。他很想信地球上的自然資源應該爲社會所有或公衆所有。「認爲個人或某公司對於煤礦或銅礦可以有絕對的所有權，是很荒謬的。一個採礦公司可以擁有地下層之礦穴，因爲這些礦穴是它所鑿的；它不能擁有煤礦的本身，因爲這採礦公司並未造成煤礦。這

煤礦是上帝的賜予，應該屬諸全部的人民』(註三一)

營業方法與基督教的主義，常是互相衝突的，這也是另一種困難。(註三二)個人都設法競佔旁人的便宜。這種趨向已是制度化，即形成營業的企業。個人都可以『任意去吸吮國家的膏血』。(註三三)但在另一方面基督教主張社會化的服務主義，認為最能犧牲的人即是最偉大基督教已覺悟其偉大的任務是在阻止國家人民不要『一直走在貪婪的路上』。

洛京蒲許就在這方面使了他的一句口號，『社會制度之基督教化』，成為有名。這口號的意義是『使社會制度合乎基督之倫理的信念』。(註三四)其計劃包括對於專制的最後防線，即在商業中的之攻擊以及使商業成為基督教化。這種掙扎已在開進了。在這衝突之各方面資本主義將基督教一口一口吞下去，教會變為傳統的，狹窄的僧侶式的，獨斷的以及反對科學和平民主義的。凡是資本主義最強烈的地方，社會中心勢力的教會之勢力也是最微弱。(註三五)

洛京蒲許答覆大家屢次的批評，即謂社會化的基督教已不成為基督教的時候，說明個人的宗教不但不受社會化的宗教所損，而且可以因之而比較現在更有力量，更能使人感化。提倡基督之社會教義者決不會攻擊個人的宗教，反之他是想給個人的宗教以一種新的動力，特別是在現代生活的各方面個人宗教已失其大部的感化力。(註三六)社會的基督教之反對者不能忽視一種事實，即那些時常是偏面的，機械的，和空泛的福音及傳教方法已造成一種宗教的厭惡，或甚至一種對於宗教的反動。(註三七)要求使新的社會精神與基督教相隔離，而不使它與舊的宗教信心相融合『以產生新的總和，比較以前的宗教個人主義之精粹更完全和更富有基督教性，這是盲目的愚昧』。(註三八)

洛京蒲許堅決主張國際關係也應該成爲基督教化。個人應該知道現社會階段之罪惡性，而上帝之普遍的概念是要成爲平民主義化。(註三九)他重新解釋了人類社會之有機的統一體，認爲在一個人有罪惡時，其他的人們都要受到痛苦；如果某一階級有罪惡時，其他的階級都要分擔一部分的痛苦。

社會的信條

一九〇八年，美國全國基督教協會(Federal Council of the Churches of Christ in America)成立於費萊台斐亞。它對於北美以美會總會(General Conference of the Methodist Episcopal Church-North)在幾個月以前所通過的決議案，經過很小的修改後，就完全採納。這決議案之原稿是華德(Harry F. Ward)和其他諸人所起草的。

這種決議案是被稱爲權利案(Bill of Rights)，它規定三十以上的新教教會之責任是在爲勞工求獲工業上的正義。它宣佈了：(一)工業紛爭中之仲裁原則；(二)對於危險性的工業中之勞工保護；(三)廢除童工；(四)保障女工之身體上和道德上的健康；(五)取締剝削制度；(六)將工作時間減至最低的適當點；(七)一切工業中予以足够生活的工資；(八)一切工人每七天中休息一日；(九)工業生產品之最公平的分享；(十)

對於老年的和殘廢的工人予以適當的給養；（十一）減少痛困的情形。

一九一九年五月六日至八日，美國全國基督教協會在渥亥阿州之克里扶蘭城舉行特種會議時，上述的綱要又重被確定。此外，爲應付歐洲大戰後之建設的需要起見，下面一種值得注意的議案也被通過了。協會宣稱不但是勞工應得到工業利潤之公平的一部分，而且認爲勞工也應該參與工業的管理。要想達到工業中之有秩序的和建設的平民主義，工人參與工廠的統制和管理是必要的步驟。這次會議也主張工業中第一種責任是在付足以維持美國生活程度之工資。

一九一九年，全國天主教軍事協會(National Catholic War Council)之特種軍事活動委員會(Committee on Special War Activities)發表了關於社會建設之簡要的文件。在這本小冊子中，它宣稱資本主義制度之缺點是『物品在生產和分配時大量的浪費和失效；工資階級大部分人之收入不足；以及少數特殊利益的資本家之收入過大』。（註四〇）這委員會提倡被雇者應該對於工業的企業之管理，執有相當部分的權力；而國家也應該設法規定康健保險和老年保險等辦法。它承認社會進步之眞正的路線是在對着合作生產和合夥方法之方向的。『在前一層說，工人可以擁有並管理其本身的工業；在後一層說，他們可以享有其公司的股份之一大部分，而且擔任相當部分的管理』。（註四一）天主教的宣言要求勞資兩方的精神都應該改善。勞方應該放棄其希望以最小度的勞力去換取最高的報酬；他必須牢記自己一天所得的工資是應該拿一天誠實的工作向社會換來的。在另一方面，資方也應知財富並不是佔有而爲看管，所以『營利不能算是企業之基本的條件』。（註四二）

宗教的社會服務

除了洛京蒲許以外，華德比較任何人對於社會的基督教有更多的著述，而且發揮了廣博的和精心的討論。所以他對於社會宗教的貢獻就接着加以研究。華德不相信以社會服務做香餌引逗人們加入教會。他也反對用賄賂的方法使人參加佈道會。在他看起來，社會服務是宗教的當然的活動，是自由發展的，沒有任何壞的企圖。他認爲教會中施捨食物的廚房，並非拿來引誘勞工之走入教會的門牆內，而是基督教徒要忠實於基督精神的合作表現。社會服務不是一種教會之自私的計劃藉以增多其會友。對於基督教，社會服務和宣傳福音是同樣很自然的，並且同樣本質的和主要的。這不只是全國所公認的。雖然在保守者的目光看來，社會服務是過激的，但它所包含對於社會情形之分析爲許多批評者未曾了解。它表示眞誠與正直，使心地光明的人們不能不加以注意。

奴隸制度已被擯棄，不再視爲文明之經濟的基礎；而君主專制近來也被擯棄，不再視爲政治的基礎。在某一種情形中，現在的世界已走到理想主義的動力推翻舊勢力之地點。因爲華德的議論，世界也達到相同的一個地點，由理想主義的動力推翻資本主義的專制。上述的理想主義的動力是耶穌的教義中所涵育的。

華德具有先知先覺的見解，這種見解比較阿穆斯、何西、伊薩亞等之見解更爲有組織，而同樣的誠摯和大無畏；他指示着新社會階段之原則，並相信這種新社會階級已臨到這現世界了。他然後描寫許多各自在掙扎以求達到這種新社會階段之種種因素。

新社會制度之五大原則是平等、普遍的服務、效能、人格的高超和團結性。（一）平等是在美國革命和法國革命時引人注意的舊名詞。它是從天賦權利之學說中產生出來的，本書第十一章已經討論過。美國人民對於平等原則之注重是表現在他們贊美勞力之收獲，特是關於大家競取財富和奢華品方面，在國外的傳教活動方面，在平民主義心理之興起方面以及在一般人民之理想主義之衝動力方面都可以看到。

在另一方面，當大家不但不去設法廢除不平等反給予有力者特殊利益以爲其強力之報酬時，那末不平等的情形就更爲增加，而平等的原則也受到破壞。一條路上這邊有着奢侈放縱的特徵，而同時另一邊是充滿着貧困和奴隸制；它就引導到革命，由羣衆來推翻特殊階級。最後的結果是國家趨於衰落，另一條路上只有正義之特徵。凡經濟上佔權勢者都願意允予勞工代表參與工業的管理，並提倡合作精神之發揚，他們願意犧牲自己的特殊利益，以謀無產階級之幸福。

中等社會階級的知識分子握有絕大的力量。在危難之時，他們大都聯合特殊階級，而棄掉羣衆；因此，他們的勢力時常轉向不公正的方面。（註四三）

（二）普遍的服務是平等的負擔之原則。同等的權利之本身也許可以說是去欺詐和侵略之平等權利。在世界大戰時，普遍的服務之原則是常有表現的，當時的口號是『我們正在盡力幫助前線的兵士』，在前方和後方的城市鄉鎮中，不論富人或貧人、資本家或勞工，大家都在一塊兒服務。大戰告終以後，就發生一個重要問題，卽是普遍服務之觀念是應該繼續推廣呢，或是就應取消？工業是否還走回恬不爲恥的狀況，專營私家的利益？

(註四四)華德很愼重地區別了平民主義化的互助之服務與統治階級之服務，甚至最良好的統治階級之服務，兩者是截然不相同的。(註四五)聖誕節施給貧人食物使其滿足本身之運命，這是最低級的服務。

（三）效能是機械時代所產生的名詞，其起源是發生於商業方面的；但現在已被引用到社會組織之各方面了。(註四六)它的目的是求社會機械之完善。社會的效能不但包括社會工程，就是社會知識，社會哲學，社會倫理，和社會宗教等都在內。社會缺乏效能之證據是很普遍的；例如我們所有的社會知識之不能運用，以及過於注重競爭而致失去能力。民主主義只有很好的倫理理想是永久不會成功的。(註四七)它需要政府的效能，這種效能是要合乎科學化的，不僅是商業上的效能。(註四八)科學化的效能包括『爲民主主義之生存上所必需的公共利益之服務精神』。(註四九)

（四）人格的高超是一種生命的原則，現在正與經濟的效能相衝突，因爲經濟的效能時常不顧到人類的價值，所以新社會制度注重於精神的而非物質的東西之發展；甚至在商業上也應該實行這種理想。世界大戰引起普通人民對於自己的生命之估價；但最後的結果還得要依據事實，即人民的參戰是否自願的和明瞭高尚的道德作用的，或是否戰後的和平能夠產生一種新的世界組織，這種世界組織仍保持着人類生活現有的進步。

制度是含有一種遺傳的弱點。它傾向於機械的和抑制的；甚至那些負有高貴作用的，例如民主主義，教育，宗教等制度，也都是這樣。社會制度和社會組織之最高目的，不論其成立於那些範圍內，總是應該要求增進人格。

（註五〇）

（五）新社會階段是要用團結的意識來統治的，換言之，即以人羣共同的情感和思想來統治的，這種共同性是在人們聯合一起向共同的目標努力時所發生的。當一切的人民都知道合力以謀公共的幸福，以及爲達到這目的而犧牲其利己主義時，世界的大同就可以實現了。基督教提倡「彼此友愛與對於上帝的友愛」這概念，它漸漸展開着世界大同的生活之觀念，它將人類友愛主義應用到雇主和僱員及白種人與黑種人的關係上，它企求人類在宗教系統上是要成爲平民主義化的團結而不是帝國主義化的宗教統治，它想廣播愛和眞誠而不去傳播教條和推進宗教組織，在這各方面可以說基督教是向着世界大同的方向進行的。（註五一）階級的分裂，國家主義，種族偏見，愚昧無知和自私自利，都是世界大同主義之主要的仇敵。

華德在解釋他所認爲是新社會階段之主要原則以後，接着就用了若何標準來測量現代的情形。他評論了英國工黨的宣言，蘇俄的宣言，以及國際聯盟和美國各種勞工運動的組合，他認爲這各種趨勢都是盲目的要求正義公道之表現。在世界的一切國家中，民衆都一刻不停地，興奮地，和深刻地感覺到一種不公道的意識。民衆的領袖們總是用非科學化的方法，向着新時代的平民主義之光明奮鬬着。這種奮鬬所採取的動向是跟着某種社會環境和執政當局者的態度爲轉移的。如果有長時期的壓迫和專制，似俄國在沙皇統治下之情形，民衆的唯一解放方法是革命，但他們經過了長時期的專制政治之訓練，所以當他們自己握了政權時，他們也將運用其所知的唯一的統治方法，即專制的鞭撻，以爲統治的政策。

英國工黨是向着工會的社會主義之方向前進着，這種主義將工業組織爲大的單位，由工人主持，而比較的不受政治勢力之支配。政府對於這種大的工業單位是應該盡普通的監督之責任。英國工黨要求鐵路、礦產和電力生產之國有化，以爲達到上項目的之直接步驟。各都市皆得參與這種公共所有權的計劃。其轉變的方法是漸進的，大部分還得依據政治行動來實現的。

關於一九一九年在巴黎訂立的國聯盟約(League of Nations Covenant)，華德抱着消極的態度。雖然他很堅決地信任好感的組織，國際的友誼，以及根據平民主義而成立的世界團結；但是他坦直地認爲巴黎所訂的國聯盟約是『私產權神聖的象徵』；(註五二)它是資本主義的國際組織，由強國爲其托背者，它代表着各種自私自利的國家間之妥協；它是民主國家的統治者之願望之表現，這些統治者的道德大都是與『帝國主義的軍國主義的統治階級相似，而對於民衆的前途幸福，抱持同樣的邪惡的態度』。(註五三)

華德研究新社會階段的計劃，其弱點是在專門討論計劃、綱領和理想，而忽視這種計劃與各種社會組織在實際上之作用。還有將英國工黨的最好方面和資本主義的最壞方面相對比，也是給予一個不完全的表現。但這此方法上的弱點並不能使華德的思想優點減色，他最足以發人深思的演繹如下：

(一)個人主義的基督教是正在衰落。

(二)中產階級已經在變成特殊階級。

(三)中產階級的知識分子雖是深刻地明瞭資本制度之罪惡，但本身受資本制度的厚惠，因此認爲反對這種制度卽是忘恩負義，或者簡直是不敢去開口反對它。

（四）監獄與機關槍都不能阻止勞工階級要求工業之平民化的改革，反足以促成革命，結果產生無產階級的獨裁。

（五）資本主義正在崩潰，這是必然的趨勢，因爲它是一種有組織的自私自利——它的根本原則已經是錯誤的。

（六）政治的民主主義現在從經濟的帝國主義和無產階級專政之兩重夾攻中，奮鬬求存。（註五四）

（七）如果現有的爭鬬不能由理性的方法和有秩序的進步使其終止，那末世界將受多方的衝突而致於毁滅。

（八）在廣義上說，社會進展的目的是『一個友愛的世界社會，最偉大的人類家庭。由公衆的需要使其团結，但大家都服從公衆的理想，更由公衆的愛有效地指揮和統制着公衆的生活』。（註五五）

現代的社會化的基督教預言着戰爭的問題，福斯狄克（Rev. Harry Emerson Fosdick）對於世界大戰事件，認爲『我們基督教徒自覺無能力去作有效的抗議，以防止正在進行中的沒落。我們已經構成這種社會態度，而想逃避這種不可免的結果也覺得不道德的。我們久已贊許戰爭的需要以及戰爭的正義，所以心地不能完全坦白，而拒絕接受戰爭所造的罪惡』。（註五六）這是必需在和平的時候加以糾正的。『我們必須表明我們的某種信念，卽是除了大家集團的無意識以外，戰爭在現代的世界上是自殺的和不需要的；只有外交家人員的愚昧

和自私以及人民盲目地自願像野獸走進屠殺場中，終使戰爭似乎成爲必需的』。(註五七)

依照潘琪（Kirby Page）的主張，教會應該拒絕同意於將來的戰爭，其理由有三『（一）因爲戰爭是基本地違犯了耶穌的人生觀；（二）因爲戰爭不是促進基督的天國的實現之方法，而且是有矛盾的性質的；（三）因爲個人，團體，和合作組織之絕對的排斥戰爭，是迫政府放棄戰爭制度和搜求更適宜的方法以獲到安全和公道之最有效的方法』。(註五八)

現在大家都在起來要求排斥戰爭。國際的戕殺和個人間的戕殺是應該受到同樣的制裁的。既然大家排斥個人間的戕殺，爲什麼也不排斥國際的戕殺呢？用武力來解決糾紛顯然是愚笨的，不論國際或個人相互間都是一樣——這是許多宗教家的見解。(註五九)

社會宗教的教育

這裏就發生一個重要問題：怎樣使耶穌的社會教義廣爲傳播呢？佈道式的基督教（Evangelistic Christianity）只注重個人，是不能希望它去推進社會福音的。受神學訓練的傳道師一定認爲基督教的社會意義是次要的。但在近幾年來，所謂宗教的教育運動已漸漸獲到力量了。同時，更發明了宗教教育之社會學說，在這方面，柯氏（Dr. George Albert Coe）也許是完成了最值得注意的工作。他相信人生的最大意義，並非僅由個人自覺意識上得來，而也從生活是社會化的同樣重要的事實上得來的。(註六〇)如果沒有了社會意識的信仰，以自我意識去解釋死後之永生不朽是無意義的和無價值的。宗教必須解決怎樣建設地上的天國之問題，以及訓練其信徒以適合於天國中的社會化的生活。前一個問題解決以後，第二個問題是很容易應付的。關於這一點，有一位年青的基督教婦女所提出的疑問將它描摹盡致，即她問：我們既然憎惡黑人，那末將來是否還應有一個特別的黑人之天堂呢？換言之，將來是否要有幾千或幾百萬個天堂以容留現在世界上彼此互相仇視的基督教團體，使各得其所呢？信仰新教的奧斯特人（Ulstermen）和信仰天主教的愛爾蘭人怎樣能够互相親愛地生活在天堂中呢？所以這問題是要回到解決基督教在塵世關係上的社會含義上面了。

依照柯氏的意見，基督教教育的社會目的如下：（一）社會幸福，或統制非人的環境以謀人生之福利。（二）社會公道，或提倡一切個人之間，不論甲方是怎樣的強霸機警而乙方是怎樣的懦弱愚昧，都應該講公平的待遇。（三）世界大同的社會，或提倡一種行爲的規範，『使一切不同的民族都團結起來，成爲一個平民主義化的人類整體』。『國家主義應該被比較重重的人類幸福所溶化，而『自私自利之不良表現，即我們的法制和政治中所盤據着的不公道』，都應該使大家知道，甚至教堂中的星期經班裏也應講到。（註六一）

宗教教育的健全社會學說之含義，是表現於上帝與人，和人與人的相互關係上之宗教的道理中；也表現於改組教會，使宗教教育和普通教育一樣建築於科學的基礎上；也表現於訓練教會的學生，使他們服膺社會公道，合作，博愛等原則，與個人的超脫之事相同。

另一種現代的發展是宗教的社會服務工作。有些時候，宗教教育的指導者是被認爲教會工作中的重要力法。但社會服務工作已漸漸成為教會生活上重要的部分了，這種工作包括教會的社會幸福計劃，訓練教徒以從事義務的社會工作，開始宗教的社會調查以及將教會的社會使命表現於一切的教會活動中。

教會的社會服務活動時常被利用而為羅致教徒之工具。但以社會服務為賄賂，是要失敗的。真正的宗教社會服務是從教徒的生活中和教會本身自然地流露出來的，並不要求報酬，也沒有壞的目的。一個教會在其所在地的社會中，開始社會幸福的計劃，以建設家庭生活、娛樂生活、道德生活、經濟生活和宗教生活，纔是真能代表社會化的教會。但它如果利用這種社會幸福的計劃，僅僅想謀本身的發展，那末它就沒有了解宗教機關的社會任務。

宗教的社會研究工作是正在發展中。紐約市的社會宗教研究社(Institute of Social and Research)已經從事於各種研究工作。它已印行了很多的刊物，大都是統計的調查。農村教會的診斷(註六二)(Diagnosing the Rural Church)是比較重要的一種刊物，因為它用了新的方法以分析教會。關於宗教態度和宗教態度的變遷之研究工作，現在還沒有着手。

希伯萊人的社會思想是以社會公道的觀念為中心；耶穌的社會思想是以積極的愛的概念為中心；至於現代基督教的社會思想，則以改良社會的計劃為中心，這種計劃是要達到公正、合作、和協調的生活，自個人在家庭和社會中的生活，推廣到他在新的世界社會中一分子的作用。

在這方面的社會思想，另有一個中心，就是宗教的社會學。許多歐洲的學者對於這種學說都有相當貢獻。最著名的是杜爾克海(Emile Durkheim)。他主張宗教的理想是社會和社會情形的反映。社會中的罪惡，反映在宗教中卽是『魔鬼』的概念。宗教注重天堂上的『極樂世界』，是因爲經歷了世間的『地獄』而後造出來的。總之，宗教表示着一種集團的理想。(註六三)宗教的社會學就是含示在宗教職業中集團意識之任務。在宗教集團給予個人地位和承認時，它就能發生相當的感應作用。宗教的社會學現在是到了製定計劃的時期，這種計劃是來決定怎樣使集團的行爲在個人的宗教中發生作用。

宗教爲社會的反映(註六四)

『一切宗教，甚至最粗簡的宗教，都有些精神主義化；因它所有的力量中最重者是屬於精神的，而同時宗教之主要目的也是在促進人們的道德生活。所以這就知道，宗教的一切努力並不是虛擲的，而必須由社會實行，使人類享受其善果。

『但是這裏要問：那一種社會是實行宗教的基礎呢？是否我們眼前看到的社會？這社會的法律和道德制度是經過了悠長的歷史纔複雜地釐定的。而這種社會也是充滿着許多缺憾。在這種社會裏面，善惡是雜處的，不公道的情形很是流行，眞理時常被錯誤所掩蔽。這樣粗劣地組成的社會，怎能鼓勵愛的情感、熱忱和淸淨的精神？這都是一切宗教希望信徒的完善的神，決不能從平庸的，甚至有時是低劣的現實社會中，得到他們的特長。

但是，從另一方面來講，所謂一個完善的社會，是不是一個社會，在這個社會中正義和眞理都是至尊無上，而且各種罪惡都是一掃而空?這種社會對於宗教情感的關係，是很密切的，這是沒有人否認的；因爲有人說各種宗教努力求達之目的，就是這種社會的實現。但是這種社會，幷不是一個經驗上的事實——確定的和可觀察的——牠是一個空想，一個幻夢，就是人們用以減輕自己痛苦。但是人們從未生存其中者。牠不過是一個觀念，表示我們對於善、美和理想三者之多少有些模糊的熱望。這些熱望的根據，就是我們自己；牠們是從我們心中發出來的；所以除掉我們之外，沒有什麼能夠說明牠們的。再者，牠們本身已是宗教的；所以看起來理想的社會是包括宗教的，但是決不能說明宗教。

但是，第一，當我們從宗教的唯心論來觀察宗教，世上萬物都是武斷地簡單化的；我們如果從宗教的進行方面來察看宗教，宗教是實在論的(realistic)。世上沒有有形的或者道德的醜惡，一切罪惡或者罪過，都是各有各的專神的。有盜竊欺詐神，有貪慾戰爭神，有疾病死亡神。就基督教而論，不論牠對於神的觀念是怎樣高尙，在牠的神話中，不得不給與惡神一個位置。在基督教教義中，惡魔佔着一個重要地位；他雖然是不潔的，但決不是汚穢的。「反上帝」是一個上帝，的確，不過是次等的和次要的，但是他擁有廣大的權力；他竟受人禮拜——至少是消極的禮拜。所以宗教決不否認現實的社會，決不注重社會的抽象觀念；牠是包含在社會的影像之中；牠反映社會的各方面——最粗鄙的和最可憎的也在其內。在這裏我們可以找到一切，因爲現實是這樣的。所以在各方面的大部方中，都是善勝過惡，生勝過死，光明勝過黑暗。倘使兩個相反勢力間之關係，一倒轉來，生活要就此變成不可能了；但是在事實上，生活仍舊維持不墜，而且有發展之趨勢。

因爲我們解釋神聖（the sacred）稱之爲附於實在而超過實在的東西；理想（the ideal）也適用這個定義；所以我們說明一個也必定說明別個。的確，我們已經知道假使集體生活到了某種強度會喚醒宗教思想，這是完全因爲這種生活引起一個興奮狀態而這個興奮狀態又改變心的活動情形。生活力受到過分刺激，情緒是更活動，感覺是更強烈；并且有幾個只有在這時候方纔產生的。一個人會不認識自己；他覺得自己已經變化，因此他改變他四周的環境。爲了要說明自己受到的特殊印象，他對於和自己最接近的事物，給與牠們原來所沒有的性質，更以日常生活中事物所沒有的非常權力和美德也給與牠們。總而言之，他在這個實在世界——就是他在其中過着凡俗生活的——之上，設置另外一個世界，而這個世界在某一種意義上，除掉在理想中，此外是不存在的；但是他給與這個世界的尊嚴，比他給與第一個世界的尊嚴，來得更加高尚；因此從這個二重的觀察點看來，這個世界是一個理想的世界。

所以理想世界的形成，并不是一個難變的可以避免科學之注意的事實；牠是根據於觀察所能觸覺的情形的；牠是社會生活的當然產物。倘使一個社會要有對己的自覺力，要將所達到的感覺維持在必要的強度，那末牠非集合和集中自己不可。這種集中引起高尚的精神生活——就是一羣完美的概念——而在這些概念中，這樣喚起的新生活，就得着描寫；這些概念和這一套新的心力是一致的，而這些新的心力是加於我們日常生活所需要的心力之上的。一個社會如果同時不創造一個理想，決不能創造自己，也決不能改造自己。這個創造，并不是畫蛇添足，因爲社會雖然是已經成立了，但仍利用這個創造使自己完備，這個創造是一種行動，社會利用牠依一定時期來創造和改造自己。所以在有人用理想社會來對抗現實社會的時候，這兩種社會都實體化，而和抽象的觀念對抗。理想社會并不在現實社會之外；理想社會實在是現實社會的一部分。在這兩種社會之間，并不像互相推拒的兩極之間，有一道鴻溝，所以我們決不能堅信一種社會而不相信另一種社會。因爲組成社會的要素，并不是僅僅乎許多民衆，民衆所佔之土地，及民衆所用的東西和所做的舉動，最重要的還是社會對於自己所抱之觀念。這是的確的，就是社會對於應該怎樣想像自己，是遲疑不決的；牠覺得自己搖搖不定，有傾向於各方面的可能。但是從此產生的衝突，不是理想和現實間的衝突，而是兩個不同的理想間之衝突——昨日之理想和今日之理想，根據於傳說之理想和懷抱對於將來希望之理想。這些理想從那裏開始發展，我們可以加以研究，但是對於這個問題，不論我們得到怎樣一個答案，這些理想仍是流行於理想界之中。

所以宗教所表示的集體理想，決不是從個人之模糊的天賦的權力而來的，而是從集體生活——就是個人所要理想化的——的訓練而來的。人們祗有在吸收社會辛苦造成的理想之時候，方纔能夠想出一個理想。社會在自己的活動範圍之內，指導人們，使他們知道必須使自己超越經驗世界，同時并將想出另一世界的方法，給與人們。社會在創造自己的時候，也創造了這個新世界，因爲表明這個世界的，就是社會。所以就個人和團體而論，理想化之官能，并沒有什麼神祕性可言。這個官能，不是人們可以省去而不覺不便的奢侈品，乃是人們生活上一個條件。倘使沒有這個官能，人們便不成爲羣居的生物，就是人們便不成爲人類了。這是的確的：集體理想借個人而具體化，就有個性化之趨勢。每個人對於這些集體理想，各有見解，各有取捨；他對於某某要素加以抑制，對於其他要素則加以提倡。所以個人的理想脫離社會的理想之程度，是和各人個性的發展情形及各人個性變成行動的獨立來源二者成爲比例的。但是，如果我們要明瞭這個現實之生動外表之性癖——看來很是奇異的——我們祇須將這個性癖和牠所依賴的社會情形，連貫起來就可以了。

所以在這個宗教理論中，我們務須避免重新陳述歷史的唯物論；否則便是極端誤會我們的思想了。我們表示宗教根本上是社會的，我們的意思，并不是說宗教的職務，是僅僅將社會的物質形式，和牠的急迫的重要的需要，變成另外一種語風(language)。我們都承認社會生活是有賴於牠的物質基礎，并且受到這個基礎的影響，其情形正和個人的心智(mental)生活有賴於個人的神經系和——在事實上——全部機構，完全一樣。

從此看來，宗教中有一個永久的要素，在許多特殊的象徵——就是宗教思想在其中逐步發展者——中，這個要素總是巍然獨存的。一個社會的統一和個性，完全由集體的情操和集體的觀念所造成，世界上沒有一個社會對於這些情操和觀念會覺得沒有時時加以擁護和確認的必要。這種道德的改造除非利用宴會、集會和會晤等等——關係密切的人們在這些場合會共同確認他們公共的情操——是不會成功的；所以發生許多禮節，而這些禮節，在牠們的目的——就是牠們所產生的結果——上，和在牠們的手續——就是牠們用以達到這些目的——上，是和正式的宗教儀式沒有兩樣。基督徒開會慶祝耶穌生時之重要節期，或者猶太人開會紀念以色列人出埃及或者紀念十誡之公佈，和一國的市民開會紀念一個新的道德或者法律制度之公佈或者紀念一件國家大事，在這三者之間，有什麼重要分別呢」？

社會學和宗教（註六五）

「再者，社會學家發現就宗教之人的方面而言，宗教所討論的社會事實和情形，和他自己所研究的，完全一樣。的確，宗教用以研究事實和情形的方法，和社會學家所用的不同。牠的目的在乎統制這些事實和情形，并不是要了解牠們。但是因爲了解是高明的統制之基礎；因爲社會學家知道爲了要統制，纔要了解，所以社會學家覺得宗教和科學之最後目的，一定是一樣的——裨益人類。倘使宗教和科學，爲了要有益——最大的可能的——於人類，而都志在同樣的統制，那末社會學家覺得在宗教和科學的合作中并沒有矛盾之處。眞的，社會學家知道，宗教和科學如果都不是勞而無功的，那末必須有實用的政治和社會學之綜合，正和必須有實用的宗教和社會學之綜合，完全一樣。

倫理的宗教之最大目的，是要從罪惡生活中拯救人類，並且使人們相互間，及人類和宇宙間發生和諧。如果對於造成和毀壞人類生活之勢力，沒有相當的認識，這個目的是永遠達不到的。換一句話來說，就是宗教如果沒有科學——就是對於人類生活中的勢力，如果沒有可靠的認識——是決不能完成牠的工作的。科學顯示這些決定人類生活之勢力，在性質上大半是社會的。所以宗教如果要造成一個更好的人類世界，非得到社會科學的幫助不可。宗教如果要順利地完成牠的工作，必須得到科學的精神之贊助，必須應用關於人類生活之經過科學試驗的知識。我們深信將來的宗教，必定和科學是一致的——就是宗教將實行科學的觀念和成就，尤其是關於人類科學的——必定歡迎心智之科學化習慣作爲牠的不可少的同盟者。

但是，假使科學代表知識經過詳細選擇和試驗之知識，我們還需要什麼呢？我們還不能相信在需要發生的時候，這種知識就可利用麼？在一個完全科學的世界中，還需要宗教麼？人類之倫理的和哲學的欲望，以前由神學和宗教來滿足的，現在的科學還不能够滿足麼？我們的回答顯然地是：生活所提出之問題，不僅是一個知識問題。牠是一個動機和意志態度(will attitude)問題——一個熱望、志願、決心問題。人類世界幷不是完全或者大部分由思想統治的，感情的統治力還要大些。僅僅知識是不足以催促人類意志使向社會上正當的方向前進。我們還要找一個方法，將正當的欲望和正當的志願——正當之感情的態度——灌輸給人們，那末我們方纔可以相信人們會適當地利用知識。宗教就是代表人類生活中這個熱望和感情價値 (emotional values)要素。宗教就這様和社會價値(social values)發生密切關係了。就牠的最好情形而論，宗教是人們對於我們所知道之最高尙的個人價値、社會價値、理想——就是我們所謂超人的一切——所發生之情感。宗教就是人類生活中的信仰、希望和仁愛之養成。所謂宗教精神，就是對於理想的社會和個人目的之信仰，及個人求達這些目的之熱忱。

因此科學如果要在唯心論的社會的方法上有益於人類，而同時沒有宗教來幫助，牠是無能爲力的。宗教需要科學，是要使自己知道最好的方法，以便達到自己的目的，但是科學需要宗教，是要使人類有效地適當地利用科學所發見的眞理。華德教授說：「每一個如果沒有別一個是沒有力量改變人類的，因爲一個缺少技能，而一個則缺少權力。」社會學如果不願變成文雅的娛樂品，必須得到宗教的幫助，宗教如果要變成適合於人類生活，也必須得到社會學的幫助。自然，我們所需要的社會學，是一種不畏價值評判(value judgments)的社會學，牠能綜合人類生活之一切事實和價值，而且是在極端的意義上慈善的——就是全部科學自稱有益於人類的意義。換一句話來講，科學須和宗教一樣社會化。華德教授說：「倘使人類的前途，有賴於宗教變成科學的和——因此而變成——社會的，那末人類的前途，也同樣有賴於科學變成社會的和——因此而變成——宗教的」。

再者，人類社會生活之心靈調整，向來大部分是屬於宗教的。倘使有時候宗教之社會根據和社會之目的消失了，但是宗教之根本上社會性、和宗教之必要的功用——就是宗教鼓勵和穩定個人的和社會的生活——決不可因此而受到掩蔽。關係社會生活之科學研究，如果有所發見，那個發見一定是宗教對於人類社會和個人生活之勢力；我們沒有權來假定將來人類能夠脫離宗教之勢力。宗教是社會唯心論的來源，科學還沒有找到可以代替宗教之物。所以對於理想的社會目的之實現，宗教一定繼續供給靈感——就是動機；但是科學必須繪畫圖樣和供給方法。顯然地，宗教精神如果不充分利用科學供獻人類之確實知識，那末牠在人事中的工作，決不會伶俐地有益地進行。

近代社會學的研究，已確實證明人性在社會生活中之隨應性或者可變性。從前人們對於倫理宗教之疑惑，大部分由於人性不能改變之假定而起；但是人類學家和社會學家將全世界各民族加以研究，證明人性是我們所知道的最易改變的東西之一。所以我們可以斷定：人性受到了社會傳說、社會制度和社會環境之影響，自然會發生無限制的變化。

對於制度的科學研究，會增加倫理宗教之力量，就是使人們相信改造人性和人類社會生活的可能性。我們如果將研究人類社會者所得之全部結果加以考慮，可以斷言在這些結果中，沒有什麼東西來阻礙我們改革社會之合理的努力。對於這些結果，人們果能得到適當的了解，反而使人們的精力能夠用於改造世界，正和道德的及宗教的熱忱之感化及直覺一樣；這種由於了解人類社會的性質及可能性而得到的精力有一個長處，就是開始卽受知識之指導和管理。在這裏社會學又經證明是倫理宗教之最有力的同盟者。

但是，假使倫理學之來源是科學化的社會知識，那末顯然地有理性的宗教之來源，一定就是社會知識——就是對於人類生活的情形和需要之科學化了解。如果以爲社會學將替代神學，固然是錯誤的，不過這是很顯明的：就宗教已變成改造這個世界之計畫而論，宗教依賴社會學的地方，必定逐漸增多。的確，神學本身目下已經是很科學化和社會化，所以在神學思想家之比較社會化的腦海中，是很難決定他們的社會學在何處結束，及他們的神學在何處開頭。因此我們可以穩妥地斷定，社會學固然不是神學之替代物，但是就科學化的神學努力於解釋和發展人類之宗教生活而論，社會學將來必定變爲神學的同盟者。

假使人性和人類制度，都是有隨應性或者可變性的，假使兩者都可隨意模造，使適合於我們社會生活的需要，那末我們用作根據來統治個人品性和建設更優制度之社會學原理，究竟是什麼呢？這些原理，爲數很多，現在祇討論三個如下：

第一個是社會化原理。社會學證明發展個人品性及集團生活者，是個人併入團體。和團體的合作能力及意志之滋長。產生人類文化者，就是這個社會化過程。這個過程造成人類團體——從家屬而至人類——的統一及生活。當我們在人類的社會進化表上自低而高我們發現個人逐漸社會化及逐漸增加的合作——在範圍上及複雜上。從另一方面來講，不社會化的東西使團體產生內部衝突而毀滅團體生活。所以社會進步之根本原理似乎是個人的逐漸推廣逐漸增加的社會化。從客觀的立場來說，這個逐漸增加的社會化之表現是（一）人們間的和諧及合作，增加到最大限度，和（二）人們間的仇視及衝突，縮減至最小限度。所以宗教應該努力使個人發展一個社會化品性，和依照有利於個人社會化之方法，努力創建各種制度。

第二個是互相服務原理。社會學證明合作是社會生活的客觀方面之重要基本原理。最簡單的研究，表示社會生活之進行，全恃團體中團員繼續不斷地交換服務。假使合作是和諧的，牠包含相等的交換服務，所以對於合作團體中各團員之利益也是相等的。假使服務的交換，變成不相等的，那末交換使變成剝削，而剝削遲早必將受剝削者削弱或者毀滅，就這樣消滅了合作，或者竟消滅了社會生活。在另一方面，相等的交換服務——相等地有利於人們——提倡合作和社會生活，就是我們平時所謂社會正義（social justice）。歷史代表一個為追求社會正義和推廣並加深互相服務之奮鬭，這是毫無疑義的。互相服務逐漸增加，剝削逐漸減少，這便是社會進步。所以宗教應該努力於（一）發展個人的互相服務精神，（二）減少剝削和（三）改善我們的制度，俾便提倡社會正義。

第三是好意或者仁愛原理。有許多社會學家不願承認這條原理。的確，有一件事是大家都知道的，就是某派社會學家堅決否認在社會生活中有什麼主觀的要素。但是我們知道，有一大部分社會學家承認在這些主觀的要素——便是個人之內在的態度和性情——中，可以找到個人的社會行為之眞正關鍵。人們的情緒態度(emotional attitudes)說明社會生活，其分量不亞於——倘使不多於——社會組織之客觀形式所說明的。柯來(Cooley)教授說：「情操是生活之重要發動力」。換一句話來說，在合作和互相服務之後，是有利於牠們之情操和內在態度情緒和衝動之社會化，是比行為或者舉止的社會化，來得更加深刻因為情緒和衝動常是我們行為之發動力。有利於我們同伴之內在態度，有許多名字，例如同情、博愛和好意。但是宗教中所沿用的名字，是叫「仁愛」，本書就用這個名字因為牠最能顯出「忠實地顧到他人利益的態度之特點」，將來我們會知道這個態度是社會統一和社會進步的重要原動力。沒有這個態度，欲得到高度合作和互相服務，是不可能的。常常有人說強迫下之服務——卽使所謂強迫，不過是責任心——變為苦役。我們必須有一個內在態度——仁愛——來激勵我們，使我孜孜不倦地去服務。所以對於高等的人類合作，同情和了解也是不可少的。吉特說——而且說得很對——社會進步不特有賴於社會中正確知識之增加，並且更有賴於博愛、同情和好意之增加。另有一個社會思想家，在研究社會進化之後，斷言進步律就是逐漸增加的同情律。(註六六)著者當設法證明人類社會之精神進步，是有賴於逐漸擴大的逐漸增加的仁愛和好意——各種永久的進步都是這樣的仁愛顯然地是社會熱情，所以是重要的原動力，就是我們賴以來改良社會情形者；仁愛在人類關係中能夠大大地增加；仁愛和好意之擴充及保存，是應用宗教之重要工作之一」。

（註六）格萊登著：社會救濟論，一九〇二年，好登密弗林出版，第七頁。

（註七）格萊登著：社會救濟論，一九〇二年，好登密弗林出版，第一三六頁；又洛京潑許著：社會福音的神學(A Theology for the Social Gospel)，一九一八年，麥梅林書局出版，第八頁與第九一頁。

（註八）斯托朗著：新的時代(The New Era)，一八九三年，貝克泰勒(Baker and Taylor)出版，第一二一頁。

（註九）斯托朗著：新時代，一八九三年，貝克泰勒出版，第一二四頁。

（註一〇）伊萊著：基督教的社會觀(Social Aspects of Christianity)，一八八九年，克洛惠爾出版，第一七頁。

（註一一）伊萊著：基督教的社會觀，一八八九年，克洛惠爾出版，第六五頁。

（註一二）伊萊著：基督教的社會觀，一八八九年，克洛惠爾出版，第七三頁。

（註一三）庇包台著：耶穌與社會問題(Jesus Christ and the Social Question)，一九〇〇年，麥梅林書局出版。

（註一四）馬休士著：耶穌的社會學說(The Social Teachings of Jesus)，一八九七年，麥梅林書局出版；教會與變遷中的社會制度(The Church and the Changing Order)，一九〇七年，麥梅林書局出版；福音與現代人(The Gospel and the Modern Man)，一九一〇年，麥梅林書局出版。

（註一五）洛京潑許著：基督教與社會危機，一九一三年，麥梅林書局出版；社會制度的基督教化(Christionizing the Social Order)，一九一二年，麥梅林書局出版；社會福音的神學，一九一八年，麥梅林書局出版。

（註一六）巴登著：基督教的社會工作(The Social Task of Christianity)，一九一一年，利凡爾(Revell)出版。

（註一七）華德著：新的社會制度，一九一九年，麥梅林書局出版。

（註一八）阿金生著：教會與人民的娛樂(The Church and the People's Play)，一九一五年，朝道印書局(Pilgrim Press)出版

（註一九）雷安著：分配的公道(Distributive Justice)，一九一〇年，麥梅林書局出版；社會的建設(Social Reconstruction)，一九二〇年，麥梅林書局出版。

（註二〇）斯特茲耳著：工人與社會問題（The Workingmen and Social Problems），一九〇三年，利凡爾出版。

（註二一）泰勒著：社會行動中的宗教（Religion in Social Action），一九一三年，道特梅特（Dodd, Mead）出版。

（註二二）洛京蒲許著：基督教與社會危機，一九一三年，麥梅林書局出版，第一三頁。

（註二三）洛京蒲許著：基督教與社會危機，一九一三年，麥梅林書局出版，第一四五頁。

（註二四）洛京蒲許著：基督教與社會危機，一九一三年，麥梅林書局出版，第一四七頁。

（註二五）洛京蒲許著：基督教與社會危機，一九一三年，麥梅林書局出版，第一四九頁。

（註二六）洛京蒲許著：基督教與社會危機，一九一三年，麥梅林書局出版，第二〇一頁。

（註二七）洛京蒲許著：基督教與社會危機，一九一三年，麥梅林書局出版，第三三頁。

（註二八）洛京蒲許著：基督教與社會危機，一九一三年，麥梅林書局出版，第九一頁。

（註二九）洛京蒲許著：基督教與社會危機，一九一三年，麥梅林書局出版，第七四頁。

（註三〇）洛京蒲許著：基督教與社會危機，一九一三年，麥梅林書局出版，第三四二頁。

（註三一）洛京蒲許著：基督教與社會危機，一九一三年，麥梅林書局出版，第三八六頁。

（註三二）洛京蒲許著：社會制度的基督教化，一九一二年，麥梅林書局出版，第一頁。

（註三三）洛京蒲許著：社會制度的基督教化，一九一二年，麥梅林書局出版，第二頁。

（註三四）洛京蒲許著：社會制度的基督教化，一九一二年，麥梅林書局出版，第一二五頁。

（註三五）洛京蒲許著：社會制度的基督教化，一九一二年，麥梅林書局出版，第三二〇頁。

（註三六）洛京蒲許著：社會制度的基督教化，一九一二年，麥梅林書局出版，第一一三頁與第一一四頁。

（註三七）洛京蒲許著：社會制度的基督教化，一九一二年，麥梅林書局出版，第一二一頁與第一二二頁。

（註三八）洛京蒲許著：社會福音的神學，一九一八年，麥梅林書局出版，第四頁，第五頁，第四八頁。

(註三九)洛京蒲許著：社會福音的神學，一九一八年，麥梅林書局出版，第一八二頁。

(註四〇)社會建設("Social Reconstruction")，一九一九年，美國華盛頓全國天主教軍事協會出版，第二二頁。

(註四一)社會建設，一九一九年，美國華盛頓全國天主教軍事協會出版，第二二頁。

(註四二)社會建設，一九一九年，美國華盛頓全國天主教軍事協會出版，第二四頁。

(註四三)華德著：新的社會制度，一九一九年，麥梅林書局出版，第七四頁。

(註四四)華德著：新的社會制度，一九一九年，麥梅林書局出版，第一一三頁。

(註四五)華德著：新的社會制度，一九一九年，麥梅林書局出版，第一一四頁。

(註四六)華德著：新的社會制度，一九一九年，麥梅林書局出版，第一二一頁。

(註四七)華德著：新的社會制度，一九一九年，麥梅林書局出版，第一二五頁。

(註四八)華德著：新的社會制度，一九一九年，麥梅林書局出版，第一二五頁。

(註四九)華德著：新的社會制度，一九一九年，麥梅林書局出版，第一二五頁。

(註五〇)華德著：新的社會制度，一九一九年，麥梅林書局出版，第一四三頁。

(註五一)華德著：新的社會制度，一九一九年，麥梅林書局出版，第一五九頁。

(註五二)華德著：新的社會制度，一九一九年，麥梅林書局出版，第二八七頁。

(註五三)華德著：新的社會制度，一九一九年，麥梅林書局出版，第三六三頁。

(註五四)華德著：新的社會制度，一九一九年，麥梅林書局出版，第二一頁。

(註五五)華德著：新的社會制度，一九一九年，麥梅林書局出版，第二五頁。

(註五六)潘班著：戰爭論(War)，一九二三年，北蘭公司出版，概論章。

(註五七)潘班著：戰爭論，一九二三年，北蘭公司出版，概論章。

(註五八)潘菲著：戰爭論，一九二三年，北新公司出版，第七三頁與第七四頁。

(註五九)參閱基督世紀雜誌(The Christian Century)中艾迪(Sherwood Eddy)等作者的論文。

(註六〇)柯氏著：宗教的心理學(Psychology of Religion)，一九一六年，芝加哥大學出版，第一四頁。

(註六一)柯氏著：宗教教育的社會論(A Social Theory of Religious Education)，一九一七年，司克列勃公司出版，第五八頁與第五九頁。

(註六二)弗拉愛(C. Luther Fry)著：農村教會的診斷，一九二四，杜蘭公司出版。

(註六三)杜爾克海著：宗教生活的基本方式(The Elementary Forms of Religious Life)斯溫(J. W. Swain)氏譯本，一九一五年，愛倫恩文公司(Allen & Unwin)出版，第四二三頁。

(註六四)特許轉錄自杜爾克海著：宗教生活的基本方式，斯溫氏譯本，一九一五年，愛倫恩文公司出版。

(註六五)特許轉錄自愛爾伍德(C. A. Ellwood)著：基督教與社會科學(Christianity and Social Science)，一九二三年，麥美倫公司出版。

(註六六)蘇斯蘭(Sutherland)著：道德本能的起源與成長(Origin and Growth of the Moral Instinct)，第一冊，第十頁。

第二十六章　教育社會學的興起

近數十年以來，教育的領袖們的思想也趨向於社會學的觀點了。在實驗方面，教學社會學形成了實用社會學的變相。現代的教育社會學的原理，是有着各種來源的。

柏斯塔洛齊(Pestalozzi——西曆一七四六年至一八二七年）可算是現代教育的社會理論的前驅者。他是爲了人道而對於人道感到深厚的興趣。他像聖法蘭西斯一樣生活於貧苦者中間，以便教導他們從事節儉，而成爲有價値的公民。在他的著作，利諾與葛脫羅(Leonard and Gertrude)裏面，柏斯塔洛齊描寫着貧苦者的生活，並設計一種教育的方法，以教導他們。他愛着兒童們、窮人們、任何遇到困難的人們，以及一切人類。凡是純潔的婦女，不論在生活上的地位是怎樣的低微，他都尊重其任務。他認爲婦女的第一責任是在教育她的子女，和處理家庭中的需要。她對於鄰居和整個的社會也有着相當的義務。因爲旁人看到了她的建設的工作，是會受到感化和衝動，而去學她的榜樣。

柏斯塔洛齊設立一所貧苦者的工藝學校，這是他承認貧苦者絕少發展的機會，而其所應解決的問題是特別的多，因此他們格外需要教育的益處。他主張任何方面的人都應受到訓練，以達『一切人類的力量之協調的發展，』因爲這理由，教育是每一個人，不論貧富，所能獲到的最大的贈與。柏斯塔洛齊主張兒童教育應由多數的兒童同時享受,即集團的教育法,這是他的態度已勝於盧梭,且爲佛洛培爾的主張之導源。

幼稚園制的創設者佛洛培爾(Froebel——西曆一七八二年至一八五二年)認爲幼年的兒童是與『園內的植物』相似他承認幼年時期的教育之重要性。這裏他發明運用遊戲玩具等,也可以實施教育的,他能够了解兒童的『興趣』。也許他最重要的概念是在承認兒童愛羣的情感爲教育方法上最有效力的背景。雖然有時候新佛洛培爾派將一切工作都改爲遊戲,以致忽於訓練兒童從事在某時期內不喜歡做的工作,但利用愛羣和好遊戲的情感作爲教育的主重背景,也不是沒有價值的,這種方法的弊病並不甚於孟特梭利(Montessori)派的注重高度的個別選擇。

好勒斯曼(Horace Mann——西曆一七九六年至一八五九年)在美國教育方面,提倡新的社會意義,依照他的主張,平民主義之下的教育,應爲公開的和各種階級的人都同樣地享受。同時,平民主義之下的教育,並不只是求知,也不是在大學的學位,更不是貴族主義化的。他主張教育應該是實際上訓練怎樣造成有價值的家庭,使大家度着合作的社會生活,以及個人在日常的活動中表現其爲大衆精神的公民。

好勒斯曼認爲普通學校,是國家的命脈。他相信教育應鼓勵眞正的宗教。他創辦師範學校,以提倡他的學說——即教師應受特別的訓練。他的社會哲學,表現於他最後一次的演說中:『你不能爲人道爭勝,應該十分慚愧』。

社會化的教育

好勃斯曼以後幾十年間，教育的社會意義已形成新的實際化的狀態。杜威（John Dewey）主張一切社交都含着教育。公共（common）、社會（community）和社交（communication）這三個名詞有着深長的關係（註一），任何事物能夠產生相同的情感和理智的動應有似刺激的感應，都是教育的。因此社會生活是特別含有教育的意義。教育包括自我的發展、自我的持續和社會的持續三種過程，這三種過程只有以公共的社交為根據，纔是可能的。庫勒曾經說過，這些社交方法足以使暗示和摹倣等重要因素成為普遍化。

環境並不能直接使個人增加某些欲念（註二），環境只是造成若干條件以促進行為的趨向。小孩對於一頂帽子的實在觀念，並不是因為看到了一頂帽子，也不是聽了人家告訴他帽子的用途，而是因為他在實際上使用了這帽子纔知道的。換言之，社會的環境是使個人參與活動，以形成其心理的和情感的行為趨向，因為這些活動能引起各種情緒、作用和其他的結果。（註三）

社會變為特別的複雜以後，必須供給一個簡單化的社會環境使兒童去經歷，以便他將來可以很快和很容易地參加複雜的社會環境。為達到這目的起見，學校有着很有價值的作用，但是要想使學校能夠充分完成其使命，必須將學校儘可能地成為一個真的社會之縮形。（註四）

特種的社會環境——即是學校——對於希望發展兒童的性情之要素，一定要簡單化和秩序化。應該將現社會的風俗習慣，以純潔的和理想的方式表現出來。對於兒童必須製造一種更良好和適宜的環境，為未入學校所得不到的。

依照杜威的主張，摹倣二字並沒有像許多人們所相信的效用，在客觀方面是摹倣的過程，但在主觀方面就成爲相同刺激發生相同的感應，摹倣這名詞並不說明——只是客觀地敍述。社會學者所應牢記的基本事實，『人們的機構相同，所以對於相同的刺激發生同樣的感應。』（註五）這種概念是與吉丁斯和庫萊的觀念相同的。這種解釋的重要性可以用社會統制的許多理論爲佐證。社會統制的最高形式是在計劃着公共的心理趨向，對於了解對象、事件和行爲的公共途徑以及公共的社會建設性的刺激。

杜威主張學校生活應使理論與實際完全聯繫一起，他雖是一位實用主義者，但也注重正確的理論之必需，特別是學校生活的本身方面，要求理論和實際結合。換句話說，使學校生活與實際生活相隔離的任何事物，都是不當的，而且在教育上是有害的。因此學校生活必須包括實際的職業和自然研究等等。形式的教育應處於次要的地位。教室中的精神，必須從嚴酷的空氣——甚至形式的——轉變爲合作的空氣。

學校生活，換言之，即社會生活的雛形，學校的責任是在訓練每一個兒童成爲雛形的社會之一分子，『使其浸潤於服務的精神，給以有效的自治工具』（註六）杜威很想使學校成爲一個小社會，使學生日常的活動，合於一個『較大的社會中正常的一員之有價値的、親愛和諧的生活』。

關於教育的社會學之著作，是在迅速地增多，最近幾年以內，已經有好幾部討論教育社會學的書籍問世了。這些書籍的著作者有奧西（O'Shea）、斯乃登（Snedden）、史密斯（Smith）、金氏（King）、克勞（Flow）、貝茨（Betts）、特頓（Dutton），以及其他同樣重要的人物。（註七）例如史密斯（Walter R. Smith）提議應用社會學原理於教育工作時，主張師範學校畢業生雖是教以只從心理學上求優良的教授法之祕訣，但社會學也是有效的教授法之同樣重要的祕訣。教育並不完全是訓練個人心理的工作，它也是使個人熟悉社會的需要以及幫助個人參加改進社會生活的工作。史密斯提倡學校訓練不是去準備作公民而是使其達成公民的資格。（註八）

教育心理學正在轉向教育社會學，而從社會環境中以求個性的解釋，並認爲社會環境纔是個人活動的園地。尤德 (Charles H. Judd) 說：『社會意識不但不是空泛和無形的，並且是世界上最積極的和重要的事實之一』。（註九）這種社會意識表現於各種社會制度中。尤德對於社會制度的定義是『社會生活中所產生的一切社會文明的積纍』。同時，教育已成爲社會『將它的制度加諸個人之一種方法』。（註一〇）

一八九三年美國教育委員哈利斯 (W. T. Harris, United States Commissioner of Education) 作了一篇書評，評論佛洛培爾的著作，寄投教育雜誌 (Educational Review) 發表。（註一一）他在這篇書評中說：『教育的哲學必根據於社會學——不是生理學或甚至心理學——纔是基本的。』三年以後他又說：『我多年的教學理論上的信條，是教育學應建立於社會學的基礎之上』。（註一二）

教育的社會學

照斯乃登的意見，男女既然以團體中的分子之地位、共同生活、發展和工作，所以兒童應該接受其爲團體中完整的單位之教育。教育社會學必須決擇教育的目的，（註一三）以社會學的標準來說，可以證明美國學校中的課程，在目的上和方法上，都是高度的個人主義化。這些課程的作用是在鼓勵個人勝過他的同學，而不使彼此互相合作。這些課程也供給自我修養的和自我發展的各種研究，而很少關於社會修養和社會發展的研究。前者雖是必需的，但若沒有得到後者的適當的調劑，簡直是很危險的。

學校裏面關於個人在集團思想和集團行爲方面的責任，從來沒有受到任何訓練；但這些責任不僅在戰時，卽和平的時候都應普遍地擔負着，否則平民主義的本身是會崩潰的。學校只用個人成功的原則爲訓練學生的主旨，其所造就的一般人們，勢必不能應付目前新的世界問題，並且不能促進『建設的計劃以達成國際的合作和友好』。(註一四)

平時支配學校課程的，是風俗習慣而非社會的需要。例如進軍記(Anabasis)和凱撒的戰爭記事錄(Commentaries)等書籍，雖是文字優美，但對於十九世紀和二十世紀的現實有似弓矢對於現代戰爭，或羅馬戰船與將來的海軍相比較』。(註一五)以業已遺忘的語言或古代殘缺的文學作爲研究的資料，不足以訓練二十世紀的青年用合作的意識，應付未來的社會動向。

職業教育也不能算是足够的，青年必須教以社會化和道德化的效能——其重要性不減於體格的和職業的效能。(註一六)所以在目前一般所注重的職業教育之外，學校裏面還應該注意於道德的教育，使學生養成道德的人格，以適應高度發展的平民主義之需要。

教育社會學認爲最近職業指導方面的趨向，是很可怕的。它當然熱忱地贊同每一個兒童應受職業的教育，使他自己可以謀生，在另一方面，它以為普通的觀念將職業或謀生算作一種目的，是很可憐的，教育的社會學堅決主張：訓練兒童以一技之長的主要目的，是在使他能獲到更多的機會以發展其個性，以為社會服務。

同樣地，教育社會學對於科學管理，或促進一切工人達到最高點的生產效能之教育運動，也表示懷疑。這種教育時常產生最高度的利潤給提倡它的人們，而對於工人們的工資卻產生最小度的增加。此外，還把工人變成機械式，而不是有着享樂和精神服務能力的人類領袖。

學校中一切課程的科目，應以社會價值為評價。(註一七)例如，教歷史一科的作用是什麼？是要給學生知道一些年代的記載，以及不相干的國王和慘酷的戰爭呢，還是要使學生明瞭社會進化、社會進步、和社會遺物的意義，以及社會需要的興起呢？(註一八)

教育社會學所主張的理論，認為訓練社會化的生活之重要性，不下於訓練個人求金錢上的成功。(註一九)現在它正從事於造成各種方法，使每一個公共學校的學生能有社會學的觀感。這種方法將來是用什麼名稱，例如社會公民學、美國歷史研究、社會科學初階或社會學初階，都沒有關係。未來的幾十年中，教育社會學一定有迅速的伸張。

社交與教育(註二〇)

「社會的存在，不僅是由於傳遞和社交，還可以說是生存於傳遞和社交的中間。因此，公共、社會和社交這三個名詞，有着密切的聯繫。人們生活在社會裏面，是因爲大家有着公共的東西，而社交是大家共同享有這些東西的方法。爲組成社會起見，人們必須有目的、信念、企望、知識——共同的諒解，卽社會學者所說的相同心理。這些東西並不能像磚瓦一樣，可以彼此授受，也不是像糕餅一樣，可以切開每人分到一片。爲保證每人能參加起見的社交，是能產生相同的情感和理智的趨向——以相同的方法適應希望和需要。

「人們並不因爲住得近密而卽成社會，也不以個人住在離開許多人的地方而就不受社會的影響了。一本書或一封信可以使隔開幾千里路的兩方發生比較和住在一屋子內的人更密切的關係。許多的個人甚至其工作是爲了共同的目的，也不一定結合爲一個社會化的集團。機械化工作的各部分工人，雖是在達成共同的結果，並有着最高度的合作性，但他們並不組成社會。可是，如果他們都認識其共同的目的，因而知道支配他們的特殊活動以赴之，這纔可以組成社會，但這種舉動必須有社交。每人要知道旁人在作什麼，並設法以自己的作用和進程，適知旁人，一致的行動需要社交。

「我們不得不承認，甚至在最社會化的集團中，仍有許多關係尙未臻於社會化。任何社會集團中的許多人類關係，還是不脫機械式的。個人彼此利用着，以達到自己所企求的結果，而不去管相對方的情感和理智的趨向。這種利用是顯示着體力的優勝，或地位、技巧、專門的能力和使用工具——機械的或物質的——能力較優。父母和子女，教師和學生，雇主和雇員，治人者和被治者，相互間的一切關係如果仍保持這種水準，那麽他們並不組成眞正的社會集團，不論彼此的活動是怎樣相關。發出命令和接受命令兩者，只是行動和結果上的分別，但不能影響到彼此分任的作用——卽雙方的利益之貫通。

『不但是社會生活與社交相同，並且一切社交（因此也是一切眞實的社會生活）是教育性的。接受了人家的表示以後，就可以增進和變更經歷。一個人知道了旁人的思想和感覺以後，多少總會變更自己的態度。反之，一個人有了表示，決不會不發生影響的。你可以試驗將自己的經歷充分地和正確地表示給旁人——特別是這經歷有些複雜性的，你也會覺得你自己對於這經歷的態度，會發生變化的；否則，你會補充地說，或不知覺地失聲的。在表示你的經歷之前，必須先加以構思。構思的時候要從題外設想，以旁人的觀點來考察，並研究它與旁人的生活有什麼關係點，以便表示這經歷時使其所取的形式能夠給人明瞭。除在普通情形以外，一個人勢必想像地以旁人的經歷作爲比擬，纔能將自己的經歷很適當地說出來。一切的社交表示都像藝術。因此，這裏可以斷定，任何社會的情形，只要能繼續其社會性或可由大家分享的，一定對於參加者有着教育的意義。只有在變成模型或日常習慣以後，纔失掉它的教育作用。

『歸納地說，不但社會生活本身的實踐需要教和學，就是羣居的生活也含有教育的意識。它足以擴大和增進經歷，激發想像力以及造成語言和思想的正確性和靈活性之責任。一個人眞正獨居（心理上和物質上都是孤寂）的時候，一定很少機會去回憶過去的經歷，以求其眞實的意義。成年人與未成年者的成就不同，因此需要教育青年人，而同時這種需要也引起絕大的刺激，將經歷形成很容易表示的，很有用的方式』。

『人生是掙扎以求繼續生存。其持續性必須靠經常的努力纔能獲得，所以生命是一個自奮的過程。教育對於社會生活，猶似營養和繁殖對於生理的生命。這種教育是主要地藉社交爲傳遞。社交是融匯經驗的方法，直到這種經歷變成大家所共有爲止。它足以變更關係方面的態度。人類合羣的每一種方式之重要性，是在它對於改善經歷的貢獻，而這種事實在與未成年者接觸時，很容易發現。換言之，每一種社會情形既是有教育意義的，那末這教育的作用先成爲長年和幼年者互相接觸的作用之重要部分。社會的機構和資料漸漸地變爲複雜化，因此形式的或精神的教育之需要也是在增加。形式的教育愈是擴大，益發足以引起社會上直接得到的經歷與學校中所受到訓練之間，有着很不好的差異。這種危險是以目前爲最厲害，因爲近幾百年中，知識和專門技能有着迅速的發展」。

教育的社會學之功能(註二二)

「現在已到了時候，應該開始審愼地考察一下，社會學和社會經濟學對於教育的貢獻。教育方面的兩種基本科學是社會學和心理學。教育的目的是什麼？這問題的答案應從社會學方面求得。個人的教育可能性是什麼？我們怎樣能够教導、訓練，或用其他的教育方法以達到預定的目標呢？這些問題的答案應從心理學方面求到。

「幾千年以來，教育家總是根據家庭、種族、國家、軍隊、工商業、或教會的需要，以抉擇教育的作用；這是科學時代以前的時期中社會行動的實驗式之特徵。貴族和僧侶的教育、軍官和兵士的訓練、以及教人民讀寫等，都是差不多爲了社會或某重要集團的利益，至少也是部分地爲了它的利益。有許多時候，也許目的是在個人的利益，例如以拉丁文教授上等人士的子弟，以職業傳授給未來的工藝者，以算術教給美國農人的子弟，以代數學教給牧師的女兒等。但是沒有人會因了個人的理由而對於這種努力加以辯護的。平時一般的信念都認爲使個人受了教育以後，成爲有學問，更比以前精細和正直，間接地是促進了社會的利益。現在我們雖是自認發現了公共的或贈予的教育之社會的理由，但事實上我們只不過將古時的作用翻新地重述一遍罷了。華德、斯賓塞，和其他著名的社會學者，早已指示了一些教育的社會學之可能性，

「很可能的，我們應等待社會學者來想出新的方法，以分析和釐定社會行爲和教育行爲的目的。因爲，顯然的，我們對於造作學校課程，除非有了關於社會生活的價值之適當的，質和量的分析，不會有滿意的原則的。假定像安全、康健、正義、財富、知識、美麗、社會性、人種的擴大，以及虔誠上帝等名詞，都表現着由教育而達成的社會行爲之有價值的目的，但同時我們仍舊要遇到無數相對的問題。我們不能在短促的若干年中間，完全解決這一切的問題，那麼，我們應該注意什麼和輕忽什麼呢？現在每一個教育家知道，我們除了最低級的教育以外，對於選擇適當的教育方針已發生種種嚴重的困難。特別是我們覺得古代對於有價值的信念標準，總是與現代所希望的科學標準（這是保守主義者所抨擊的，因此成爲唯心論與唯物論的衝突）互相衝突。不過社會學者雖未充分地主張，但確然教育家對於教育目的方面所遇到的千百種問題，至少可以藉社會學的方法來釋明」。

「譬說可以合於實際的話，有了充分的研究資料，以分析、分類，或至少粗簡地估計一切習慣、知識、體會、希望以及能促進像康健、財富、社會性和正義等價值的理想——這種價值是成年人的某集團或某階級所享有的；再

行追溯其原有的性質，環境的影響（包括副作用的教育），和學校教育的關係。這樣也許可以找到享有這些條件的個人所表現的價值，或間接地由他對於社會所表現的價值，有多少程度是學校教育或副作用的教育所造成的一。

討論要目

（一）柏斯塔洛齊是教育社會學的前驅者。
（二）佛洛培爾對於教育社會學的主要貢獻。
（三）好勒斯曼對於教育社會學的貢獻。
（四）杜威主張社交即是教育之意義。
（五）學校是簡單化的社會環境。
（六）訓練師資時社會學和心理學佔着相等的地位。
（七）斯乃登所主張的社會學在教育方面的地位。
（八）以職業教給兒童之主要的社會學的作用。
（九）從社會學上觀察教育的主要作用。
（十）教育社會學的園地。

附註

（註一）杜威著：平民主義與教育 (Democracy and Education)，一九一六年，麥梅林書局出版，第六頁。

（註二）杜威著：平民主義與教育，一九一六年，麥梅林書局出版，第一六頁。

（註三）杜威著：平民主義與教育，一九一六年，麥梅林書局出版，第一九頁。

（註四）杜威著：平民主義與教育，一九一六年，麥梅林書局出版，第二六至二七頁。

（註五）杜威著：平民主義與教育，一九一六年，麥梅林書局出版，第四一頁。

（註六）杜威著：平民主義與教育，一九一六年，麥梅林書局出版，第四一六頁。

（註七）參考奧西 (M. V. O'Shea) 著：社會發展與教育 (Social Development and Education)，一九〇九年，霍蒂林公司出版；斯乃達 (David Snedden) 著：教育對象之社會學的決擇 (Sociological Determination of Objectives in Education)，一九二一年，列品格脫公司 (Lippincott) 出版；史密斯 (W. R. Smith) 著：教育社會學 (Educational Sociology)，一九一七年，麥梅林書局出版；金氏 (Irving King) 著：教育的社會觀 (Social Aspects of Education)，一九一二年，麥梅林書局出版；又金氏著：社會效能的教育 (Education for Social Efficiency)，一九一三年，阿普勒登公司出版；克勞 (F. R. Clow) 著：教育實際與社會學原理 (Principles of Sociology with Educational Applications)，一九二〇年，麥梅林書局出版；貝茨 (G. H. Betts) 著：教育的社會原理 (Social principles of Education)，一九一三年，司克列勃納公司出版；杜通 (S. T. Dutton) 著：教育的社會方面 (Social Phases of Education)，一九〇七年，麥梅林書局出版。

（註八）史密斯著：教育社會學，一九一七年，麥梅林書局出版，第六六九頁。

（註九）尤德著：社會制度的心理學 (The Psychology of Social Institutions)，一九二六年，麥梅林書局出版，第二頁。

（註一〇）尤德著：社會制度的心理學，一九二六年，麥梅林書局出版，第三三三頁。

（註一一）見美國教育雜誌(Educational Review)，第六卷，第八四期。

（註一二）見一八九六年美國全國教育大會(National Educational Association)演說辭及會議日程錄刊 (Addresses and Proceedings)，第一九六頁。

（註一三）見美國社會學雜誌，第二五卷，第一三二頁，斯乃登論文；又斯乃登著：教育對象之社會學的決擇，一九二一年，列品格脫公司出版，第一五頁。

（註一四）斯乃登著：教育對象之社會學的決擇，一九二一年，列品格脫公司出版，第九四頁。

（註一五）斯乃登著：教育對象之社會學的決擇，一九二一年，列品格脫公司出版，第九七頁，又第一〇七頁。

（註一六）斯乃登著教育對象之社會學的決擇一九二一年，列品格脫公司出版，第一〇九頁，又第二一七頁。

（註一七）在克峰著的教育實驗與社會學原理一書中，有着很有價值的討論，以社會的過程研究教育。格羅夫(E. R. Groves)著的社會問題與教育(Social Problems and Education)一書中，也有很好的敍述，認爲教育是解決社會問題的要素之一。社會問題與教育，一九五五年朗曼斯格林公司(Longmans, Green and Co.)出版。

（註一八）克峰著：教育實驗與社會學原理，一九二〇年，麥格林書局出版，第二二八頁。

（註一九）彼得斯(C. C. Peters)著教育社會學的基礎 (Foundations of Educational Sociology)，一九二四年，麥格林書局出版，這部書中，有着重要的貢獻，裏面充滿許多應用社會學於教育上的實例。

（註二〇）特許轉錄自杜威著：平民主義與教育，一九一六年，麥格林書局出版。

（註二一）特許轉錄自斯乃登著：教育對象之社會學的決擇，一九二一年，列品格脫公司出版。

第二十七章　社會學研究法

任任何一種思想或努力上，正確的方法是最重要的。不正確的方法論，足以覆亡國家，阻礙數百年的文明，以及使全世界充溢着各種消極的和有害的觀察。因此大家是值得將社會學進展的方法，加以縝密的檢討。

未有科學化方法時代

古代創製社會格言的人們，大都將個人多次親自閱歷而認爲眞實的事物或多次聽到人家說是眞實的事物，演爲諺語。他們的方法是根據於觀察和概括，但其方法的運用是不很審愼的。同時，這些社會格言的創製者所有的材料，也是很有限的。

希伯萊的預言家，受着關於耶和華的高尙觀念所激動，因此堅決主張將這些觀念切實地應用於當時一般人民的日常生活中。在他們看到了人民的行爲和生活情形，遠不如耶和華所代表着的典型觀念之合義時，就激烈地宣佈各種確定的社會理想，而痛斥一切阻礙實現這些理想的人們。這種創造社會思想的方法是很值得注意的，因爲它的後面有着宗教的動力，而又產生了各種社會化的典型觀念。

柏拉圖和亞理斯多德是前導的社會哲學家，他們採取了人生的宇宙觀。柏拉圖用了抽象的推論方法，而集中其思想於各種觀念上。亞理斯多德是從實際方面去觀察人生的，其方法則根據於實驗。雖然社會學將永遠容許那些對於個人和社會經驗的日常事實，從其與整個人類社會和宇宙的關係上加以解釋之方法；但仍應堅持在解決任何社會問題以前，必須儘可能地收集多量的社會材料。

在基督的教義中，表現着希貴的人類的自覺。耶穌研究了人們的個性，發現人們的自我性，因此他宣佈一種救濟方法，即利用對象的崇拜——如崇拜人物和理想——以求內心的感化。耶穌很愉快地運用他的方法，接觸各種階級的人民，考察他們的需要，以及實地試驗他的社會原理。雖然他對於人生的認識只是限於一個民族中的小團體，但他也搜求普遍的和特殊的人類趨向。他的方法包括着合作的精神、眞理的搜求和廣博的觀點——這一切都是徹底科學化的。

在謨耳的烏托邦以前，已有柏拉圖的民主論。但謨耳採用了一種新的社會思想方法。烏托邦的公式是敍述一些比較當時的標準更爲進步的理想。達成烏托邦的觀念之方法，大都爲運用想像力。可是其描述的標準與當時情形相差太遠，以致未能實用。但烏托邦的社會思想卻也有着科學的意義存在。這種想像力可使盲目者發見現實。烏托邦的思想足以改變人們對於人生的窄狹的態度。烏托邦的觀念具有權力而能作間接的指示，並致不引起反感。

從分析個人的天賦權利上研究社會問題，這是十七世紀和十八世紀的社會學者所採取的演繹法和先決法，而因此走入迷途了。社會契約論也像人權論一樣，錯誤多而眞理少。

孔德的學說所首先發明的實證主義，對於社會問題作科學的研究。它主張要有正確性、歸納法、連續和並存性。但甚至在它的闡明者自己的手中，實證主義已變成演繹的和哲學的。起先它雖希望成爲科學化，而結果仍舊犯了自己所痛詆的錯誤。不過它是造成十九世紀的人道主義之因素。

以有機比擬的方法來研究人類社會，引起了普遍的注意。它雖是強烈地適合於學者的想像，但所獲到的結果並無很大的價值。有機體和社會的平行論已被證明爲毫無科學的價值，而僅是發現一些有機進化和社會進化的關係。它造成了許多生物社會的術語，但這些術語對於社會思想是害處多而益處少。

人權論、社會契約論、實證主義和有機比擬等，都是屬社會學方法論上不科學化的時代。在大體上說，這些社會原理是哲學的、演繹的和辯難的。它們大都是根據於意見，只有實證主義稍爲偏向於觀察和歸納法。但實證主義也沒有履行它的諾言。

華德所採取的研究社會生活之心理學的方法，由於歸納的和行爲的心理學的檢討而成爲科學化，這是目前所認爲了解社會過程和製成社會定律之最良的方法。這種方法發見人生是充滿各種社會的衝突和妥協，以及各種形式的社會統制，藉以督促個人適合於集團的作用。雖然華德並沒有充分的心理學知識，但他堅決主張社會是心理事象，可以自身制裁的，這就奠定了現代社會學的基礎。因爲這位古生物學家，不是心理學家，對於方法上的貢獻，而社會思想向前進入於科學的社會學之境地。

有許多學者也許要將華德列入社會學思想上未有科學方法時代的人物。的確他的方法有一大部分是演釋的，他的心理學有好些地方是錯誤的，他的哲學也是不够的；但他指示給社會學者以很明晰的途徑，因此在本書內，認爲他的學說是偏向於現代的社會學的，並非是社會思想上採拾前人唾餘的作品。

社會統計

社會學的方法論上應該提及的，是統計法及分類方法。統計的研究方法是導源於早期的戶口調查。有很多的證據足以證明在基督紀元前二三千年以前，統治者和國王已經在考計其臣民的人數了。與貧民法律有關的戶口調查，是遠在羅馬時代。但到了十八世紀，統計纔變成科學化，並從圖表的研究而產生統計的定律。奎特勒(Quetelet)認爲一八二〇年是統計學的誕生年。這是由於當時普魯士的威廉一世(Frederick William I of Prussia)將當時人民的職業加以統計。佛萊德烈大帝(Frederick the Great)也成立了一種制度，對於人口作有規則的統計研究。據說遠在十八世紀時，易那大學(University of Jena)已開始教授統計學的課程。

十七世紀的下半期，在英國方面有一位格朗脫(Captain John Graunt)已將計算法、測量法和歸納法等應用於倫敦人口的生育與死亡之調查。他的研究被認爲政治數學(political arithmetic)，而是現代的統計調查之先河。馬爾薩斯在一七九八年利用了統計的方法，以研究人口的變化律。

奎特勒——(西曆一七九六年至一八七五年)——是被一般所認爲統計學的創始者。他不但將計算的方法應用於調查社會的人口(即普通的戶口調查，)並且設法探求因果問題，以及陳明統計上因果研究的法則。這位著名的比利時統計學家雖然以圖表和分析方法研究天文以至社會各方面的事實但這裏所敍述的是限於他對於社會思想上的貢獻。奎特勒指陳在搜集正確的材料時，有許多困難。他改良了戶口調査的方法，並從事於很不容易的工作，卽對於人類之性質的研究，

奎特勒的成就中以『平均人』的概念爲最著稱。奎特勒規定了平均律，並敍述各種形式，特別是平均的個人。雖然這『平均人』的概念是很重要的和有用的，但這名稱是虛構的。因爲就是在很大的集團中，沒有一個人是恰好會適合這標準的。一切的個人不是超過平均人之上，就是在平均人之下。

奎特勒在社會統計方面的貢獻，由於勒潑萊（Le Play——西曆一八〇六年至一八八二年）的成就而加以充實。這一位法國的社會學家兼礦工程師將物理學的方法應用於社會科學。他主張搜求材料，並以歸納法覓到概括的原則。他的方法是在他對於家庭預算的研究中表現着。爲求獲到正確的材料起見，他就去居住在旁的個人的家庭內，以從事實地研究他們生計的狀況。勒潑萊反對放任主義的學說，並從他所創辦的社會改進（La Reforme Sociale）這刊物上，鼓吹社會改進的計劃。他也反對社會主義而提倡以協調的和同情的方法來達成僱員與雇主間的合作。恩格斯（Engels）和布休（Bücher）等德國研究者都提倡相似的方法。

統計法是由其他許多社會研究者加以推進。現在可以利用平均數、標準數和中級數等，作正確的數量的研究。現代的統計方法包括指數、次數表、隔別表、差異表、斜曲性和相關數之運用。統計對於社會生活的重要各方面，（註一）有着很多的啓示；例如在經濟問題上工資級數和物值表等都是很重要的概念。對於犯罪和貧苦等問題

的研究，也是充分地利用統計的。運用各種圖表的方法以解釋統計材料，使平常人也易於明瞭，這是很有價值的。

吉丁斯也曾在教室中和書本上，對於社會學的統計方法，給以重大的推進力。他所著的人類社會之科學的研究（註三）(Scientific Study of Human Society) 一書，也是根據於統計方法的。首先所要探求的是社會的模型 (Societal patterns) 其次纔是社會的變態 (societal variables) 行爲是多元的，包括着在『同樣情形之下的多數個人的同時的反應。』（註三）因此『每一種可以觀察到的人類社會之事象，在統計上都是屬於多元的』（註四）因有多數的因素，所以必須有表徵的事象。社會學者最困難的工作是測量社會的各種努力。（註五）這是應該從考察『他們所做的什麼』方面探求的。『信仰的關係，衝突的反應，以及調整的反應，都有關於合羣的方式，而這種關係在大多數的例子中皆承認數量的決擇』（註六）

統計的方法可以用來證明任何事物。（註七）普通的人們如果粗心地處理統計的方法，必然是一無所得的。在另一方面，若善於利用統計的研究，那末社會思想也許可以變成更正確呢。

社會調查

最近的一種新發展是社會調查，它與社會統計有着密切的關係。從一九〇七年——一九〇八年的畢茨堡調查 (Pittsburgh Survey) 開始以後，社會調查的方法已普遍地採用於美國了。它的方法已應用於特殊社會——例如農村區域或小城市——的財物清單。此外也有以專門的社會問題爲特殊調查的，例如住屋和貧苦問題等。還有整個工業或學校制度的調查。

社會調査法是由社會技術學所產生的。（註八）社會調查在最先是與戶口統計有關係的，它是搜集社會事實的正確方法。這些事實不但是關於人口的數目田地的面積，和財富的數量等，並且關於一個城市或社會中的資產和負債，及其內部之建設的和破壞的勢力。在每五年或十年的時期內作一次的調查，那末社會可以知道本身進步的程度和方向。調查的意義是與一家商店的清單相同的——即在明瞭盈利或虧損的情形，以及依照過去的情形而計劃將來的行動。

社會調査是目前社會思想的最廣博的泉源。由於社會調查的方法，大量的社會事實都被搜集了。都市的和農村的調査，特殊的和普通的調查，都是同樣地成爲現代歸納的社會思想之共同的基礎。有些結果已經在前面關於實用社會學的貢獻中加以敍述了。

分類法

分類法的性質已在本書中說及。希臘人將各方面的知識分爲三大類：物理學、倫理學和政治學。培根依照他對於心理活動的了解，將知識分類起來。他將心理活動的範圍分爲三個界限：感覺、記憶和思考。他又適應地將知識分爲藝術、歷史和科學三類。孔德將社會要素分爲四類：工業的、美學的、科學的和哲學的（即先見前知的。）他對於科學附屬的分類是數學、天文學、物理學、化學、生物學和社會學，這是前章已加以討論的。

格里夫(Guillaume de Greef)也許是社會分類法的主要闡明者。他接受孔德對於科學的階層之分類，及其漸減的普通性和漸進的依賴性之基本原則。他也同意於斯賓塞的關連性和相異性漸增之進化論。最後，他再加上他自己的意志契約主義(volitional contractualism)的概念。

格里夫主張社會的進步有着意志活動和自由的程度漸增之特徵。意志決擇主義(volitionalism)是合理化的社會統制之基礎。但格里夫沒有將導進論的因素，加以充分的闡揚。他的社會思想是根據於論理的，但是不很正確的社會因素之分類。

這種分類的基礎是漸進的意志決擇主義和個別主義(particularism)。格里夫曾作下列的分類：經濟的、工業的、生育的、藝術的、科學的、道德的、法制的和政治的。他主張社會中的經濟原素是代表最低度的意志決擇主義，而政治的原素代表着最高度的意志決擇主義的活動，介乎經濟與政治兩者中間的各種原素是依次代表着不同的意志決擇主義的活動。這就顯見格里夫的分析之弱點了。格里夫雖然比較孔德的分類法進步，並且優於斯賓塞的機械論，但是他的貢獻也只具有相對的邏輯上的成就。他的學說是離開客觀上正確的情形太遠，並足以指示在進化過程中對於社會原素的分類之困難。無疑的，任何分類必須依照相關的計劃而排列，但這樣的分類只可以充為陳列，很少科學的價值。最有用的分類是社會勢力的分類，這些勢力是屬於心理的，看了前章所述的「四種願望」(註九)就能明瞭。

格里夫了解社會化原則的重要性。(註一〇)他也注重社會生活中「我們」的情感之重要。他所主張的社會單位是原始的家庭。在原始的家庭和國家的進化中，其所發展的「共同性」(togetherness)的程度，即是以證明社會的進步。格里夫認爲契約主義日漸增進，因此社會中的自由也隨着增進了。格里夫的工作是將孔德的科學分類推進至合於邏輯的結論之最良的努力，即供給關於「最高」科學——社會學——的原素之分類。

這裏還應該討論斯冒爾(Albion W. Small)的方法論。斯冒爾對於社會學的其他貢獻，已在前面有關的各章中加以敍述。他從事於社會學分析的正確方法是在用過程的觀點以討論人類社會。一切健全的社會學研究之主要的思潮，就是社會過程。關於這種社會過程的進步之重要試驗，即爲成績。(註一一)依照斯冒爾的分類，社會進步有六項主要的方面：

(一)促進健康方面的成績；

(二)調和人類關係上的成績；

(三)生產財富方面的成績；

(四)發明和傳播知識方面的成績；

(五)美術方面的成績；

(六)宗教方面的成績。

這些大體上的分劃是前章所述的人類的興趣之表現，(註一二)即：(一)健康的興趣，(二)財富的興趣，(三)社交性的興趣，(四)知識的興趣，(五)審美的興趣，(六)正義的興趣。由於這些興趣的活動之結果，卽產生各種社會問題。社會學是研究在各種情形下人類的興趣與活動之科學。

在這分類中人類的興趣是了解社會過程的主要關鍵。但若加以心理學的考察，就知道這些興趣是錯綜複雜的。心理學家也還沒有供給一個關於興趣之滿意的敍述。但是很明顯的，人民感到興趣的事物，卽是他們進化的方向之適當的標準。再有一層，人民的興趣之變化是導進的社會進步之基礎。斯目爾認爲興趣是主觀的標準，成績是客觀的試驗，兩者相互的關係，卽成爲他所主張的社會過程的二元性。凡以純粹客觀的標準來觀察人類的一切事物之方法論者，大都在科學方面忽視了重要的人類原素。心理並不只是物，而社會過程也不完全是行爲。

斯冒爾精究了三種工具，以爲社會學研究者應用。這些工具是：社會過程、個人興趣和團體。他的分析是很健全的，除掉他沒有說明『興趣』是怎樣有社會起源的。除此以外，他的言論是一致而很有裨益的，且以團體和團體過程爲依據。

概念是社會學研究上重要的工具。對於概念若無正確的使用，那末很難希冀研究工作有何進步。在目前當以下列的社會學的代表概念作爲討論的基礎。

社會學的研究可以從這幾點着手：（一）從事研究的機關，（二）搜集材料的方法，（三）所集材料的類別，（四）處理所集材料的方法，（五）處理材料的方法所產生之結果。

社會學的研究

（一）從事研究的機關：

（1）社會學系及有關係的社會科學系。

（2）心理學生物學及有關係的學系。

（3）社會研究學會及研究所。

（二）搜集材料的方法：

（1）觀察及記錄。

（2）實驗計劃，及統制的團體。

（3）精深的個案研究。

（4）社會調查及社會考察。

（5）個人的訪問及採訪生活史。

（三）材料的類別：

（1）生態學的材料。

（2）文化史的材料。

（3）生活史。

（四）材料的處理：

（1）統計。

（2）邏輯的和比較的方法。

（3）分類和解釋。

（五）處理的結果：

（1）平均情形和趨向。

（2）共存的和相關的情形。

（3）社會過程。

從事於社會研究的機關是特別需要互相合作的。如果社會學的研究能够合作，那末將來的成就一定是大有可觀。但甚至在大學中各學系方面，仍以個別研究爲普通的標準。

搜集社會學研究材料的方法，至今仍是不完全的。共同的意見還沒有達成。一般的情形都是在試驗各種方法。在事實上，許多社會學的研究是在搜求較爲完善的工具，以便從事於工作。

文化史的材料包括從最初的人種學材料以及現代的史實在內。生態學的材料包括一切物質的情形，經濟的資源，以及文物制度。生活史是關於個人經驗中有社會過程的活動之自然的記載。

比較法的處理是特別關於考察不相同的文化區域內不同的特質的，統計的處理法包括以數學的方法應用於任何所要計算的社會材料。分類法是將散漫錯亂的事實，歸列而爲有條理的知識分類，因此可以得到了解。文化史現象中的共存情形和相關情形，足以產生重要的概括原則。平均情形和趨向可以確定各種社會問題和趨勢。社會態度的變化和發生的過程是社會學的基本要素。

社會學的研究在個性研究和社會研究兩方都在一天一天地增加。這兩種研究是互相輔助的，它們都以文化史爲背景。

社會方面

（一）心理社會區域和界限。

（二）物質資源和支配力。

（三）工業的分割和機構。

（四）種族和文化的傳統。

個性方面

（一）經驗。

（二）意見。

（三）態度和價值。

（四）行爲的典型。

個性方面的研究是很繁重的工作，它必須經過許多困難的階層，卽防衞的反動，和祕密性的因素。從來沒有人能夠寫一篇完全正確的生活史，因爲總有一部分的事實是祕而不宣的。

個人的經驗是第一個階層。這些經驗和相關的意見很是與表層相近。它們是很容易得到。在這一個階層之下的是個人的眞實態度。個人的基本願望對於各重階層都發生影響。完全的個性研究必須將一切主要的個性原素，加以橫斷的剖示。

社會統計（註一三）

「統計是由數字所表現的事實，並加以分類而便於研究。在這名稱之下，包括着一切社會的和其他的事實、活動及情形之陳述，而其不同的各方面，是可以計算其特徵的因素爲陳述的。」

「社會統計是分析和了解團體活動以及團體活動間的相互關係的重要性之統計的材料。其種類是隨時變化的。」重要的統計有關於人生的「起源，持續，和終止」的事端，因此常是有很大的社會重要性。但有許多統計，只有在涉及另一因素時纔發生社會重要性，卽其陳述的事實是爲社會活動的結果，或足以影響社會活動的情形。例如密西根有一部分是水沼地，上面有很多的蛙。如果這些蛙的數目被認爲與希望用作捕魚的餌有關，或與蛙羣爬入鐵路軌道致妨礙火車交通有關，那末這關於蛙的材料就發生社會的重要性，因爲這材料變爲足以影響社會活動的條件現象了。換言之，有許多事物是與社會活動完全無關的，但在特種情形之下也能發生社會的重要性，因其對於特殊的社會現象之作用發生影響。社會統計是什麼這問題，全視其討論現象時的情形爲定。關於某一地有碘質存在的材料，並不成爲社會統計，但是如果因爲缺乏碘質而造成甲狀線腫病的流行，那末這關於某一地有若干碘質存在的報告，卽發生社會重要性了。氣象局（Weather Bureau）所編的關於氣温、雨量和風向等變化的材料，並不是社會統計。但是如果氣温、雨量和風向的變化影響到人類的活動時，這些報告就成爲社會統計家的有用的材料了。關於土壤中各種成分的報告，也不能認爲社會統計。但是如果這些報告與食物的生產、礦產、築路或其他的社會活動發生關係，那末就有社會現象的統計研究之重要性。如果我們覺得某種現象顯著地影響於社會活動，而這種現象的反應趨勢又是相當地固定的，我們可以追究社會因果的統計分析之基礎，並且可以開始根據客觀的材料，應用切實的條件，以測驗和比較其對於社會過程所發生的結果。但在我們還不能達到這一步以前，大部分的社會學解釋，仍將根據於個人的觀察以及主觀的解釋，所以也不能使我們作科學的比較。因爲每一種觀察的結果，必定依照觀察者的心理上之特殊的反應而成立，決不是這事件依照確定的標準之記載。

「對於解釋和分析不同的材料所應採用的最適宜的方法，必須有充分的關於統計方法和過程的知識，纔能知道去選擇。以統計方法應用於社會學研究的最後作用，是在分析一切由研究社會活動本身的事實，以及社會活動所受影響或所由產生的事實，而求成立團體活動與其相互關係之基本原則。

『要想實際地討論社會統計的問題，必須先行了解統計的方法。但並不一定是像方法論者那樣專以發明一種程式爲目的，而是在應用原則以求了解和解釋關於社會現象的調查之結果。統計應闡明社會中各種不同的社會機構和過程，這些社會機構和過程是社會學研究的目標。』

『社會統計所必須遇到的問題，包括着團體活動的作用之測驗。我們已知道測驗社會活動的心理的各方面，並不能應用一個單位以測驗特殊的團體活動，而正確地記載其一切可能的變化情形。但是可以測驗團體在行爲上的表現，以及決擇團體活動的性質和結果的各種情形，這種測驗是能够用一個確切的單位爲標準的。此項社會活動是與炸彈爆炸的情形相似，因爲雖然炸彈的炸裂活動之性質是不可知的，但促成炸彈炸裂的因素是可以知道的，而且能够以確定的單位爲計算的標準。同樣地，其爆炸的結果也是可以測驗的。

『變更現象的性質，特別是常常可以切實地測驗的，因爲它們有着可以測驗的作用，而我們就可得到「作用的統計」並由此而測驗其變更現象的本身。至於社會活動的本身則可以從其表現的行爲之重複的次數與其結果的現象，加以測驗，這測驗是以作用的統計爲根據，藉此尋求變更現象與社會行動間的相互關係。社會行動包含着各種變化性，而稱爲變化的統計，但須於決定其與可以測驗的變更的和結果的現象之相互關係以後，纔能知道。在這種關係成立以後，我們就能知道怎樣去預言和決定社會活動的形式和性質，這種形式和性質是由可以測驗的條件中產生的」。

「公立義務學校的工作或其他任何社會活動對於旁的團體活動之影響，成為一種現象的問題，因為每一項社會活動的本身就是其他社會活動的條件之一。但是，一方面可以成立團體活動的標準試驗，另一方面又可以我們自己關於某一種活動的結果所有的知識，或聯合各種變更的和結果的現象，以決定各種社會活動的性質和作用。我們能夠測驗一般的社會現象的作用，正似我們能夠相當正確地決定公立義務學校的變化性，或由於知道各種有關的變更的結果的現象之作用而能決定一個炸彈的爆炸程度一樣」。

「有時候無法測驗眞實的作用，因此我們必須先找到可以測驗的現象，這種現象足以決擇和變更作用以及結果的因素。這裏且舉下面的問題作一個例：住屋的所有權對於日常生活發生什麼影響呢？住屋的所有權是一個經濟的情形。如果住屋的所有權影響於家庭的社會活動作用，那末這種材料對於社會學者就有價值了。但住屋的所有權倘然有着社會學上的重要性，這是什麼重要性呢？家庭的作用怎樣隨了住屋的所有權而增減而變化呢？

「了解這種相互關係的需要已是早被承認的，而事實上一切發展團體活動的科學化計劃，都應將這種相互關係作為基礎的。但普通覺得社會現象既是變化無窮，而且因為涉及人類變遷所造成的問題，所以也是無法加以測驗的。由此結果，大部分的社會統計是限於特種事實的敍述，以及數方面的事實相互關係之估計。「這就是關於社會活動的調查，社會研究，和特種研究之大部分的取材，而在這些調查研究方面又以統計材料佔着重要地位。雖然在確切的變更現象與團體生活中有關的活動二者時常有着高度的相互關係，但這種用爲估價的基礎之材料之弱點，是因爲它對於團體以內的作用機關和活動缺乏切實的消息。」一般地說，測驗社會活動之可能性是被大家所忽視的。普通大家認爲沒有方法去正確地測驗社會現象。但現在應該認淸事實並不一定是如此。社會現象的複雜性足使學者不高與去努力想出恰當的方法以測驗這種現象。可是問題並不與自然科學方面測驗活動的情形相異。如果一座建築物被炸彈炸毀以後，可以正確地估計其被炸的程度。雖然我們不能測驗炸時的行動，但如果有了各種關連的因素之材料，如果我們知道炸彈的式樣、質地和數量，以及裝載炸彈的殼子，所在地，附近的建築物，和類似的事實，這些事實與爆炸雖無直接關係，不過也有着重要的牽涉，而且這種事實與爆炸的本身之間有着顯然的聯繫，所以有了這些事實以後，我們可以很正確地描述爆炸的情形。

「爲求社會學的科學化發展起見，我們必須將測驗的工作儘可能地推廣，並需要對於與團體活動有直接的和間接的關係之原素能夠明瞭。我們一定也要應用適當的單位來切實地測驗這些條件。還得就這些條件與現象問題，卽團體的活動之間，根據其結果的現象，以確立其相互關係的深淺程度。至少在大部的情形之下，我們還得用可以測驗的方法來敍述各種社會活動的結果。此外，我們再能將社會活動的本質加以測驗。這種測驗並不是關於當事人的內在的心理作用，而是外在的行爲表現。在達到這一點，和我們決擇了社會活動的外在表現與影響其活動的條件之間的相互關係，和從這方面所得的結果，總之在應用統計方法於社會現象的研究以後，那末我們對於社會學的科學化發展已是更進一步了」。

社會的研究（註一四）

「社會是有着無限制的生命，與組成社會的個人不同。我們知道社會自有生存以後，即漸擴充而經過相當時期的繁榮，再漸漸地沒落下去。在人類社會如此，在植物的社會也是如此。但至今我們還不能知道社會的變遷律究竟是怎樣。我們只知道社會的生命超過其組成的個人的生命。這也許是個人利益和社會利益間永續不斷的衝突所由發生的因原。同時這也是在新興的城市比較穩定和沒落的城市需要更多的警察費之原因。

「每一代新的人民必須學習怎樣去適應那較老的一代人民所規定的和維持的制度。每一個社會必以相當的紀律加諸其社會各分子。個人成長起來，加入了社會的生活，最後又退落而以至於消滅。但社會和其道德的制度卻仍舊生存着。因此，社會的生命含着新陳代謝的作用。它是在永遠地同化新的個人，但同樣經常地由死亡等原因而將舊的個人消滅掉。不過同化不是一種簡單的過程，最重要的是必須費掉相當的時期。

「同化本地人是很嚴重的問題；它包括教育家庭中的兒童與學校中的青年等工作。但要同化成長的「移民，」給他們在社會組織中找到位置，是更困難的問題：這就是成年者的教育，近年來大家纔開始討論其重要性。

「這局面的另一方面是大家所沒有十分注意的。社會因生殖率比較死亡率大而人口增加，以及社會因移民漸多而人口增加，這兩者是有重要的差別的。如果人口增進是由於移民的關係，那末這社會的變遷一定是更迅速而複雜。第一點，地價的增加是會更迅速的；此外建築物和機械的更換、人口的行動、職業的變動、財富的增加以及社會地位的調動，都是加速了。總之，社會傾向於現在被認爲邊境上的特徵情形。

「在有劇烈的和迅速的變化之社會中，民衆教育的需要也是比較的大。這種教育即是通常由報紙、討論和會談中所得到的。在另一方面，常識和有系統的科學研究所根據的個人觀察和傳統，既是追不上社會情形的演化，就發生渥本 (Ogburn) 所說的「文化落後」(cultural lag) 的現象。我們的政治知識和一般的常識，就會趕不上大衆生活中所發生的實際變化。結果也許是民衆覺得自己落後，而立法日形繁複，但實際上的統治反爲減弱。在民衆發覺立法的無用以後，就要求更嚴厲的行動，即表現於不健全的民衆運動，或時常發生民衆的暴動。例如美國南方各州的農民騷動和北方各州的種族暴動等都是。

「如果這種動亂是與人口的行動有關——最近關於種族暴動和農民騷動的研究證明是與人口的行動有關的，那末我們所認爲社會的新陳代謝作用可以供給種族暴動的現象之指數或解釋。

「社會成長的事件之一是人口的選擇和分凝，以及一方面造成自然的社會團體，另一方面造成社會的區域。我們已經知道在移民的情形中所有的分凝過程，特別是關於所謂的歷史的民族和人民，他們不論是否移民，總有着特殊的種族特徵。都市生活者所熟知的「中國城」(Chinatowns)「小西息利」(Little Sicilies) 以及其他所謂的「猶太區」(“ghettos”) 等，都是比較普通的自然區域之特別形式，而爲都市生活的情形與趨勢所必然地產生的。

「這種人口的集合，最先是以語言和文化爲基礎，其次是以種族爲基礎。但在這種移民的領域和種族化的區域以內，其他的選擇過程也必然發生而造成分凝，其分凝過程是以職業的興趣、知識和個人的願望為基礎。結果比較的敏銳的、努力的和熱望的人們，很快地從這種種族區域或移民的領域中遷居於第二個移民的領域或都市區域，在這種區域以內各種語言的和種族的人民會萃在一起，共同生活。漸漸地，種族的、語言的和文化的界限都減弱了，那些成功的個人又復遷住於沒有語言和種族界限的較舊的人民團體中，獲到業務上和職業上相當的地位。問題是職業的更換，以及個人的成功或失敗——簡言之，經濟的和社會的地位之變化——每在住居的變換上表現。到了後來，社會中物質的組織和生態學的組織，就適應和反映職業的和文化的組織。造成自然的團體之社會的選擇和分凝，同時決擇着都市的自然區域。

「現代的都市與古代的城市有着一個重要的差異點。古代的城市大都成立於堡壘的附近，而現代的都市則成立於市場的附近，古代的城市是一個比較的自給自足的區域之中心。它所生產的貨物大部分是為本地所消費的，並不與本地的社會範圍以外通貿易。在另一方面，現代的都市每是一個高度專門化生產的區域之中心，有着廣博的貿易區。在這種情形之下，現代都市的主要範圍是取決於（一）本地的地形，以及（二）運輸的交通線。

「本地的地形，加以貫接較大工業的鐵路和其他主要的運輸線，成為都市設計的大綱，但這些大綱也許還得要受到另一不同的人口和組織的分配所限制，而以中央零售商店區域為中心。在這中央市區中，一切形式的商業、商店、旅館、戲院、批發商店、辦公大樓和銀行等，都傾向於固定的和特徵的模型，似乎這區域中每一種形式的商業或建築物須依據彼此的關係而決定。

「在都市的周圍以外工業和住居區、宿舍區以及一切陪襯的區域，也是自然地和必然地成立於預定的位置上。在中央商業區和郊外區的範圍內，都市成爲很多的凝聚的中心圈。這些不同的區域處於遠近不同的離心的位置，其人口是有流動性高低的特徵的。

「有最高度流動性——即人口的行動和變換——的區域，當然是中央商業區。在這區域內有着旅館和寓所，以供給過往的人士居住之用。除掉許多常住在旅館的固定的人們以外，這成爲都市精華的商業區，在每天晚上大家都離開後就空起來，在每天早上大家又集合時再行充滿起來。在狹義上說的城外，有着許多貧民街和平民住屋。在這區域之外端的各地帶，大都是在開發的過程中而已定爲「住宅區」，有豪放者的公館，各種流浪的人士之居所，以及居址不定的男女青年等蹤跡。在這區域外面是「公寓區，」有着小家庭和零食商店等。最後在一切區域以外，是雙間的公寓和單式住宅，這裏的住戶和貧民街一樣，自己有家室而養育着子女。

「典型的都市社會是在事實上比較上述的情形更爲複雜，而各都市的形式和範圍又是變化萬端。但是主要點不外每處的社會都傾向於適合某種模型，而這模型又不免是效法典型的都市區域之星羅棋布，使一切區域都有適當的位置，可以清晰地確定。

「自然的區域是自然團體的住所。每一個典型的都市區域大概必有在整個社會中特殊選擇的人民。在大都會中，各區人民的舉動、生活程度和普通對於生活的觀念，時常有着截然不同之處。社會生活中最顯著的指數是性別的和年齡不同的團體，在各自然的區域之間，也是情形懸殊。都市的有些地段內可以說完全沒有小孩的，例如旅館所佔的區域。有些地段內有着很多的小孩，例如貧民街和中等階級的住居區因為新婚男女在都市的婚後公寓中遷出來大都到這些地方。有些區域內，完全住着未婚的男女青年。有些地段中的人民除了全國大選舉以外從來不參加公民選舉的。有些地段以內的離婚率比美國任何一州較高，也有些地段以內差不多一樁離婚的案件也沒有。有些區域內滿佈着青年的小組織，以及為青年小組織或個人所參加的體育會和政治俱樂部等。有些地段內的自殺人數特別的多，也有些地段內年青人的失檢情形格外多，而同時從統計的記載上看起來，也有許多地段內差不多完全沒有這種事件」。

「為要明瞭社會中所發生的各種變化起見，必須對於組成社會的個別單位中所起的各種變化加以檢討。這樣的結果，社會的原素不再是個人，而變為一種態度，即個人行為的趨向。這些態度——不是個人——發生相互作用，以維持社會組織，以及產生社會變化。

「這概念認為地勢上的障礙和物質的距離，其重要性只限於某時某地它們實際上影響於維持交通和社會生活的情形為止。但是人文地理已被人類的發明所變更了。電報、電話、新聞紙和無線電等，已將整個的世界變成聲氣相通，而解決了距離的問題，並突破世界各種族和民族在以前的隔離狀態。交通上的新發明不但在持續地增進社會關係，並且有時候使社會關係複雜化。在真實的意義上說，一部交通史即是文明史。言語、文字、印刷、電報、電話、無線電等，都是人類史上的偉績。但如果這些東西沒有增進分工合作的效能，也許沒有像現在的重要性。

『上面已經述及，社會的生存是由於交通。有了交通個人可以彼此分擔共同的責任，以維持共同的社會生活，交通既是社會生存的基礎，所以地勢的和其他的因素纔能影響於社會的機構和組織，原因是在這些因素足以限制或利便交通。在這種情形之下，地位、距離和流動性等概念就有新的意義。流動性因證實新的社會接觸，纔成爲一種社會學的概念。物質的距離對於社會關係之重要性，是在它能够以社會距離爲解釋的。

『社會的有機論——這是最基本的和最難理解的學說——

『社會有機論認爲社會是一些能够活動的單位所組成的——這也是有機論基本上最矛盾的一點。個人因能在空間上活動致使他獲有特殊的經驗；這種經驗既是個人在空間上活動的過程中收獲的，也就給他以單獨行動的觀念了，因爲他的經驗是與其他不同的。個人所以成爲一個人，是在他享有和感覺到他的特異的經驗，而其思想和行爲也隨着這經驗爲轉移。

『小孩的行爲大都是摹倣的，在起先並沒有上述的獨立性和個性，因此在事實上小孩不能算作人。

『許多個人的經驗有了這種不相同的情形，纔使社交成爲必需的，並由此而能產生一般共同的意見。如果大家老是對於相同的衝動，發生相同的感應，那末在作者看來，就沒有社交的需要，而且也不能引起抽象的和反映的思想。我們對於知識的要求，是起源於防止和調和個人間不同的經驗之需要，使各種不同的經驗爲一般所了解。所謂合理化的心理不過是能够將其私有的感覺成爲公開和得到一般的明瞭。科學的使命是在將不聯貫的個人情感表現，變成一種普遍的知識，並且從我們許多個別的經驗中造就出一個客觀的和理智的人羣。

「我們每一個人不但有着自己的經驗而且自己還絕對的意識到這種經驗的存在，並關切地設法保護這種經驗不爲人家所侵犯或誤解。我們的自覺卽是意識到這種個人的經驗之差異，並覺最後這些不同的經驗是無法遘通的。這是一切個人的和種族的觀念之基礎，同時也是一切人們的意見、態度和偏見之基礎。如果我們確信每一個人對於我自己的私見完全同意，換言之，卽我們都像小孩子一樣地天眞純樸，或像一些精神病者那樣的毫無檢點；那末也許沒有人與人的分別而且更無社會了。因爲某種的隔離，或對於社會勢力的某種抗力，都是爲健全的個人和社會之存在之條件。個人倘然沒有私見，卽等於社會中沒有人，兩者都是不能成立的。

「因此，空間顯然不是唯一的社交的障礙，而社會距離也不能時常以純物質的條件爲適當的測量。社交的最後的障礙是自覺意識。

「我們在陌生人的面前所時常有的自覺、保留和羞縮，究竟是有什麼意義呢？我們當然並不是恐懼強暴。我們所恐懼的是不能使人家得到好的印象，恐怕自己的外表不是十分修飾得很好，以及不能表現着自己所認爲滿意的樣子，而特別是自己要旁人對我滿意的樣子。有時候甚至在自己的子女之前也會經驗到這種羞縮的。只有在最爲熟稔的朋友面前，纔能完全沒有拘束，不再矜持威嚴，一切可以隨意。只有在這種情形之下，纔算得社交貫通，而個人間的社會距離可以完全消除。

「這有着社交和「社會距離」的世界，卽我們想維持相當的秘密、威嚴和做作的世界，是有勁活力的，並且具有一種特殊的性質和制度。在社會的和道德的體系之下，我們每一個人對於自己的概念，是受着在同一社交團體中其他個人對於自己和旁人的概念所限制的。結果是每一個人會在競取地位，換言之，即在努力維持其個人的尊嚴、觀點和自重心——這是在任何社會中都相同的。但是他所能維持的程度只限於他所認爲重要的其他人們之承認，即與他同一社會和同一集團中的旁人對他的評價。任何人生哲學都還沒有能使一個人脫離這競取地位的心理。一個個人如果不兢兢於其社會地位者，必然是一位隱士——甚至想避免都市塵囂者也是。但如果個人對於自己的概念並不取決於其他人對他的概念，這人也許是個瘋子。

「總之，我們現在所處的社會是一種道德的制度，在這制度之下，個人的地位和其對於自己的概念——即是人格的中心——是取決於其他個人與其集團所維持的標準的。一個人只是在某一社會中有着地位的個人，但這種地位最後變成社會距離的問題。

「因爲地理、職業和其他決擇人口分配的各種因素，堅決地和最後地決定了我們每人所應該生活的地點、團體和夥伴；所以空間的關係在研究社會和人類的工作上，佔着重要的地位。

「因爲社會關係時常是與空間的關係相聯繫的，因爲物質上的距離時常是社會距離的指數，所以統計纔爲社會學上重要的工具。最後情形所以是這樣，還因爲社會的和心理的事實，只有在演爲空間的事實，或與空間的事實相聯繫起來，纔能加以測驗」。

社會本位圖（註一五）

「社會本位圖是研究空間的分配和社會現象的行動之方法。個人、制度、民族、態度等等，都可以目爲有趣味的社會勢力，它們是彼此相抗拒，又彼此相吸引。它們的地點和空間行動，是各種相互爲用的社會勢力，再加以地理的因素，所得到的結果。像磁鐵下的鐵屑一樣，它們的行爲有着特徵的方法，並具有特徵的形式。關於這些社會模式的研究，卽是探求社會勢力的線索，也是了解地理因素的線索。因此研究某一種社會行爲的形式之地理的因素，是分析那決擇社會行爲的勢力之第一步工作。

「人類與動植物相同，自成爲地域的集團，並得就其所包含的因素而加以分類。性質相合者和平地生活在一起，其不相合者則互相避免或被驅逐出去。我們如果調查原野、沼澤和森林地的情形，一定可以發現動植物生活上之競爭的和合作的形狀。這些形式在維持其平衡和准平衡的狀態之下，發生持續的變化；其平衡性是以土質氣候和彼此相互關係爲標準。凡是揭示某一區域內各種生活方式的分配和行動的造圖，是與化學家所開列的各種化學品成分的公式是互相類似的。因爲某一張圖或公式皆表示學者所研究的整個問題之一面。從這區域內所發見的某一生活形式的觀點看起來，那末本位圖足以表示這形式所由成立的各種條件之全貌。

「人類的行爲也是同樣的。例如在貧民區內，可以找到許多相互關連的人物和制度。失業的遊民、街道中的演說者、犯罪者、娼妓、低價的食堂、職業介紹所、教會等，都聚處其間。同時在「黃金的線岸」以內，富商大賈、奢侈淫樂者、百貨商店、大旅社等，又是物以類聚。如果將大都市的廣大區域造成本位圖，一定可以發現它是由許多分區域合成的，而每一個分區域有着特殊的生活的。每一個分區域代表着一種特殊的社會組織，與其他附近的區域不相同。它有着明顯的界限，自成爲一個世界。這種界限可以稱爲「自然的區域」，以別於那些由武斷決定的，政治、統計和行政等區域。

「社會行爲的形式之分配——例如關於兒童的失教、不參加選舉、貧苦問題和種族暴動等——必須從這些自然的區域方面加以研究。這種社會行爲的形式是否爲某種區域的特徵呢？在某一區域內同時發生的現象究竟是什麼呢？這種現象在什麼地方情形之下纔發生？還有其他類似的問題，都是應該加以檢討的。

「在尋求因果的關係時，學者立卽可以注意到社會上有些情形是比較的永久的，或比較其他更爲基本化。最顯著的是些特出的自然的地形。河道、池沼、土層等等足以決擇許多自然的界限線，並決定交通的路線。同樣重要的是人文地理的因素，例如公道的位置、街道的設計、運河、鐵路、工業區、公園、隧道、橋梁、建築物等。這些東西在建立以後，卽成爲決擇一部分社會活動的形式之因素，以後這些形式是合宜於其相關的區域的。它們足以指導、約束或加速社會的成長和行動。它們也適應各個經濟的、種族的和語言的集團之特殊的需要。它們鼓勵或阻止各種形式的糾紛。

「一個區域在物質上的機構之現狀，是由過去和現在的居住者之性格和活動所形成的，而同時也就影響於將來的居住者之性格和活動。逐漸地發生的變化，其日積月累的影響也許是很大的，但是有很多的時候，我們認爲地理的因素——不論是自然的或人文的——是社會生活的基本勢力。如果實施了劃區的法則以後，社會的機構就益發成爲永久的。

「因此在檢討社會材料的時候，應利用社會本位圖，俾研究社會生活的學者能夠（一）將各種有關的材料與比較的永久的和重要的社會機構之地理因素間成立許多相互關係，（二）將材料處理，使其與各種自然區域的關係立即顯出來。

「爲達成這雙重作用的社會本位圖，當然不僅要有平常的地圖所載的各點，如河流、沼澤、山脈、其他的地形、街道、橋梁、隧道和交通線等。此外還應載着社會組織上比較的永久的重要情況。在這方面，土地使用一點是很有用的例子。這裏是一個簡易的分類：（一）鐵路的地產，（二）工業的地產，（三）商業的地產，（四）公私花園、通衢、公墓、高爾夫球場和其他，（五）居住區，（六）空地。每一種使用的土地應該有着明顯的標識，但並不妨礙其直接有關的材料之編列。（註一六）

「依照土地使用的分類之特殊優點，是在它能夠顯示社會基本機構的各部分。鐵路的基地和其兩翼的工業區，大都在居住區的外圈，這是由工業過程所造成的。同時它們成爲與附近的其他居住區間的屏障。種族的和語言的運動之高潮，雖不完全截止，也至少受到相當的約束，使不致波及於整個的都市。在這座屏障的兩邊往往有着截然不同的經濟和文化生活之標準。它也時常是附近不相容納的種族的和語言的集團之爭戰地。廣大的公園、通衢和圈圍起來的大空場也時常是劃分社會的界線。在另一面說，主要的街衢有着各種商業的活動和交通線，往往穿過社會的中心。如果有兩條大街交叉時，這交叉點每是社會活動的集中點。

「在這地帶內，地價和地租一定是很高，而社會的重要經濟組織也設立在這裏」。

經驗與種族關係（註一七）

「在研究種族關係方面，我們所注意的不僅是形式上的事實。我們所要注意的是經驗以及個人和種族間的反應。

「我們知道了發生的事情還是不夠的；我們要知道在處於對方地位的個人觀察事件的態度是怎樣。如果世界上沒有種族的觀點，就不致發生種族問題了。

「經驗是什麽？我們怎樣去分別經驗和其他知識呢？同樣的經驗也許可以供給歷史家和社會學者兩方的研究材料，但各種科學處理材料的態度是不同的。這不同點是什麽，並且是因爲什麽理由？

「經驗——即我們平時所用的狹義的名詞，以別於其他的知識——是實質的，個人的，特出的。這裏說經驗是個人的，只說它是行爲的結果——不是回憶的結果。從這觀點說，我們可以像魯濱森（James Harvey Robinson）描述歷史一樣，認爲經驗是「人類本能和傳統的反動作用，藉以達成新的境地」。

「在另一方面，我們說經驗是特出的，只因爲經驗不會重複發生的。有些時候我們說：今天我們得到與昨天或一星期以前的同樣經驗。但這是從不正確的。我們從來不會有兩次同樣的經驗。經驗是與歷史的事實相同；它總有一個發生的日期和地點，並且只發生一次。反之，觀念是沒有日期和地點的，這是柏拉圖所最先發現的。

「經驗不是事實，甚至也不是歷史的事實。它僅是甲或乙對於每一事件的個人的反應和解釋。必須等到將甲的經驗，與乙丙等對於這同一事件的經驗加以核對以後，纔能稱爲一個歷史的事實。

「歷史與社會學的分界

「但上述的觀點卽是歷史家與社會學者分道揚鑣的歧途。歷史家對於個人或團體的經驗，十分感到興趣，正似社會學者一樣，但兩方各有其不同的理由。歷史家要想知道實際上發生事件是什麼。他所需的材料當然是關於參加事件的個人之坦直的敍述。他從各種情形的報告中，設法辨明和解釋事件的眞相。

「社會學者對於事件的本身，並不十分關心。他認爲這事件的眞相是不必追究的。他所特別注意的是參加這事件的人們之態度，卽由這些人們關於這歷史事件的各種報告中所反映出來的個別的態度。在事實上，社會學者對於任何可以顯明這些態度的東西，都感到興趣。他所要發見和記載起來的，也就是各個不同的集團——種族的和政治的集團——之不同的觀點。社會學者所要敍述和解釋的，是態度而非事件——換言之，卽個人或團體的心理；因此他與歷史家是各行其是的。

「因爲這理由，只要多少能够反映出人們的意向和態度的任何不同觀點的敍述——不論其爲事實與否，在社會學者看來，都是值得注意的和重要的。

「神話傳奇充作社會學的材料

「歷史家認爲是神話傳奇的許多材料，以及那些純粹的詩歌或甚至是捕風捉影的閒談，只要能够反映出有關的種族和人們之主要態度，都可以充作研究種族關係者的材料——事實上也可以充作社會學者的材料。

歸結起來，社會是有關的人們、種族和國家的彼此相互複雜關係所形成的。

「經驗對於社會學者的價值，是在其爲最良的資源使他能够知道和理解各種不同的異族的態度。

「但態度並不就是意見。一個個人對於自己的態度之敍述纔是意見。依照心理分析者的定義，意見是「合理化」的行爲。換言之，卽個人對於自己的態度作解釋的和適應的敍述，並不是他眞實的「行爲的趨向」。

「如果我們知道每一個人的意見所由形成的特殊情形，格外如果我們還知道那使這意見確定和強化的情形，那末我們必然能够明瞭他的意見了。因爲這理由，所以在研究意見的時候，我們必追溯其出發點，確定意見所由形成的眞實情形，以及策動的動機。知道了這些東西，我們可以說不僅能够「知道」，而且能够「了解」一個意見。至少在一種意義之下，意見變爲明瞭的原因，並不在我們對它認可，而是我們知道了形成意見的情形以後，能够了解其動機。

「動機的意義

「照這裏的意義，使意見成爲明瞭是在發見和描述這意見所由產生的實質的經驗。每一個動的趨向後面常有着某種意趣，而每一個動的趨向也不僅是反射作用。

「爲使意見成爲明瞭計，必須研究其自然的歷史，以及詳細覆核其所由發生的情形，俾可想像其事態和經驗——態度是經驗的一部分。無論如何這是第一步。

「覆述一個經驗，使成爲觀察者的對象，必須引起像愛爾伍德(Ellwood)所說的「同情的內省。」這覆述的過程與接着的解釋和說明其實際情形在這裏應加以討論。經驗包括事件和態度兩方。研究種族關係的學者並不十分注意於事件的本身事件是實際發生的情形。

「實際發生的情形是供歷史研究的材料。可是研究種族關係的學者所要知道的是(一)社會的局面，(二)個人在這局面中的反應，即由其經驗反映出來的。

「社會的局面是什麽呢？總之，它是比較歷史的局面更為普通。這裏先作一個例證：「有一次我在爪哇得到地震的經驗。」這裏的社會的局面是在「地震」，而不在它發生於爪哇的事實，雖然這事實在以後也許對於局面，會引起一些重要的變更，必需加以注意。但一般地說，這是一個「地震的局面」，因此繼續敍述在這局面之下的感覺和行動。

「同時另有一人也敍述同樣地遇到的經驗。這兩者的經驗是不同的，但有許多比較點。研究人類社會的學者對於這些比較，以及其相同點和互異點，是特別注意的。他從這種經驗的比較上，可以知道一般的人們在地震時的行為。

「這裏歷史家和社會學者又分道了。歷史家對於這種人類的概括情形所感到的興趣，因為它們足以使他知道在某地某時所發生的事件之眞相。歷史家是「解釋」經驗的。社會學者對於這些經驗所感到的興趣，因為它們可以使他知道人類的一般情形，不限定在某地某時。社會學者是將經驗分類以後再加以「說明」的。現在我們再說到爪哇的地震問題上。

「如果在這地震中所獲到的經驗是特殊的，與平常的經驗不同的，那末學者也許要參照各種經驗，以便發見個別的經驗與標準的經驗怎樣地相差。他有了標準以後，就注意於變異的情形。他所提出的問題是：看了這局面下的變異情形以後，怎樣可以使它們歸納於某種普遍的標準？

「這裏的方法是與任何自然科學相同的。我們說明某種事物的時候，先將它們分成類別，然後在可能情形之下從事尋求其違背標準的理由。

「當然，不是每種局面都與上述的一像可以簡單地和明晰地決定的。例如，這局面也許是「地震時還發生大火，普遍的恐怖，和大衆的驚駭」。同時大衆的驚駭也許是達到最高度而失掉其反作用。

「許多東方人民的經驗大都可以納入若干的普通範圍，但仍有些變更的情形必須由觀察和分析等工作加以說明。這裏假定有些變更的情形是要就局面的不同點加以說明的。這些不同點是：(一)東方人的體態，(二)東方人的傳統，(三)局面在時間、地點和情形上的小變化。

「標準的經驗

「一般的說法認爲經驗是比較意見容易明瞭，這意見卽是我們從經驗中推測的。如果我們能夠覆述經驗，就可以了解它的動機以及感到它裏面所有的情緒。平常的時候，我們只要能覆述一切有關的情形——包括個人以前的歷史——就能明瞭一個個人的行爲。

「平時關於某項經驗的說明，只是對它作想像的覆述而已。如果這經驗依然是不明瞭，那末我們就需要更詳細的材料作更進一層的研考。如果我們能夠設身處地，覺得自己會有同樣的行爲——換言之，即我們能將這新奇的經驗適應於我們所熟諳的標準；那末這經驗就變爲明瞭了。

「但是在事實上，我們能夠想像地覆述某項經驗的時候，已經將它分類了。普通的類或範圍——即是特殊的經驗受其限制的——可以簡明地加以敍述，而且實際上它是在清明意識的水平之下，但得有其存在，仍有它的作用。

「在簡明地敍述了這普通的類和標準已被簡明地敍述以後，我們已經將經驗加以說明。

「上面的敍述可以換一個說法：我們將意見參照合理化的態度時，即在說明意見。我們能夠覆述態度所由產生的經驗時，即將態度闡明。我們能夠將經驗納入普通的標準——人類行爲的標準，在這種標準之下，行爲不僅是外在的舉動，並且包括與它相關連的情緒——的時候，即在說明經驗」。

研究的探訪(註一八)

「社會研究的探訪，已有一部分在前面加以討論，其目的是在搜求人類的態度，以及解釋這種態度的基本材料。研究的探訪者是一位社會的訪員，首先在搜求一切關於人類經驗的正確報告；這種經驗包括態度、意見、偏見等；其所遇的局面不論是衝突的或互相通融的都沒有關係；它的性質是不相同的。主要的問題是將個人的經驗作爲對象。主要的工作是將個人心理上的情態顯露出來。最後的目的是在發見所遇到的人們裏面的思想。使有關的個人將本身的經驗寫出來——使個人「傾吐其眞情」——是很重要的。

「關於個人經驗的材料不能卽認爲最後決定的了；它只是供人分析的參考材料。這些材料像歷史的文件一樣，應以客觀的方法來處理，應以評判的目光來估價。藉探訪的方法獲到了經驗材料以後，研究工作的本身並不是已經完成，而是正在準備開始。

「以口頭的方法徵求到了個人經驗，然後再將這種經驗寫出來，這是最簡單的方法；不過這方法引起一個特別問題，卽怎樣克制自己判斷這經驗的基本原則之偏見。去請人家寫出其對於某一社會局面的經驗，是更困難的，因爲在被探訪者的心理上發生特種的障礙，以爲在他親筆所敍述的文字將來也許會引起麻煩。請求人家寫作完全的「生活史」是最困難的，但爲最有價值的材料。

「怎樣獲到心理上的寬慰

「最普通的和最易發生的問題，是怎樣克制被探訪者的心理上的阻礙，不論其原因何任。有些時候，保證材料是不以個人爲主體，並將眞姓名隱匿，這方法很能得到良好的結果。例如被探訪者是移民，其保守緘默和心理上的阻礙也許因爲缺乏了解，或牢固的懷疑，或純粹的頑固。有時先查明被探問者以前的住處，也可以爲發現其各種不滿及其新經驗之線索，並爲成功的探訪之重要基礎。再者，被探訪者所有的朋友，他所讀的報紙，以及他閒暇時的消遣方法，都是他的興趣之指南，並可藉此達到成功的探訪。

「第二種問題是有些人對於社會問題不感覺興趣，完全不願表示任何意見，他覺得自己的經驗是無足重輕的，總之他不願被探訪。也有些人覺得關於他的經驗的敍述是「不足爲外人道」的，因此他說傾向於說些閃爍的普通話，並留心地不談到個人經驗上。

「職業化的意識作用時常是一種統制的因素。高級人員及其他習慣於指揮旁人去工作或訓練旁人的人們，總是趨向於督促旁人供給材料，而不肯敍述自己的經驗。這專教旁人做事的職業化習慣，足以阻礙高級人員或教員等本人的自述。最難請求供給材料的人們之一，是種族關係探訪者本人。他可以請教人家給他各種材料，而他自己反不肯以任何材料給人家。這些「知識的吝嗇者」是最難向其探訪的人們之一。

「也有些時候，被探訪者和探訪者的個性是會互相衝突的。如果前者反對着後者的個性，很不容易獲到結果。在關於個性的知識尚未充分增進以前，怎樣去調和衝突的個性是一個不能解決的問題。

「探訪方法的原則

「尊敬的原則是要探訪者對於被探訪者有一種同情的諒解，特別是對於被探訪者的特點和特殊經驗，應以恭敬的態度爲應付。

「有好些時候，被探訪者覺得探訪者所請求的是過於涉及其私。那末探訪者就得加以補充的說明，並重行設法獲得被探訪者的信任。因此探訪者知道不能過於冒昧。

「另一種普遍的方法是「不要與被探訪者爭辯」。「爭論是會引起自衛的反動和危險性的阻礙。關於私人性質的材料是可以漸漸地設法引出來的，不能直接地要索的。

『探訪者能够時常預先約期，俾旁人知道他的趨訪，這方法不但可以節省自己時間，並且不致在不適當的或甚至窘態的時間「闖入」被探訪者的室中。

『時常一位忙人說他只能和你談「十分鐘」，或甚至「一分鐘，」但應該也感激地接受。探訪者應該靠自己的能力去引起被探訪者的興趣。他感到興趣以後，也許會談上一個鐘頭，仍舊叫探訪者不必離開。

『尊重被探訪者的感覺和心理的阻礙，是與探訪的地點和探訪時在座的人數多寡有關的。大家都已注意到在被探訪的家中會晤是不適當的，因爲家庭中有着阻礙的表象。在辦公室中也是不很相宜的，因爲有着公事的含義。有些時候，只有在假期休息的處所，纔能有自由以作探訪。

『探訪時最好是只有關係者兩方在一起。

『如果被探訪者的友人也加入以後，他的態度是立刻會變更的。他變爲空泛而不及於私。他失掉談話的自由。

『有一位探訪者說：「昨天我約定去探訪，但後來有第三者也加入。我守待半小時俾這第三者離開。我覺得不便開始我的探訪，因爲有了這第三者在座，足以阻礙被探訪者作完全的個人敍述的。因此，我不願使我的重要探訪失敗，寧願完全犧牲這一次的往返，堅計另俟機會再去探訪」。

『尊敬的原則是可用另一方法加以說明，即遇到饒舌的被探訪者，他必然喜歡東扯西扯而大都不涉本題的，但是也得忍耐地聽他說。

「有一位探訪者說：「有一天我同一位被探訪者會晤後，他就大放厥詞，無法使他停止。他開始大談其回憶，但完全離開了種族關係的本題。每次我設法從旁邊插入一句問話使他談到本題上面，但不多時他又扯到旁的與本題無關的方面了。我費了二小時半的時光，可是一些材料也得不到。我有什麼辦法呢？」

「這問題的一部分的答案，可以從一位探訪者的報告中找到。她說她費掉半天的時光聽着一位嘮叨的老人講述，但仍持鎮靜的態度，而於第二天再去探訪，結果是十分滿意。第一天這位被探訪者差不多自己把話說盡了，所以第二天纔將其經驗照探訪者所要知道的逐一述出。另一位探訪的報告者說雖然被探訪者在離開本題說話，但也能得到很多的材料。

「其次是漸進的原則，即逐步推進的原則，也應加以注意的；不然被探訪者雖不在口頭上說，也會在感覺上發生反感，認爲「你到這裏幹什麼？」「你爲什麼對我突然地怎樣感覺興趣呢？」有一位兒童調查的探訪者所遇到的話是：「你的老傢伙在這裏幹什麼？」接着另外有一個說：「誰教你到這裏來幫忙的？」

「有一位探訪者說：「我時常先作談話，然後再問許多問題。我在開始時總是問幾句不重要的話。在探訪進行中，我不時加上幾句話，藉以促進新的記憶力。」

「另一探訪者說：「我去探訪時，總以朋友的資格，或以被探訪者的朋友的介紹。我如果能夠的話，從不以工作的名義去探訪的。」兒童工作調查者印了請見的介紹片，但不久就棄掉不用它。就這「調查」二字已足引起嚴重的懷疑和心理上的阻礙了。

『有一位粗直的探訪者對一個日本人說：「請你將生活史告訴我」，這日本人當然是啞口不答。另有一位探訪者手裏拿着鉛筆和紙，從被探訪者開口第一句話起筆記記上，但這探訪就立卽終止了。再有一位探訪者開口就說：「我是從種族關係調查所來的，」而他的探訪是失敗了，他本人還莫明其所以，不知道提起「調查」二字足使不了解這名詞者，發生心理上的阻礙。這一件事例中所遇到的困難，一部分是在提起「調查」二字，另一部分是因爲在被探訪者的目光中這位探訪者並不夠資格。

『再其次是辨認的原則，在被探訪者對於探訪者發生伙伴的情感時，這是很可通用的。有些時候，探訪者想獲到所要的材料，可以用自己敍述本身的情形一法，卽縷述自己所犯的同樣過失，俾其經驗與被探訪者的經驗發生相互關係。有一位探訪者說：「在相當的時候，我說着自己的過失，而這方法可以得到很多結果。」探訪者在講述自己的經驗以後，接着可以這樣問：「這些經驗和你的相同麼?」

『在被探訪者知道我有過與他相同的經驗和憂慮，他就會盡情吐露，使我分外的驚異，因爲我想他是愚笨和沈默寡言的。

『這是有時被稱爲主體的方法，以獲探訪的成功。這方法是間接的同情的，並由互有的經驗中產生信任。

『與這相關的原則是證明。探訪者能够提述某一有地位的人物——在被探訪者的目光中他是有很高的地位的——爲證明，可以獲到相當的身分而受人歡迎。

『有一位探訪者說：「如果我提到某一個地位很高的人，表示我到過他家中，或曾與他聚餐，就會立卽使我增進身分的」

「一個人的經驗愈是豐富，愈能使他引起被探訪者的辨認意識。有一位種族關係的探訪者看見三個印度人站在皇谷（Imperial Valley）市場的商店前面，他就走上去用印度語和他們談話。這三個印度人很表示着和善的驚異，並含笑問着：「你在什麼地方學的印度語？」探訪者就答：「在印度學的。」接着他與三位印度人作三小時的探訪。間接問句的原則足以支配個人探訪的趨向。最幹練的探訪者很少運用直接的問句。他用不經意的語句和批評使被探訪者敍述其經驗。再者，如果被探訪者的談話有不明瞭的時候，再插入一句。許多時候只要這樣一句：「請你原諒，我對於你所說的——有些不明瞭」，就足夠了。

「在舉行探訪時，探訪者應謹防自己的私見或先入的觀念，這是很重要的。我們大家對於感覺興趣的東西，都能注意到，但對於我們認爲無價値的東西，則每每忽視。兩個探訪者對於同樣的報告，會得到不同的材料。因此，探訪者應謹防自己，以避免「希望」看到或聽到怎樣的東西，這是主要的。探索的原則是推及於個人認爲有無興趣的態度。在探訪時必須同樣地運用普通的和特殊的問句。事實上最聰明的辦法是不用問句，但於被探訪者談話時加以附語，俾其繼續在問題範圍以內的敍述。探訪者預先擬定了許多問句，並在會見被探訪者以前，再行覆誦一過，俾於探訪時知道一切所需的東西，這是表示充分的準備，但也是一種重要的弱點。如果一個人過於肯定地知道他自己所要尋求的東西，反而爲失掉許多有價値的材料。

「問句的措詞足以引起答案的變化。研究問句的邏輯，可免踏許多不必需的錯誤。（註一九）第一點是希冀的問句，卽問句的含義是希冀人家給以答覆的，而同時又指示其問句本身的答覆。例如：「你初到美國時就覺得不快，是麼？」一個移民並不完全懂得你的問句的意義，但爲了普通的禮貌起見，祇能答一聲「是」；不過這樣也許給你一個錯誤的印象。至少在他自己的腦海中會受到這希冀的問句所衝動，而發生相當影響。

「另一種是離接的問句，例如：「你喜歡不喜歡美國人？」在事實上，尙有第三項可能性是這問句所完全沒有提及的，卽爲中立的情緒。

「含義的問句是那位拓殖者穿着什麼服裝？但所指的人不一定是位拓殖者。這種方式的問句是伊阿谷(Iago)的說法，因他想在奧太洛(Othello)面前暗諷特斯地蒙那(Desdemona)和卡西渥(Cassio)不忠於奧太洛。

「不確定的問句可以使被問者有着機會，不偏執地答覆你，因此這是最佳的問句方式。例如你喜歡在鋼鐵工廠裏工作麼？答覆這句話時，可以說喜歡或不喜歡，或在兩者中間的任何意見，由被問者自行決定。

「一切的談話和問句都應該「明瞭」，這是很重要的。

「有一位被探訪者說：「某調査員來探訪，對我表示感到充分的興趣，但後來聽了他的問句和批評，知道他對於所談的本題是沒有了解。我斷定他對我所感的興趣是靠不住的，因此我就停止談下去了」。

「另一被探訪者說：「我以優禮待他。我認爲他是一位飽學者，但在談話時他表示對於我國家中任何著名的人物都不相識，他的知識也是很有限的，因此我不再有畏敬之心。我很是失望，並決定不再談下去。」

「還有一件主要的事情就是不可過分傾向於提出問句，因此使探訪時失掉許多意外的材料。經驗的富源往往是在問句所及不到的地方反而俯拾即是。有一個探訪者說：「在最不希冀的時候，即我希望最少的時候，我常常獲到最有價值的材料。」」

「探訪者應該隨時留心談話的「線索」，即在被探訪者敍述時，應注意其潛意識。許多表面上聽起來是不重要的話，時常會有着寶貴的暗示。「不斷地留心線索」是探訪的進取方法，亦即含示一個人敍述其經驗時每有各種現成的材料。

「此外，區別的原則也應繼續不斷地援用的。有些時候，不很容易區別被探訪者的過去的經驗和他的偏見。請他自己去區別是更困難的。再者，他時常不將親自閱歷的和聽人說的東西加以區別。在這方面，被探訪者總是一再地運用「我想」二字。

「探訪所得的結果必須經過相當的證實，纔能認爲確鑿可靠。有些時候，只須向被探訪者反覆追問就足夠了。有些時候必須另行探訪其他有關的人，纔能解決這問題。

「如果幾個被探訪者對於每事件的敍述是互相矛盾的，那末必需對於這事件以前所發生的情形加以研究，並從各種新的觀點上逐一考察，以求其結果合於相同的解釋爲止。偶然也需要靜待時機，到了後來有機會再行重新探訪。

「另外有一個問題，即是在人家回憶過去的經驗時，無意中會發生錯誤的。這種錯誤點的本身時常是很重要的，因爲也許足以引起很多的誤會。

「在研究社會態度者看起來，錯誤的回憶和正確的回憶是同樣地值得注意，因爲兩者都足以影響於這個人的現在的意見。如果關於一樁不公允的，或十分悲傷的，或幸運的，或任何顯著的情感作用的經驗，那末回憶愈是不符，愈足以嚴重地影響到這個人的現在的意見。這種回憶的不符雖不能發現這個人最深刻的態度之性質，但也能顯出這些態度的濃度。因此，不符的和錯誤的回憶也許是比較原有的經驗的本身更爲重要得多。」

討論要目

（一）社會調查的歷史的主要方法。
（二）希伯萊人的社會思想敍述方法。
（三）希臘人的社會思想敍述方法。
（四）耶穌所採行的社會調查方法。
（五）耶穌對於社會思想的敍述所採用的兩種不同的方法。
（六）烏托邦的社會思想敍述方法。
（七）實證主義的社會思想演繹法。
（八）斯賓塞的社會思想研究法。

（九）華德的社會思想研究法。
（一〇）統計的社會研究法之優點和弱點。
（一一）社會調查法的優點和弱點。
（一二）分類法的社會研究。
（一三）自然歷史法的社會研究。
（一四）社會的生活史。
（一五）個性研究的意義。
（一六）文化的因素之重要性。
（一七）社會本位圖的方法。
（一八）研究的探訪之各種原則。
（一九）統計法與個案研究法的比較。

附註

（註一）愛爾默(M. C. Elmer)著：社會統計(Social Statistics)一九二六年，寇勒公司出版，這是專門研究以統計方法運用於社會問題的書；另有一最近出版的同樣的作品，即狄脫默(C. G. Dittmer)著：社會統計概論(Introduction to Social Statistics)一九二六年，蕭氏公司(A. W. Shaw)出版。

（註二）吉丁斯著：人類社會的科學研究(Scientific Study of Human Society)一九二四年，北加洛列那大學(University of North Carolina Press)出版。

（註三）吉丁斯著：人類社會的科學研究，一九二四年，北加洛列那大學出版，第五〇頁。

（註四）吉丁斯著：人類社會的科學研究，一九二四年，北加洛列那大學出版，第八〇頁。

（註五）吉丁斯著：人類社會的科學研究，一九二四年，北加洛列那大學出版，第一一頁。

（註六）吉丁斯著：人類社會的科學研究，一九二四年，北加洛列那大學出版，第二四〇頁。

（註七）大部分的社會統計學者都知道這些困難的加度克(R. E. Chaddock)在他所著的統計的原理與方法(Principles and Methods of Statistics)——一九二五年，密弗林公司出版——一書中會小心地指出許多初學統計者所極易犯的弊病。

（註八）愛爾烏著：社會調查的技術(Technique of Social Surveys)一九二七年，密勒公司出版。

（註九）湯麥斯(W. J. Thomas)關於『生活史』的發明，將分類二字的新意義加以採用。在研究新的『樣本』時，社會學者儘量參酌各種已成立的分類，俾可以了解。然後他對於各種不能分類的各項加以研究，結果也許造成一新類。

（註一〇）格里夫著：社會學概論(Introduction a la Sociologie)巴黎出版，第一八九頁，又第二〇二頁。社會化運動中的伙伴情緒的概念，是由路斯(Edward Alsworth Ross)加以充分的發明的。

（註一一）斯冒爾著：社會學通論(General Sociology)第七一八頁。

（註一二）斯冒爾著：社會學通論，第四四二頁。

（註一三）特許轉錄自愛爾烏著：社會統計，一九二六年，密勒公司出版。

（註一四）特許轉錄自派克(Robert E. Park)的論文，載於布吉斯(E. W. Burgess)主編的都市社會(The Urban Community)一九二六年，芝加哥大學出版。

(註一五)特許轉錄自楊(Erle F. Young)氏著論文見美國實用社會學雜誌第九卷第二〇二期至第二〇六期。

(註一六)作支加哥的社會本位圖時曾用下列的各項標識：鐵路地產用深黑色；工業地產用斜對線；商業區用深黑線畫出四周；公園、公路、公墓等用細點點成；空地用空線圈出；居住區用實線劃成。圖爲藍白色的影印本，在上面用各色的墨水註明各種有關的材料。

(註一七)特許轉錄自派克著論文見美國實用社會學雜誌，一九二四年九月——十月號。

(註一八)特許轉錄自鮑茄德斯著：新社會研究(The New Social Research)一九二六年，密勒公司出版。

(註一九)這下節的分析是韋潑爾(G. M. Whipple)關於種族關係調查的作品，材料的搜集——材料和報告的心理 (The Obtaining of Information: Psychology of Information and Report)這裏所敘述的。

第二十八章 社會學思想的發展

社會思想的興起，已經在各種與社會科學相關的科學思想的運動中，達到其最高峯。其中有一個高峯是社會學思想的發展。這種社會學的思想雖是沒有完全成長，沒有成熟和樸質無文，但在世界上已經發生了重要的影響。它給一切已經確立的生命的價值，從新估量，有些是被其打倒了，有些是被其強化了，更有些是被它所創造出來的。

社會學思想的主要價值是在構成一切有意義的思想之中心；使任何方面的思想都有均衡和比例；排斥種族的偏見和社會的窄狹；抨擊自私的生活；引起對於主要的人生價值之注意；促進合於集團的和社會的幸福之個人發展。同時，它提倡着集團的進展，不根據於父權主義或專制主義，而以謀建設的個人組織為依歸，這種個人組織是與合作的集團服務相調和的。

幾百年以來，眞正的社會思想大都是為少數的知識分子所獨享的。這少數的人們的生活，或甚至他們的社會思想，是彼此不相合作的。直到十九世紀的初葉，社會思想纔開始成為科學化，即變成社會學。但社會學的思想也經過了好多年的隔離和不合作。在十九世紀的末葉，社會學方始有一大羣思想家的集團，產生新的精神。但當時有過很多的爭論，幾致破壞這新的科學。可是到了二十世紀初葉的數十年中，纔看到社會學的長足進發，而許多學者也以教授社會學爲其職業。

社會學的訓練

在專門的社會學興起以後，社會學思想的傳播卽成爲值得注意的。有很長久的時期內，社會學被認爲只是大學畢業後的研究課目。但最近幾年以來，社會學已推及於各大學的課程中，到現在大學一年級和二年級的學生也都研習這種課目了。關於這方面，還有很多適合於初學者的需要之社會學教科書出現。有些教師採用人類學的研究——從人類的起源開始——爲社會學的介紹。另有些教師卻先從社會制度、社會過程和社會問題之查考和說明方面着手。（註一）也有些教師專討論社會問題。此外更有些學者以某主要問題爲中心而撰成教本，將一切社會關係逐步加以討論。比較的高深的研究方法是概念的研究。派克和布格斯合著的社會學概論（註二）(Introduction to the Science of Sociology)就採用這種研究方法，討論『人類的性質』、『隔離』、『社會接觸』、『社會交互作用』、『競爭』、『衝突』、『適應』、『同化』等概念。

在中學方面，社會學的訓練是初步的。中學教授社會科學的重要性已是一般所公認的，但使社會科學的各部門間有着相當的調和是很感困難的。有些中學教師喜歡設置『社會問題』的課程，但現在漸漸地有許多人要求設置『社會科學』的課程，將時間平均地分配於人文地理學、經濟學、社會學和公民學。也有些中學教師主張，在普通的公民課程中教授社會學是最適宜的。這方面的特殊困難是在中學的各課程已擠滿了，而任何一種確立的課程之代表，都不願意將其相關的課目被擠掉。另一種困難是自修和自動發展等概念所有的力量。社會文化和社會發展之同樣的重要性是正在被大家所認識，但其過程是異常遲緩的。

在低級學校中，社會科學的訓練也漸有地位了。例如大學的男女學生有高深的數學研究，則低級學校有初步的數學；同樣地大學有着高深的社會學，而低級學校則有初步的社會學，集中於簡單的集團活動，如家庭、娛樂團體、鄰里和學校團體等。一個小孩如果長成到知道服從的時候，即可開始學習初步的社會學；在事實上，只要他開始知道服從，他已在開始經驗到社會的——雖不是社會學的——概念之意義了。（註三）簡單的社會研究材料已是在撰著中，以備低級學校之用，甚至從低級第一年開始就可以學習的。

傳播社會學的思想是一個實際問題，在最近的二十年中已被大家所特別注意了。在十九世紀的末葉幾年，各大學已開始成立社會學的講座。這種運動在美國已有顯著的進展，師範學校和中學校都參加這運動。許多教會也在宣傳着社會化的福音。文學方面也漸次重視社會學的觀點。

從原始人類的社會諺語到現代的社會學名著，如路斯的社會學原理，或派克和布格斯合著的社會學概論，將重要的社會過程加以分析，這些都是社會思想。社會思想起源於最簡單形式的觀察，例如關個人與個人、酋長與部屬、主人與奴僕等彼此間的社會關係。它經歷了各個時代對於社會弊害的斥責，產生了各種抽象的完善社會，再推進而爲社會哲學。現在它走到新社會事實的調查，或以社會的方式對於這些事實作心理學的解釋。它正在採取科學化的方法，雖然它有一部分的研究結果仍表現於社會哲學。它也在開始成立許多社會學的定律。它提倡着一種技術，以預防社會的失調，杜絕社會的罪惡。它正在確立一種訓練的技巧。（註四）雖然人類羣衆已開始在籠統地感覺到社會價值但他們仍不能使最高尙的社會企願成爲合理化的聯貫。在到達這一個時期以前，平民主義將依然是一種試驗而世界的進步仍不免成爲專制勢力的玩物。

社會思想史的主旨是在檢閱過去的人們對於社會化價值之不規則的但是積極的認識。個人、領袖者、自由職業分子、集團等，都一一感覺到和接受着社會學的觀點之對立。他們都變更其自我主義的生活而爲社會化的生活。他們也放棄其自我發展的服務觀念，而代以爲人羣謀幸福的服務觀念。從這種行爲和生活上，他們覺到人格的擴大，以及對於促進社會發展的貢獻，特別是從孔德的時代以迄於現在，社會科學的種類和範圍都在一天一天增加，目前已有二十種以上，而社會學的勢力也繼長增高，以致其他相關的科學都用社會學——即集團行爲的科學化的研究——的立場，以確定其本身的對象。在實際上，社會學的概念已深入於個人生活和社會統制的一切部分。（註五）社會思想史是人類態度的價值的社會化過程之歷史，其所預期的人類社會中個人的成就和集團的進步是同樣地企求的。

社會學的興起（註六）

「學術史上的任何事件，都是比不上社會學取得大家承認爲科學的努力，特別是將它接受爲學術的訓練，與其他學科享有同等的地位和利益。但這努力的事件並不是奇特的。這只是新科學——驟然發展的和初級的科學——爭取與舊一些的學術相同的地位時，所應有的努力之最近的——也許是最能引起注意的——實例而已。甚至在天文學的興起時，是否也有許多殉道者呢？這種「科學的嫉妬」是很奇異的現象；但並不是難於說明的。這現象是否卽由於學術界的高傲和守舊主義呢？例如古代的「三學」和「四學」，當然正統的或久被尊崇的科學應成爲特殊利益的少數分子，這是假定此項科學將宇宙中一切値得和可以用科學方法處理的現象，已加以說明；同時還假定這些科學的信徒應該反對任何新科學的發明者。

「現在各大學課程的豐富繁複，與數十年前寥落的情形相比較，實是天淵之別。在這最近的數十年中，大學的學科和教授已有驚人的轉變。例如生物學一項，是久已沒有列在主要課程中了。大家批評它缺乏眞正的教育性和科學價値。此外，在許多方面生物學是被呪詛者。這是否因爲它染有進化論和達爾文主義的臭味呢？在一八七〇年至一八八〇年——特別是後來的幾年——大學中認爲現代語文是不受歡迎的次要課程，或甚至並不列入課程表上面。有時連英語和英文文學二項也得不到相當的地位，因爲缺乏「科學教育」的神祕性——這是他們認爲「經典學」所富有的。偶然也有爲緩和粗俗者要求比較近時的和有用的學問之呼聲起見，另設「副科」的課目以應付之。這些課目包括英文文學、近代科學以及法文或德文等；有時也加入一些歷史。但對於這副科畢業的學生，並不授以「文學士」（"Bachelor of Arts"）的光榮的頭銜，而僅給以「學士」（"Bachelor of Philosophy"）的學位，以示區別，雖然這些頭銜和學位都是有名無實的。

『社會研究遭受惡意的批評。

「但目前我們所注意的是社會科學的問題。在美國方面，最先在大學教育中獲有重要地位的社會科學課目，還不上四十年呢。歷史、經濟學、政治學等，都是先後被勉強地加入正式的課程中；但每一項社會科學都遭受惡意的批評之攻擊。每一種社會科學必被反對，而要它確定其科學性，以及表現其能爲教育的課目之相對的適合性。在事實上，除了(註)極少數的例外以外，直到一八八五年以後各大學纔開始設置獨立的歷史講座。當時有一位教授希臘文的同事慘然地對我說：「學生讀一些歷史是很好的，但迫使他們費掉許多寶貴時光去從事於這種容易的文化，以致忽視眞正科學化的課目，是很正當的麼？」當然你可以注意到他問句的口氣。他覺得不祥之兆已經是開始發現了！」

「因此嚴重的糾紛就發生了，當時社會科學的類別尙還是不完全的。一個大膽的社會科學正在要求加入學府中。這孔德所列入科學「階層」的尖頂的學問，卽後來在一八三八年他將其定名爲社會學，在其作用方面，是有以前人類所未曾意識到的最大膽的，和最困難的工作：對於整個社會生活的研究和說明。舊守主義的堅強的反響是普遍的和持久的。社會學者努力闡明社會的定律和因果；發現支配個性和集團行爲間交互關係的有秩序的過程；以及指示普通認爲人力所不及的，現象和制度的社會統制之眞實性；這一切困苦艱難的工作已引起了普遍的批評——有些時候是和平的與善意的批評，但大部分的時候是強暴的抨擊，或偶然涉於譏笑的態度，甚至在社會科學其他部門的學者也參加批評。

「這裏當然不必多舉例證，上述的盲目的反抗完全是無法來阻止社會改造的高潮——這種運動大部分是社會學者所推進的。人類終於獲到了一種新的觀點，社會是變爲自覺的了。它認識了本身。大家知道社會的習慣、信仰、制度及一切情形，都是人類所造成的，因此可以由人類加以更變——不論是變好或變壞。人類已發現着整個世界的運命是怎樣由人類本身所支配的。社會的正義已迅速地進展了；因此不再容易將社會罪惡的責任放在上帝的肩上。現在人類的心理能脫離宿命論的影響，多半是因爲社會學的訓練；在這方面已有了偉大的結果。特別地在最近的三十年，謀人類改善的有組織的努力已出現於社會生活的每一部門；這種努力在實質上是實用社會學的變相，甚至許多經濟的和政治革新也是，雖然普通的人們時常不去歸功於社會學者的。確然這新的社會知識是瀰漫透徹的。許多工作在目前已認爲當然的，但在幾年以前，是被視爲無能爲力的或至少是膽大妄爲的。社會學的理論和研究結果，已有大量的刊物加以記載，而這些刊物也是一天一天迅速地增加起來。婚姻與家庭，以及許多相關的問題，已被發明爲可以和其他社會產物一樣地依照人類需要爲應付的社會制度。公衆對於一般母子們的幸福，已大加注意了。在婦女產育方面也有了各種保障方法；而寡婦的恤金足以使窮苦的婦女維持其家庭生計，許多有效的保嬰機關已經相繼建立了。童工則加以嚴厲的取締，失於教養的兒童則由兒童教養院和拘留所等施以培植。兒童的初級教育則由強迫的法令，強迫施行。幼兒死亡的原因也是被發現了；並由社會學、衞生運動和社會化的施藥等聯合起來，已使西方各國的生殖率增進至一倍以上，其主要原因是在免除嬰孩的枉死。兒童幸福運動的最大勝利，是在促進聯邦兒童局(Federal Children's Bureau)的成立，並由這效能優良的機關之多面的努力，已引起美國全國保育兒童方法上的大革命。掃除「白疫」的運動也著有成效；而以前大家認爲罪惡應隔絕的迷信已被完全暴露，「社會的罪惡」亦較前減削了。胎兒和母親也開始受到有組織的努力所保護免染可怕的梅毒。性道德的雙重標準之危險性和不公允已是被社會所覺察，漸漸地優生的婚姻律將見於法典藉爲家庭的保障。工人家庭的經濟需要，正由最少度工資和社會保險等方法，加以促進。對於家庭的物質幸福更有幫助的，是美國及其他各國最近所創設的許多家政學的學校和學系，它們的發展眞是有驚人的速度。因爲社會工作者持久的和勇敢的努力國家婦女平等的參政權已獲得了；這是否使男女社會化過程中的大進步以及使男女協助應付世事的準備麼？由於同樣的努力，禁酒已實行，而酒排間的被勒止營業是比較其他任何勢力更能減削貧窮、痛苦和犯罪。在處罰罪犯問題方面，已由懲罰的時代踏進社會公道的時代；因爲社會學是否主張犯罪的原因在於不良的社會環境，而刑罰的功用在於督促犯過者的悔悟自新？

「特別値得注意的是現代的三大項社會化方法，每一種有着主要的刊物加以辨別，並從其已經收獲的良好結果看起來，是很足以促進人類幸福的。這三項方法是：

「（一）由於「教育的社會化，」現在的學校和大學等既已脫離「經典的」和其他的謬誤，已開始從新的和光明的途徑，應付人類眞實的需要。

「（二）呼聲漸高的「宗教和教會的社會化」已得到堪以欣慰的反應，大家並希望其最後能成就一個新的宗教改革。教會已感覺其本身在倫理上的責任，因此正在開始直接參加改善世道的努力。

「（三）美國比較別的列強更急切地需要「社會化的司法」運動能够成功。

「再者，教育、教會和法律三者，也並不是僅有的受到社會化實惠的思想領域。特別應該注意的，即其他有關的社會科學已被充實了。最近有一篇高明的論文（註七）已將社會學對於政治學的重要貢獻，加以深刻的檢討。社會學對於經濟學的貢獻，無疑地是可以由研究工作找出同樣重要的論斷的。經濟學者已在漸漸地推廣其活動於社會生活的幸福方面，特別是他們和社會學者同樣地對於財富消耗的道德，感到深厚的興趣，歷史已被強調化而轉變爲社會福利的媒介。」

社會學的趨向（註八）

「我想以老年的社會學者的資格，敍述一些關於起初研究時的情形，與現在相比較，並將這中間的幾十年所有的成就之性質和價值，這種印象的敍述也許是沒有什麼不適當吧。

「如果我追溯已往，大約是一八九〇年，當時美國研究社會學的學生大都取材於斯賓塞的著作，佐以華德的早期的學說，雖則當時他還是不很著名的。

「我現在不必將斯賓塞的貢獻——當然他有着廣博的和大體上有益的影響，但我應指出他著作的一點，因爲這是與我的敍述相關連的。在我看起來，他的社會學理論是不適宜於詳細的科學研究之出發點，因他的理論對於實際生活離得太遠，並且爲推論式的。這些理論不是從社會觀察上出發的；它們將物理學和生物學方面所得到的概念，推演於社會思想的領域。既然這種學說不是專爲處理社會事實而設的工具，就不能被其他學者隨意取來運用。

『因此，我認爲當時的青年學生也許模糊地覺得沒有適當的出發點；在那時也沒有切實的基礎，以進化的理想適應於人類生活；並須建立一個合宜的骨架，纔能啓發現代化的社會學。

『當然這些學者就專心運用其大部分的時間於博廣的研究——不是專門的研究；同時設法從親自對於事實的研究，以求其概括的論斷合於創造科學化的假設之性格。

『現在我可以說——從大體上說，這也是事實——我所屬隸的時代的學者，其主要的努力和成就是在建立一個合於實用的理論骨架，以非正式的概括網——並不是堅決地設定的，但有事實爲基礎，希望人家用更專門的研究，加以確定和修正——爲研究社會學的方法。

『當然這工作是太重大了，不能立卽完成，但我們覺得必須將它完成，因爲整個的問題是有機化地聯貫的，以致我們不能安全地從任何一點前進——除非整個地前進。

『我的意思是說，詳細透徹的研究在當時不是切實的理想，因爲如果這樣做法，結果一定是不健全的，原因在當時沒有研究的基本材料。我們都覺得生物學者和其他學者們——他們與社會學的計劃是無關的——已經有過很多詳細的工作，但以沒有健全的基礎，差不多成爲毫無價値。

『現在美國的社會學者有着充分理由，對於前輩的工作加以訾議，這是說他們從科學化方法的觀點批評。同時，他們也應該感謝前輩沒有在急需提綱挈領的時候反去從事這種科學方法的理想。就因爲這情形，我們現在纔有着相當的著作品，可以引導學生們直接地研究社會事實，並給以規範，在他們尙還不能自立以前，儘可循緒探索。

「在目前的時代，任何人有着研究的能力，就不愁缺乏一問題，而且在研究的時候，他可以確信自己是在合作地工作的許多人們之一，只用履行其個人應有的責任已足夠。這合作的局面是因為大家有了公共的背景，即我所稱為實際的觀念的背景，而這背景是因為大家都研習關於社會學的時代作品以後纔有。

「關於將來，我本不應說。現代的青年學者是自己最能判斷其工作與任務的。但如果我所說的話是眞實的，那末也許現代青年學者不致再去費掉最高的精力於社會學原理的普通研究。無疑地我們會有不斷供給的教科書，這是很好的，因為一位教授用他自己所著的教科書以後，能增進其效能。同時我可以想像到未來的創作工作是趨向於更專門的和透徹的研究的。這種工作是理論的——至少我是對於非理論的研究不感覺興趣的；但其理論是由於事實的專門的和透徹的研究中產生出來。現在需要很多這種作品，而且它們倘然有良好的成績，科學化的羣衆一定能夠理會其價值的。

「最後，我試問現在的時期是否應該更嚴密地批評我們的作品呢？我們一些老學者都已閱歷過來，並願提出標準的問題。如果每一個人想做每一件事件，那末都變為淺薄而沒有一人能夠批評旁人。但現代的青年學者決不寬容那『空談的社會學』。總之，有了其他學術領域中太多的印象，所以覺得社會學的研究仍是草率的和虛飾的。大家應該放棄新聞記者的態度，而堅決地主張不論其研究的項目是怎樣，或對於科學方法的概念是怎樣，但其所有的工作必須是透徹地完美的。」

討論要目

（一）社會學思想的主要價值。

（二）集團統制的世襲主義的原則。

（三）人類進步的個人主義的原則。

（四）學校課程方面的社會思想課目由上及下運動之主要理由何在。

（五）綜述社會思想史上的主要旨趣三四項。

附註

（註一）伯勒克麥（Blackmar）與吉令（Gillin）合著社會學大綱（Outlines of Sociology）一書，即是這些社會學教科書的範本。

（註二）派克與布格斯合著社會學概論，一九二一年支加哥大學出版。

（註三）例如『命令』和『服從』的關係——按此係西墨爾（Simmel）的理論。

（註四）好華德（George Elliott Howard）著論文社會學的評價者與其成就（Sociology：Its Critics and Its Fruits），見美國實用社會學雜誌，第六卷第四期，這裏面對於社會學思想與起時的奮鬪有着明白的敘述。

（註五）庫萊（Charles H. Cooley）著論文今與昔（Now and Then），見美國實用社會學雜誌，第八卷，第二五九頁至第二六二頁，將社會學思想的現代趨向，從歷史的立場上，作比較的敍述。

（註六）特許轉錄自好浩德著：社會學的評價者與其成功，見美國實用社會學雜誌，第六卷，第四期。

（註七）伯納斯(Harry Elmer Barnes)著：社會學對於現代政治原理的貢獻(Some Contributions of Sociology to Modern Political Theory)，見美國政治學評論(American Political Science Review)第十五卷，一九二一年十一月號，第四八七頁至第五三三頁。

（註八）特許轉錄自尾萊著：今與昔，見美國實用社會學雜誌，第八卷，第一五九頁至第一六二頁。

敬啟

『民國專題史』叢書，乃民國時期出版的著名學者、專家在某一專題領域的學術成果。所收圖書絕大部分著作權已進入公有領域，但仍有極少圖書著作權還在保護期內，需按相關要求支付著作權人或繼承人報酬。因未能全部聯系到相關著作權人，請見到此說明者及時與河南人民出版社聯系。

聯系人 楊光

聯系電話 0371-65788063

2016年3月28日